## Erschließungsfeld
### Ebene

Komplexe biologische Strukturen sind immer aus kleineren und einfacheren Strukturen zusammengesetzt. Diese Stufen werden als Ebenen bezeichnet. So besteht ein Organismus aus Organsystemen, die wiederum aus Organen zusammengesetzt sind. Diese werden von Geweben gebildet, deren kleinste Baueinheit die Zelle ist. In den Zellen findet man Zellorganellen, die wiederum aus verschiedenen Bestandteilen bestehen. So ist zum Beispiel der Zellkern von einer Kernmembran mit Kernporen umgeben. Im Kernplasma befindet sich das Chromatin, dessen Hauptbestandteil wiederum ein Makromolekül, die DNA, ist.

## Erschließungsfeld
### Wechselwirkung

Wechselwirkungen sind Ursache-Wirkungs-Beziehungen. Sie bestehen auf unterschiedlichen Ebenen: zwischen dem Organismus und seiner Umwelt, zwischen Lebewesen, Organsystemen, Organen, Geweben und Zellen. Auch auf der molekularen Ebene gibt es solche gegenseitigen Beeinflussungen. So kann eine Veränderung in der DNA zu veränderten Polypeptiden und damit zu veränderten Merkmalen führen. Beim Albinismus tritt zum Beispiel eine Mutation auf, die zum Fehlen eines Enzyms für die Farbstoffbildung des Melanins führt.

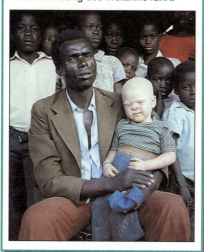

### Stoff und Energie

Stoffe und Energie bilden die Grundlage des Lebens. Dabei ist die Zelle der kleinste Baustein, in ihr laufen ständig Stoff- und Energiewechselprozesse ab. Neben Kohlenhydraten, Fetten und Proteinen sind auch die Nucleinsäuren eine wichtige organische Stoffklasse. Die DNA selbst besteht aus Zuckermolekülen, Phosphorsäure und vier unterschiedlichen organischen Stickstoffbasen.

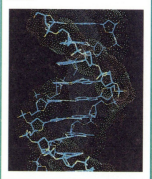

## Erschließungsfeld
### Regulation

Lebewesen sind in der Lage, auf veränderte innere und äußere Bedingungen zu reagieren. So können ihre Lebensprozesse unter annähernd konstanten Bedingungen ablaufen. Regulation erfolgt auch auf der molekularen Ebene der DNA. So können zum Beispiel fehlerhafte Abschnitte erkannt und durch bestimmte Enzyme wieder repariert werden. Auch die Menge an einem benötigten Protein wird im Körper durch Genregulation gesteuert.

## Erschließungsfeld
### Zeit

Zeit ist eine Dimension, in der alle biologischen Prozesse ablaufen. Dabei können die selben Vorgänge bei verschiedenen Lebewesen unterschiedlich lange dauern. So teilen sich Bakterien und viele Einzeller innerhalb weniger Minuten. Leberzellen brauchen für eine Zellteilung schon über fünf Stunden. Das Zweizellstadium in der Keimesentwicklung des Menschen wird erst nach 38 Stunden erreicht.

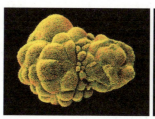 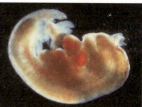

Antje Starke

# Netzwerk
## BIOLOGIE 10

Ein Lehr- und Arbeitsbuch

**Schroedel**

**Netzwerk Biologie 10**
Sachsen

**Herausgegeben von**
Antje Starke

**Bearbeitet von**
Michael Kampf, Leipzig
Jana Kölpin, Leipzig
Claudia Polzin, Berlin
Antje Starke, Leipzig

In Teilen ist dieses Werk eine Bearbeitung von Netzwerk Biologie und Erlebnis Biologie.
Herausgegeben von
Hans-Günther Beuck, Dieter Cieplik, Joachim Dobers, Wolfgang Jungbauer, Michael Kampf, Hans-Peter Konopka, Erhard Mathias, Andreas Paul, Eckhard Philipp, Günter Rabisch, Karl-Heinz Scharf, Antje Starke, Annely Zeeb

Bestellnummern:
3-507-86401-0, 3-507-86418-5, 3-507-86423-1, 3-507-86431-2, 3-507-86432-0
3-507-86440-1, 3-507-86442-8, 3-507-86450-9, 3-507-86456-8, 3-507-86458-4
3-507-76180-7, 3-507-76377-X, 3-507-76398-2, 3-507-76432-6, 3-507-76629-9
3-507-76644-2, 3-507-76808-9, 3-507-76815-1, 3-507-76825-9, 3-507-76897-6


© 2006 Bildungshaus Schulbuchverlage
Westermann Schroedel Diesterweg Schöningh Winklers GmbH, Braunschweig
www.schroedel.de

Das Werk und seine Teile sind urheberrechtlich geschützt. Jede Nutzung in anderen als den gesetzlich zugelassenen Fällen bedarf der vorherigen schriftlichen Einwilligung des Verlages. Hinweis zu § 52 a UrhG: Weder das Werk noch seine Teile dürfen ohne eine solche Einwilligung gescannt und in ein Netzwerk eingestellt werden. Dies gilt auch für Intranets von Schulen und sonstigen Bildungseinrichtungen.
Auf verschiedenen Seiten dieses Buches befinden sich Verweise (Links) auf Internet-Adressen. Haftungshinweis: Trotz sorgfältiger inhaltlicher Kontrolle wird die Haftung für die Inhalte der externen Seiten ausgeschlossen. Für den Inhalt dieser externen Seiten sind ausschließlich deren Betreiber verantwortlich. Sollten Sie bei dem angegebenen Inhalt des Anbieters dieser Seite auf kostenpflichtige, illegale oder anstößige Inhalte treffen, so bedauern wir dies ausdrücklich und bitten Sie, uns umgehend per E-Mail davon in Kenntnis zu setzen, damit beim Nachdruck der Verweis gelöscht wird.

Druck A $^2$ / Jahr 2007

Alle Drucke der Serie A sind im Unterricht parallel verwendbar.

Redaktion: Dirk Wenderoth

Illustrationen: Brigitte Karnath, Liselotte Lüddecke, Karin Mall, Tom Menzel, Heike Möller, Kerstin Ploß, Thilo Pustlauk, Barbara Schneider, Ingrid Schobel, Werner Wildermuth

Grundlayout und Pinnwände: Atelier *tiger*color Tom Menzel

Einbandgestaltung: Janssen Kahlert Design & Kommunikation GmbH

Satz: CMS – Cross Media Solutions GmbH, Würzburg

Druck und Bindung: westermann druck GmbH, Braunschweig

ISBN 978-3-507-**86527**-3

# Netzwerk BIOLOGIE

**Erschließungsfeld**
**Information**
Information beschreibt die Fähigkeit zum Austausch von Botschaften zwischen Lebewesen und ihrer Umwelt sowie

Erschließungsfelder ermöglichen dir die Gemeinsamkeiten von Lebewesen zu erkennen. Sie werden an geeigneten Beispielen und Themen erläutert. Du findest diese Gemeinsamkeiten aber bei allen Lebewesen. Auf welchen Seiten im Buch du die Erschließungsfelder findest, kannst du hinten im Register nachschlagen.

**Fachbegriff**
**Reflex**
Ein Reflex ist eine unbewusste angeborene Reaktion, die auf einen

Die Fachsprache spielt in der Biologie eine große Rolle. Eindeutige Begriffe erleichtern dir zum Beispiel das Verständnis von Fachtexten.

**Vernetze dein Wissen**

Auf den Seiten Vernetze dein Wissen am Ende des Kapitels werden die behandelten Themen und Erschließungsfelder durch Aufgaben wiederholt und vernetzt. Hier kannst du überprüfen, ob du bereits Gelerntes anwenden und auf neue Themen übertragen kannst.

Auf den Methodenseiten werden grundlegende biologische und fachübergreifende Arbeitstechniken vorgestellt, die du gleich anwenden kannst.

**Übung**

Übungsseiten bieten zusätzliche materialgebundene Aufgaben und Versuche an. Hier kannst du das jeweilige Thema in Experimenten und durch andere methodische Arbeitsweisen erarbeiten. Einige Seiten zeigen dir Material für Exkursionen.

**Pinnwand**

Pinnwandseiten bieten dir zusätzliche biologische Inhalte im Sinne eines Lexikons. Sie geben dir vielfältige Informationen zur Artenvielfalt oder vertiefen spezielle Inhalte wie Fossilienformen. So kannst du deine Allgemeinbildung und deine biologischen Kenntnisse verbessern.

**Streifzug**

Im Streifzug wird fachübergreifend gearbeitet. Auf den Seiten Streifzug durch… werden die biologischen Themen durch Informationen aus der Physik, Medizin, Erdkunde, Geschichte und anderen Fächern ergänzt.

**Wahlpflichtbereich: Transgene Organismen**

Graue Überschriften zeigen dir die Themen an, die für den Wahlpflichtbereich angeboten werden. Diese Bereiche sind besonders handlungsorientiert und können in Gruppen erarbeitet werden. Hier kannst du die neuen Inhalte auch gleich in Übungen anwenden oder mit neuen Methoden verknüpfen.

# Inhalt

## Genetik

**1 Konstanz und Variabilität** .............. 6
1.1 Warum sind Nachkommen
    ihren Eltern ähnlich? ................ 6
1.2 Arten sind variabel ................. 7
1.3 Veränderungen im Erscheinungsbild können
    verschiedene Ursachen haben ........... 8

**2 MENDEL entdeckte die Vererbungsregeln** ... 10
2.1 Phänotyp und Genotyp ................ 10
2.2 Erbanlagen können kombiniert werden .... 12
    Streifzug durch die Geschichte:
    Leben und Werk MENDELS ............... 14
    Übung: Vererbung .................... 15

**3 Chromosomen sind Träger der
    Erbanlagen** ........................ 16
3.1 Mitose und Zellteilung .............. 16
3.2 Der Chromosomensatz des Menschen .... 18
    Pinnwand: Chromosomenzahl ........... 19
3.3 Geschlechtszellen enthalten den einfachen
    Chromosomensatz ..................... 20
    Übung: Mitose ....................... 22

**4 Aufbau der Erbinformation** ........... 23
4.1 Molekularer Aufbau der Gene ......... 23
4.2 Vom Gen zum Protein ................. 24
    Übung: Erbsubstanz .................. 27

**5 Was sind Mutationen?** ............... 28
    Streifzug durch die Medizin: Tschernobyl –
    ein Reaktorunfall und seine Folgen ...... 30
    Methode: Arbeit mit Abbildungen ......... 31

**6 Vererbung beim Menschen** ............ 32
6.1 Untersuchung von Erbanlagen
    beim Menschen ....................... 32
6.2 Die Entschlüsselung des
    menschlichen Erbgutes ............... 34
6.3 Die Vererbung der Blutgruppen ....... 36
    Streifzug durch die Medizin: Blutgruppen-
    unverträglichkeit beim Rhesus-System ..... 37
    Streifzug durch die Medizin: LANDSTEINER
    entdeckt die Blutgruppen ............. 37
6.4 Die Vererbung des Geschlechts ....... 38
6.5 Werden Begabungen vererbt? .......... 39
    Pinnwand: Vererbung von Merkmalen
    beim Menschen ....................... 40
    Methode: Arbeit mit Stammbäumen
    in der Humangenetik ................. 41
6.6 Veränderungen des menschlichen
    Erbgutes ............................ 42
    Streifzug durch die Medizin:
    Vorsorgeuntersuchungen .............. 46
    Methode: Gespräche leiten ........... 47

**7 Der Mensch nutzt die Kenntnisse
    der Vererbung** ..................... 48
7.1 Herkömmliche Methoden der
    Tier- und Pflanzenzucht ............. 48
7.2 Biotechnik in der Tierzucht ......... 50
7.3 Das Prinzip der Gentechnik .......... 52
    Übung: Züchtungsmethoden und Erfolge ... 53

### Wahlpflichtbereich:
### Transgene Organismen

**1 Gentechnik auf dem Vormarsch** ........ 54
    Projekt: Transgene Organismen ....... 56
    Pinnwand: Gentechnik ................ 57

**Vernetze dein Wissen: Genetik** ......... 58

## Entstehung der Artenvielfalt

**1 Vielfalt** ........................... 60
1.1 Verwandtschaft erzeugt Ähnlichkeit ... 60
1.2 Was heißt molekular verwandt? ........ 61

**2 Ursachen der Evolution** .............. 62
2.1 Die Evolution der Evolutionstheorien ... 62
    Streifzug durch die Geschichte:
    Charles DARWIN und die Galapagosinseln ... 63
2.2 Variation und Selektion als Grundlage
    der Evolution ....................... 64
2.3 Die Entstehung neuer Arten .......... 66
    Pinnwand: Evolution heute ........... 67

**3 Tendenzen in der Evolution** .......... 68
3.1 Evolution im Pflanzenreich .......... 68
3.2 Evolution der Tiere ................. 70
    Pinnwand: Wirbeltiere im Vergleich ... 72

**4 Verhaltensweisen von Tieren – ein Ergebnis
    der Evolution** ..................... 74
4.1 Wir beobachten das Verhalten
    der Haussperlinge ................... 74
4.2 Wie Jungvögel aufgezogen werden ..... 76
    Pinnwand: Ungewöhnliches Brutverhalten ... 77
4.3 Das Fortpflanzungsverhalten
    der Stichlinge ...................... 78
4.4 Angeborenes und erlerntes Verhalten .. 79
4.5 Wie Tiere lernen .................... 80
4.6 Tiere können einsichtig handeln ..... 82
4.7 Die Frage nach dem Warum ............ 83
4.8 Kommunikation zwischen Artgenossen ... 84
    Übung: Verhaltensbeobachtung bei Tieren .. 85

## Inhalt

| 5 | **Belege für die Evolution** | 86 |
|---|---|---|
| 5.1 | Fossilien – Zeugen der Vorzeit | 86 |
| | Pinnwand: Fossilien | 87 |
| | **Methode:** Eine Exkursion steht an | 88 |
| | Übung: Auf Fossilienjagd | 89 |
| 5.2 | Archaeopteryx – ein Brückentier | 90 |
| 5.3 | Lebende Übergangsformen | 91 |
| 5.4 | Vom Urpferd zum heutigen Pferd – eine lückenlose Ahnenreihe | 92 |
| 5.5 | Verwandt oder nur ähnlich? | 94 |
| 5.6 | Das Verhalten verrät stammesgeschichtliche Verwandtschaft | 96 |
| | Übung: Erschließungsfelder auf die Evolution anwenden | 97 |
| | **Vernetze dein Wissen:** Entstehung der Artenvielfalt | 98 |

## Stammesgeschichte

| 1 | **Die Entwicklung der Lebewesen** | 100 |
|---|---|---|

**Wahlpflichtbereich: Entstehung des Lebens auf der Erde**

| 1 | **Die Geschichte der Erde** | 104 |
|---|---|---|
| 2 | **So könnten die Bausteine des Lebens entstanden sein** | 105 |
| | **Methode:** Screenshots anlegen | 106 |
| | Streifzug durch die Forschung: Evolution durch Symbiose | 107 |

| 2 | **Abstammung des Menschen** | 108 |
|---|---|---|
| 2.1 | Vergleich von Menschenaffen und Menschen | 108 |
| | Pinnwand: Menschenaffen | 109 |
| 2.2 | Viele Verhaltensweisen des Menschen sind angeboren | 110 |
| 2.3 | Unbewusste Beeinflussung des Verhaltens | 112 |
| | Pinnwand: Comics und Werbung | 113 |
| 2.4 | Wie Menschen zusammen leben | 114 |
| 2.5 | Ursachen und Abbau von Aggressionen | 116 |
| | Übung: Verhaltensbeobachtungen in der Schule | 117 |

**Wahlpflichtbereich: Lernen und Gedächtnis**

| 1 | **Lernen – ein Leben lang** | 118 |
|---|---|---|
| | Übung: Lern- und Gedächtnisleistungen des Menschen | 120 |

| 2.6 | Der Ursprung des Menschen | 122 |
|---|---|---|
| 2.7 | Australopithecus lebte in Afrika | 124 |
| 2.8 | Homo erectus siedelte auch in Asien | 125 |
| 2.9 | Entwicklungstendenzen bei unseren Vorfahren | 126 |
| 2.10 | Neandertaler und Homo sapiens | 128 |
| | Streifzug durch die Geschichte: Aus der Steinzeit direkt zu uns | 130 |
| | **Methode:** Mit Stammbäumen arbeiten | 132 |
| 2.11 | Die kulturelle Entwicklung des Menschen | 134 |

| 3 | **Die heutigen Menschen** | 136 |
|---|---|---|
| | Pinnwand: Menschen | 137 |
| | Projekt: Gegen Rassismus | 138 |
| 4 | **Zukunft der Menschheit** | 139 |

**Vernetze dein Wissen:** Stammesgeschichte . . . 140

**Register** . . . 142
**Bildquellen** . . . 145

# Genetik

1 Drei Generationen einer Familie

2 Familienähnlichkeit: Großvater, Vater und Sohn

## 1 Konstanz und Variabilität

### 1.1 Warum sind Nachkommen ihren Eltern ähnlich?

„Man sieht sofort, dass das deine Schwester ist." „Der Junge ist seinem Vater wie aus dem Gesicht geschnitten." „Telefoniere ich mit der Mutter oder der Tochter?" Solche oder ähnliche Äußerungen hast du bestimmt schon einmal gehört. Sie weisen auf Ähnlichkeiten zwischen Familienmitgliedern hin.
Beim Betrachten alter Fotos sind dir sicher auch zwischen deinen Verwandten Ähnlichkeiten aufgefallen. Übereinstimmungen sind zum Beispiel oft an der Statur, am Gesichtsausdruck, an den Haaren, den Lippen, der Nase und am Haaransatz festzustellen. Ähnlichkeiten können aber nicht nur zwischen Geschwistern oder zwischen Eltern und Kindern bestehen, sondern auch zwischen ihnen und den Großeltern sowie anderen nahen Verwandten.
Familienähnlichkeiten beschränken sich aber nicht nur auf körperliche Merkmale, sondern können auch bei bestimmten Verhaltensweisen, bei ausgeprägten Fähigkeiten und besonderen Veranlagungen beobachtet werden. Wenn sich z.B. bei Kindern solche unverwechselbaren Merkmale und Eigenschaften ihrer Eltern wieder finden, sagt man, sie haben sie von ihrer Mutter oder ihrem Vater *geerbt*.

Wenn also Nachkommen ihren Vorfahren in körperlichen Merkmalen und bestimmten Verhaltensweisen ähneln und diese Merkmalsanlagen wiederum an ihre Nachkommen weitergeben, spricht man von **Vererbung**. Diese Weitergabe von Merkmalen kann über viele Generationen erfolgen.
Für die Erscheinungen und Vorgänge der Vererbung haben die Menschen schon immer nach Erklärungen gesucht. Aber erst im 19. Jahrhundert gelang es Forschern mithilfe von Versuchen an Pflanzen, erste Einblicke in die Gesetzmäßigkeiten der Vererbung zu gewinnen.

> Bei der Vererbung werden elterliche Anlagen für Merkmale auf die Nachkommen übertragen.

**1** Werte die Abbildungen 1 und 2 in Hinblick auf Familienähnlichkeiten aus.

## Genetik

## 1.2 Arten sind variabel

Jede Art ist durch ganz bestimmte Merkmale gekennzeichnet, die für alle Mitglieder der Art charakteristisch sind. Betrachtet man aber die einzelnen Mitglieder genauer, so stellt man fest, dass sie neben den **konstanten** Artmerkmalen auch individuelle Merkmale haben, an denen man die Individuen erkennen kann. Sie können zum Beispiel in der Farbe, in Zeichnungen der Haut oder des Felles variieren. Man spricht deshalb auch von der **Variabilität** einer Art. Die einzelnen unterschiedlichen Formen bezeichnet man auch als **Varietäten**.

Gut lässt sich dieses Phänomen an der Art *Mensch* beobachten. Hinsichtlich unserer äußeren körperlichen Merkmale wie der Hautfarbe kommen wir in verschiedenen Varietäten oder auch Rassen vor. Selbst innerhalb einer Rasse variieren wir in unseren Merkmalen so stark, dass wir jedes Individuum vom anderen unterscheiden können.

Das beschriebene Phänomen ist aber auch in der Pflanzen- und Tierwelt weit verbreitet. Man braucht sich nur einmal die Bäume einer Art in einem Wald anzusehen. Man wird feststellen, dass sie in Wuchsform und Größe variieren können. Ja selbst die Blätter eines Baumes können sich in Größe und Zeichnung unterscheiden. *Anemonen* im Wald können weiß oder rosa blühen, während der *Klee* dreiblättrige oder auch vierblättrige Blätter ausbilden kann.

In der Tierwelt sind die Variationen innerhalb einer Art vielfach so groß, dass man sie ursprünglich als unterschiedliche Arten einstufte. Das *Landkärtchen* sieht z. B. im Frühjahr völlig anders aus als im Sommer. Auch die Geschlechter können sich innerhalb einer Art, vor allem bei den Schmetterlingen und Vögeln, stark unterscheiden. So haben zum Beispiel die Männchen der *Stockenten* in der Brutzeit ein auffälliges Prachtkleid, während die Weibchen mit einem schlichten braunen Tarnkleid ausgestattet sind. Die Männchen der *Moorfrösche* sind zur Paarungszeit überwiegend blau gefärbt. Nach der Paarung färben sie sich von blau nach braun um. Selbst Arten, die bei oberflächlicher Betrachtung völlig gleich aussehen, wie zum Beispiel die *Zebras*, unterscheiden sich in ihrer Fellzeichnung. Die Streifung der Zebras ist so unterschiedlich ausgeprägt, dass man die einzelnen Mitglieder einer Population daran erkennen kann.

Die Genetik beschäftigt sich nun mit der Frage, ob diese Variationen durch Umwelteinflüsse oder durch Vererbung bedingt sind.

**1** Varietäten im Pflanzen- und Tierreich

**1** Nutze das Erschließungsfeld „Vielfalt" bei der Auswertung von Abbildung 1.
**2** Untersuche die Zeichnungen und Muster der Blätter einer Buntnessel und einer Zimmerpflanze mit panaschierten Blättern. Berichte.

> Die Mitglieder einer Art variieren in ihren Merkmalen. Die Unterschiede zwischen den Individuen einer Population werden als Variabilität bezeichnet.

# Genetik

*1 Albinismus beim Menschen*

## 1.3 Veränderungen im Erscheinungsbild können verschiedene Ursachen haben

Schwarze Eltern – weißes Kind. Wie ist das möglich? Ursache ist eine Erbkrankheit, Albinismus, die bei Mensch und Tier auftreten kann. Albinos haben weiße Haut und weiße Haare. Ihre Augen erscheinen rötlich. Albinismus beruht auf einer Veränderung des Erbgutes, die die Bildung von Farbpigmenten in der Haut verhindert.
Bleibt eine solche Änderung der Erbinformation erhalten und wird auf die folgenden Generationen vererbt, spricht man von einer **Mutation.**

Mutationen können die Ursache von Krankheiten und Behinderungen sein. Bekannte Beispiele sind Haut- und Blutkrebs oder das DOWN-Syndrom. Häufig werden Mutationen durch Einflüsse aus der Umwelt wie bestimmte Chemikalien, Radioaktivität sowie Röntgen- und UV-Strahlen hervorgerufen. Aber nicht immer zeigen Mutationen negative Folgen. In der *Züchtung* erzielt man durch Mutationen neue Rassen oder Arten, zum Beispiel bei Schnittblumen, Haustieren, Nutztieren oder Obstsorten.

Pflanzt ein Gärtner blau blühende Hortensien im nächsten Jahr an einen neuen Standort, so blühen sie plötzlich rot. Dabei kann es sich nicht um eine Mutation handeln, da eine Veränderung des Erbgutes erst in der folgenden Generation wirksam werden kann. Die Änderung der Blütenfarbe bei Hortensien hängt vom Standort ab. Auf kalkhaltigem Boden bilden sie rote Blüten, auf saurem Boden blaue Blüten. Eine solche, durch die Umweltbedingungen hervorgerufene, Veränderung im Erscheinungsbild nennt man **Modifikation.** Modifikationen wirken sich nicht auf die Erbinformation aus und sind daher nicht vererbbar.

*Standort-Modifikationen* findet man bei fast allen Pflanzen. Eine frei stehende Buche hat eine andere Form als eine Buche, die in einem dichten Bestand wächst. Löwenzahnpflanzen auf einer Weide haben üppige Blätter und sind groß, während sie zwischen Pflastersteinen klein und mit liegender Blattrosette anzutreffen sind. Löwenzahn hat also eine große **Variationsbreite** in der Ausprägung seiner Gestalt.
Kartoffelknollen, die an derselben Kartoffelpflanze entstehen, sind zwar erbgleich, können aber in ihrer Größe

*2 Modifikationen: **A** Trauermantel (Normalform), **B** Modifikation, **C, D** Blütenfarbe bei Hortensien*

# Genetik

ebenfalls stark variieren. In den Erbinformationen ist keine genaue Masse festgelegt, sondern nur ein Bereich von etwa 20 bis 300 Gramm. Dieser Bereich wird als **Reaktionsnorm** bezeichnet. Wiegt man eine große Anzahl von erbgleichen Knollen und stellt das Ergebnis grafisch dar, so erhält man eine Variationskurve. Von den größten und kleinsten Kartoffeln gibt es nur wenige, die meisten Knollen sind von mittlerer Größe. Da die Abwandlungen stufenlos sind, spricht man von einer **fließenden Modifikation.**

Bei der chinesischen Primel tritt eine *Temperatur-Modifikation* auf. Ist die Pflanze fünf bis acht Tage vor dem Aufblühen Temperaturen über 30 °C ausgesetzt, blüht sie weiß, bei tieferen Temperaturen rot. Das für die Farbstoffbildung notwendige Enzym ist bei Temperaturen über 30 °C inaktiv. Die Blütenfarbe zeigt also keinen fließenden Übergang zwischen den beiden Extremen, sondern ist entweder rot oder weiß. Es liegt eine **umschlagende Modifikation** vor.

Auch bei Tieren findet man Modifikationen. Das Aussehen des Trauermantels wird während der Entwicklungsphase beeinflusst. Weicht während des Puppenstadiums die Umgebungstemperatur ab, wirkt sich das auf die Leuchtkraft und Musterung der Flügel aus. Bei Mississippi-Alligatoren entscheidet die Temperatur sogar über das Geschlecht: Bei tieferen Temperaturen entstehen Weibchen, bei höheren Männchen.

Bei allen Modifikationen setzen die Erbanlagen die Grenzen, innerhalb derer sich Lebewesen verändern können.

**3 Standorte vom Löwenzahn. A** *Fettwiese;* **B** *Magerboden*

**4 Rotbuchen.**
**A** *einzeln stehend;* **B** *im Bestand*

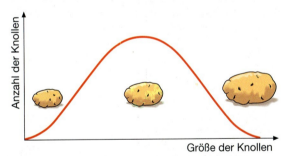

**5 Variationskurve bei Kartoffeln**

> Das Erscheinungsbild von Lebewesen wird geprägt durch Erbinformationen und Umwelteinflüsse. Mutationen sind Veränderungen der Erbinformation, die an folgende Generationen weitergegeben werden. Umweltbedingte Ausprägungen nennt man Modifikationen. Sie sind nicht vererbbar, finden aber innerhalb erblich festgelegter Grenzen statt.

**1** Beschreibe Beispiele für Mutationen und Modifikationen. Unterscheide dabei zwischen fließender und umschlagender Modifikation.

**2** Welche Faktoren können zu Mutationen führen?

**3** Sammelt verschieden große Blätter eines Baumes eurer Wahl. Messt ihre Länge. Stellt die Unterschiede fest und erstellt mit den Ergebnissen ein Diagramm. Ist die Ursache eine Modifikation oder eine Mutation? Entscheidet und begründet. Wendet das Erschließungsfeld „Vielfalt" auf diesen Sachverhalt an.

**4** Worin besteht der Unterschied zwischen Variationsbreite und Reaktionsnorm?

---

**Erschließungsfeld**

## Vielfalt

Lebewesen einer Art unterscheiden sich in ihren Merkmalen. Ursache dafür können Unterschiede in der Erbinformation sein. Sie entstehen durch Mutationen und geschlechtliche Fortpflanzung.
Außerdem führen verschiedene Umweltbedingungen zu unterschiedlichen Merkmalsausprägungen, die als Modifikationen bezeichnet werden. Vielfalt ist eine Voraussetzung für das Wirken des Evolutionsfaktors natürliche Auslese.

# Genetik

1 *Kreuzung von Erbsen.*
A *und* B *Elterngeneration*

## 2 MENDEL entdeckte die Vererbungsregeln

### 2.1 Phänotyp und Genotyp

Lange Zeit war es nicht möglich, die Vererbung von Merkmalen zu erklären. Der Augustinermönch MENDEL war der Erste, der in der Mitte des neunzehnten Jahrhunderts über Versuche einige Gesetzmäßigkeiten der Vererbung entdeckte.

> **Fachbegriff**
> **Rasse**
> Als Rasse bezeichnete MENDEL die Lebewesen einer Art, die sich in einem oder mehreren Merkmalen voneinander unterscheiden.

MENDEL experimentierte mit Rassen der Gartenerbse. Dabei wählte er Pflanzen, die sich in einem oder in wenigen Merkmalen wie der Blütenfarbe oder Farbe und Form der Samen unterschieden. Er nahm nur solche Pflanzen, die das bestimmte Merkmal über mehrere Generationen beibehielten. Solche Pflanzen sind bezüglich dieses Merkmals **reinerbig**. So wählte MENDEL zum Beispiel eine Erbsenrasse mit reinerbig weißen und eine mit reinerbig roten Blüten aus. Diese Pflanzen bildeten die Elterngeneration, die **Parentalgeneration (P)**. Von den jungen Blüten der weiß blühenden Pflanzen entfernte er die Staubblätter, um eine Selbstbestäubung zu verhindern. Dann bestäubte er die Narben dieser Blüten mit Pollenkörnern der rot blühenden Erbsenpflanzen. Nach der Befruchtung der Eizellen in den Samenanlagen durch die männlichen Geschlechtszellen entwickeln sich die Samen. Eine solche Vereinigung von Geschlechtszellen verschiedener Rassen heißt auch *Kreuzung*. Die Embryonen in den Samen stellen die 1. Tochtergeneration, die 1. **Filialgeneration ($F_1$)**, dar. MENDEL säte dann diese Samen aus. Nach der Keimung entwickelten sich Erbsenpflanzen mit ausschließlich roten Blüten. Wie war das zu erklären?

Man könnte vermuten, dass die Herkunft der Pollenkörner für die Ausbildung der Blütenfarbe verantwortlich ist. MENDEL führte daher die umgekehrte, die *reziproke*, Kreuzung durch, indem er Pollenkörner der weiß blühenden Rasse auf die Narben der rot blühenden Rasse übertrug. In der $F_1$-Generation erhielt er wieder einheitlich rot blühende Pflanzen. Diese Beobachtungen sowie viele weitere Untersuchungen auch mit anderen Merkmalen führten MENDEL zur Entdeckung einer Gesetzmäßigkeit, die später als die **1. MENDELsche Regel** bezeichnet wurde: *Kreuzt man Lebewesen einer Art, die sich in einem Merkmal unterscheiden, für das sie reinerbig sind, so sind die Nachkommen in der $F_1$-Generation in Bezug auf dieses Merkmal untereinander gleich (= uniform).*

Diese **Uniformitätsregel** gilt auch bei reziproker Kreuzung.

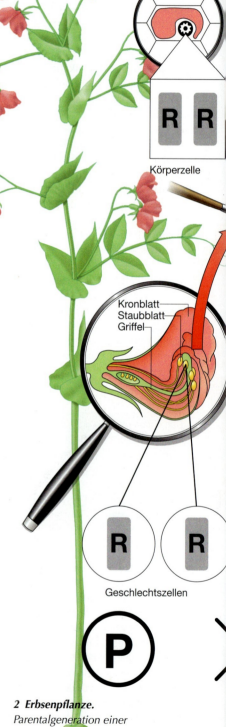

2 *Erbsenpflanze.*
*Parentalgeneration einer rot blühenden Rasse*

**Genetik**

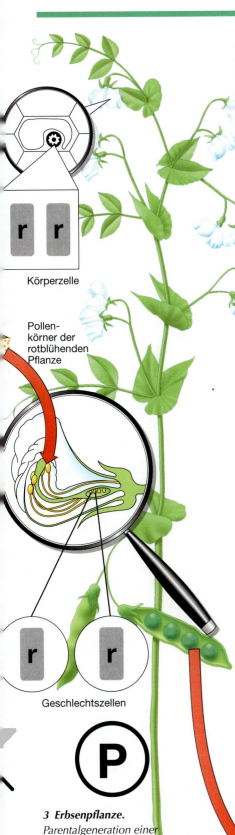

MENDEL nahm an, dass jedes Merkmal im äußeren Erscheinungsbild, dem **Phänotyp,** durch das Zusammenwirken von zwei Erbanlagen ausgebildet wird. Daraus ergibt sich, dass die Geschlechtszellen für jedes Merkmal nur eine Erbanlage enthalten. Bei der Kreuzung in den Abbildungen 2 und 3 besitzt die rot blühende Pflanze in der männlichen Geschlechtszelle die Anlage zur Ausbildung der roten Blütenfarbe und die Eizelle der weiß blühenden Pflanze die Erbanlage für eine weiße Blüte. Treffen nun beide Geschlechtszellen bei der Befruchtung zusammen, enthält die Zygote zwei Erbanlagen für die Blütenfarbe: „rot" und „weiß". Weshalb entwickelt die jetzt heranwachsende Tochtergeneration rote Blüten?

MENDEL erklärte dies folgendermaßen: Von den beiden Erbanlagen ist die Anlage für rote Blütenfarbe „stärker" und „unterdrückt" die Anlage für „weiß". Man sagt, diese Anlage ist **dominant,** und kennzeichnet sie durch einen Großbuchstaben (R). Die unterdrückte Anlage wird als **rezessiv** bezeichnet und mit dem entsprechenden Kleinbuchstaben (r) benannt. Die befruchtete Eizelle sowie alle sich daraus entwickelnden Körperzellen der $F_1$-Generation haben dann bezüglich des Merkmals „Blütenfarbe" die Anlagenverteilung oder den **Genotyp** Rr. Da die $F_1$-Nachkommen für dieses Merkmal *mischerbig* sind, spricht man auch von Mischlingen oder *Hybriden,* bei Tieren von Bastarden.

> Die Gesamtheit der Erbanlagen bezeichnet man als Genotyp. Dieser bedingt das äußere Erscheinungsbild, den Phänotyp.

**3 Erbsenpflanze.** *Parentalgeneration einer weiß blühenden Rasse*

**4 Erbsenpflanze.** *$F_1$-Generation (Hybride) aus einer reinerbig rot und weiß blühenden Rasse*

# Genetik

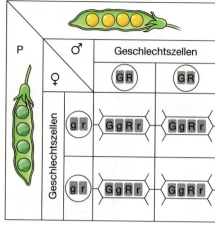

1 **Kombinationsquadrat mit F$_1$-Generation** (dihybrider Erbgang)

## 2.2 Erbanlagen können kombiniert werden

MENDEL untersuchte verschiedene Merkmale bei Erbsenpflanzen hinsichtlich ihrer Vererbung. Kreuzte er Erbsenpflanzen, die reinerbig gelbe Samen ausbilden, mit einer reinerbig grünsamigen Rasse, fand er in den Hülsen der F$_1$-Pflanzen nur gelbe Samen. Die F$_1$-Generation zeigt also Uniformität für dieses Merkmal. Ferner kann dem Ergebnis entnommen werden, dass die Anlage, das **Gen,** für die Ausbildung des Merkmals „gelbe Samenfarbe" dominant ist gegenüber dem Gen zur Ausbildung der grünen Samenfarbe. Es liegt also ein *dominant-rezessiver Erbgang* vor. Geht das Merkmal „grüne Samenfarbe" in der F$_1$ verloren? Zur Klärung dieser Frage säte MENDEL die Samen der F$_1$-Hybriden aus und vermehrte die Pflanzen durch Selbstbestäubung. Dann untersuchte er das Aussehen der 2. Tochtergeneration, der F$_2$-Generation. Auf dem Beet wuchsen 258 F$_2$-Erbsenpflanzen, von denen er 8023 Samen erntete. Diese waren nicht einheitlich gefärbt: MENDEL zählte 6022 gelbe und 2001 grüne Samen. Das entspricht annähernd einem Verhältnis von 75%:25%.

Die Merkmale der Parentalgeneration spalteten sich in der F$_2$-Generation in einem bestimmten Zahlenverhältnis wieder auf. Kontrollversuche mit anderen Merkmalen ergaben immer ein ähnliches Ergebnis. Daraus leitete sich eine weitere Gesetzmäßigkeit der Vererbung von Merkmalen ab, die später als **2. MENDELsche Regel** oder **Spaltungsregel** formuliert wurde: *Kreuzt man die Mischlinge der F$_1$-Generation untereinander, so spalten sich die Merkmale der Eltern in der F$_2$-Generation in einem bestimmten Zahlenverhältnis wieder auf, und zwar beim dominant-rezessiven Erbgang im Verhältnis 75% : 25% (3:1).*

Erbgänge, bei denen sich die Eltern nur in einem Merkmal unterscheiden, nennt man **monohybrid.** MENDEL kreuzte auch Erbsenrassen, die sich in mehreren Merkmalen unterschieden. So untersuchte er einen Erbgang mit zwei Merkmalen, einen **dihybriden Erbgang.** Bei der Kreuzung von Erbsenrassen mit reinerbig gelben, runden und reinerbig grünen, runzligen Samen war die F$_1$-Generation erwartungsgemäß uniform. Es traten nur gelbe, runde Samen auf. Die Gene für gelb und rund sind also dominant. Ein solcher Erbgang lässt sich an einem Erbschema in Form eines Kombinationsquadrates nachvollziehen. Heute weiß man, dass die Anlage für die Ausbildung der Samenfarbe auf einem anderen Chromosom liegt als die Anlage für die Ausbildung der Samenform. Bei der Kreuzung der F$_1$-Nachkommen untereinander erhielt MENDEL in der F$_2$-Generation auch Samen mit neuen Eigenschaften: Von 556 gezählten Samen der F$_2$-Generation waren 315 gelb und rund, 101 gelb und runzlig, 108 grün und rund so-

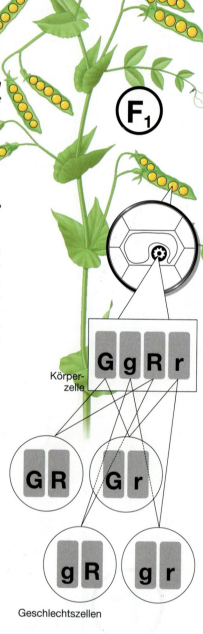

2 **Erbsenpflanze.** Dihybride F$_1$-Generation mit Geschlechtszellenbildung. **G** = gelb; **g** = grün; **R** = rund; **r** = runzlig

# Genetik

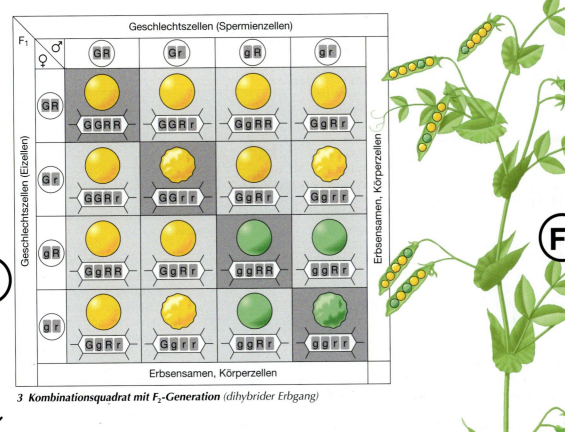

**3 Kombinationsquadrat mit F$_2$-Generation** *(dihybrider Erbgang)*

**4 Erbsenpflanze**
*(dihybride F$_2$-Generation)*

wie 32 grün und runzlig. Das ergibt eine Aufspaltung in einem Verhältnis von 9/16 : 3/16 : 3/16 : 1/16 oder 9 : 3 : 3 : 1. Die Gene zur Ausbildung von Farbe und Form der Samen der Ausgangsrassen waren also unabhängig voneinander kombiniert worden. So kam es auch zu Neukombinationen wie zum Beispiel gelbe und runzlige Samen. In der F$_1$-Generation sind sowohl in den männlichen als auch in den weiblichen Blütenorganen Geschlechtszellen gebildet worden, in denen vier verschiedene Genkombinationen möglich sind. Im Kombinationsquadrat ergeben sich danach vier mal vier, also 16 Genkombinationen für die F$_2$-Generation. In der Diagonalen sind doppelt reinerbige Sorten angeordnet. Zwei von ihnen entsprechen dem Genotyp der P-Generation, zwei sind Neukombinationen, also neu entstandene Rassen. Diese Neukombination von Genen beinhaltet die **3. MENDELsche Regel,** die auch als **Unabhängigkeitsregel** bezeichnet wird:

*Kreuzt man Lebewesen einer Art, die sich in mehreren Merkmalen reinerbig unterscheiden, so werden die einzelnen Gene bei der Bildung der Geschlechtszellen unabhängig voneinander verteilt. Bei der Befruchtung können die Gene dann in neuen Kombinationen zusammentreten.*

> In einem dihybriden Erbgang werden die Gene unabhängig voneinander weitergegeben und können neu kombiniert werden. Auf diese Weise entstehen neue Rassen.

**1** Auf den Seiten 10 und 11 wird die Kreuzung einer rot blühenden mit einer weiß blühenden Erbsenrasse beschrieben. Erstelle ein Kombinationsquadrat für die F$_1$- und eines für die F$_2$-Generation.

**2** Erstelle Kombinationsquadrate für die Kreuzung von Erbsenrassen mit reinerbig gelben und grünen Samen bis zur F$_2$-Generation.

**3** Du siehst zwei verschiedene weiß blühende Erbsenpflanzen. Welche Genotypen können bezüglich der Blütenfarbe vorliegen?

**4** Ermittle das Zahlenverhältnis für die verschiedenen Phänotypen der F$_2$-Generation in der Abbildung 3.

**5** Die Nachkommen einer mischerbig rot blühenden Erbsenpflanze und einer weiß blühenden spalten sich in beide Merkmale auf, und zwar im Zahlenverhältnis 1 : 1. Zeige dies an einem Erbschema.

# Genetik

## Streifzug durch die Geschichte

## Leben und Werk MENDELS

Noch bis Mitte des 19. Jahrhunderts war nicht bekannt, wie sich Merkmale vererben. Erst Versuche des Augustinermönchs Johann Gregor MENDEL mit Gartenerbsen gaben erste Aufschlüsse darüber.
Johann MENDEL kam 1822 im damaligen Österreich als Sohn eines Kleinbauern zur Welt. Trotz Armut und längerer Krankheit absolvierte er das Gymnasium. Wegen seiner körperlichen Schwächen war er für die Landwirtschaft ungeeignet. So trat er 1843 in Brünn dem Augustinerorden bei und nahm den Namen Gregor an. Schon bald fiel dem Abt seine naturwissenschaftliche Begabung auf. Deshalb wurde ihm von 1851 bis 1853 ein Studium der Naturwissenschaften in Wien ermöglicht. 1857 begann MENDEL im Abteigarten seines Klosters mit Vererbungsversuchen. Er wählte die Gartenerbse als Versuchspflanze. Erbsensorten unterscheiden sich z. B. in Blütenfarbe, Samenfarbe und Samenform. Für die Versuche war es besonders wichtig, dass sich Erbsenblüten normalerweise selbst bestäuben, sodass Störungen durch fremde Pollen selten sind. Zudem sind Erbsen leicht anzubauen und haben in kurzer Zeit eine hohe Nachkommenzahl.
Zunächst züchtete er Erbsen zwei Jahre lang, um festzustellen, welche Merkmale bei den Nachkommen immer wieder auftraten. Er experimentierte mit Pflanzen, die sich nur in einem oder wenigen Merkmalen unterschieden. Bei der Kreuzung ging er wie folgt vor: Wollte er zum Beispiel eine rot blühende Pflanze mit einer weiß blühenden kreuzen, entfernte er die noch unreifen Staubblätter der rot blühenden Pflanze. So verhinderte er eine Selbstbestäubung. Dann übertrug er den Blütenstaub reifer Staubblätter der weißen Blüten mit einem Pinsel auf die gewünschte Narbe. Durch Schutzhüllen um die behandelten Blüten verhinderte er eine Fremdbestäubung. Einzelne Merkmale verfolgte er über sechs Generationen. Alle Erscheinungen und Zahlenwerte schrieb er exakt auf. Daraus leitete er dann drei Gesetzmäßigkeiten ab, die später nach ihm benannten MENDELschen Regeln. Sie zählen seitdem zu den Grundlagen der Vererbungslehre. 1865 berichtete er erstmals über seine Ergebnisse. Doch sie stießen auf Unverständnis und gerieten in Vergessenheit. MENDEL, der 1868 Abt seines Klosters wurde, starb im Jahre 1884.
Erst um die Jahrhundertwende kamen drei andere Wissenschaftler, der Holländer DE VRIES, der Deutsche CORRENS und der Österreicher TSCHERMAK unabhängig voneinander zu den gleichen Ergebnissen wie MENDEL schon 35 Jahre zuvor.

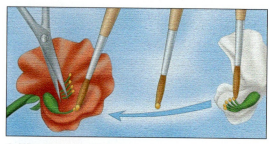

*3 Künstliche Bestäubung*

*2 Johann Gregor MENDEL (1822–1884)*

*1 Klostergarten in Brünn*

**1** Warum wählte MENDEL Erbsen als Versuchspflanzen für seine Vererbungsversuche? Begründe.

# Genetik

## Vererbung

### A1 Vererbung bei Mäusen

Das Erbschema zeigt die Kreuzung von im Erscheinungsbild und Erbbild unterschiedlichen Mäusen.

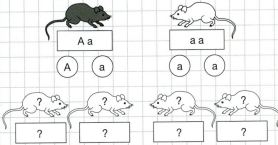

a) Übertrage die Abbildung in deinen Biologiehefter.
b) Vervollständige das Erbschema in deinem Hefter mit Linien. Kennzeichne den Genotyp jeder Maus der Tochtergeneration mit einem Buchstabenpaar.
c) Male die Mäuse der Tochtergeneration farbig aus und kennzeichne so ihren Phänotyp.
d) Welche Erbanlagen hat jede einzelne Maus im Hinblick auf das Merkmal *Fellfarbe*? Benutze die Begriffe reinerbig, mischerbig, dominant, rezessiv.
e) Vergleiche diesen Erbgang mit der 1. und 2. MENDELschen Regel. Was kann man feststellen?

### A2 Erbgang mit zwei Merkmalen

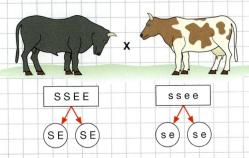

a) Betrachte den Phänotyp. Um welche beiden Merkmale handelt es sich?
b) Wie werden die Merkmale vererbt?
c) Wie sehen die direkten Nachkommen dieser Elterntiere aus? Belege deine Antwort mit einem Erbschema in deinem Biologiehefter.
d) Stelle Vermutungen darüber an, welche neuen Phänotypen in der Enkelgeneration auftreten müssen. Belege deine Aussage mit einem Kombinationsquadrat wie auf Seite 13.

**Übung**

### A3 Intermediärer Erbgang

Die Kreuzung einer rot blühenden Rasse der Wunderblume mit einer weiß blühenden ergibt in der $F_1$ rosa blühende Pflanzen. Da das Merkmal Blütenfarbe in der $F_1$ zwischen den Merkmalen der Eltern liegt, spricht man von einem **intermediären Erbgang**.
a) Fertige Kombinationsquadrate für die Kreuzungen der P- und $F_1$-Generation an. Verwende die Symbole R für rote und R' für weiße Blütenfarbe.
b) Ermittle das phänotypische und genotypische Zahlenverhältnis der $F_2$-Generation.
c) Erläutere, ob die Erbgänge bis zur $F_2$-Generation den MENDELschen Regeln folgen.

# Genetik

1 Befruchtete Eizelle

## 3 Chromosomen sind Träger der Erbanlagen

### 3.1 Mitose und Zellteilung

Eine Eizelle des Menschen teilt sich etwa dreißig Stunden nach ihrer Befruchtung in zwei Zellen. Diese Zellen teilen sich dann erneut. Nach vier Wochen haben sich die Zellen so stark vermehrt, dass der etwa vier Millimeter lange Embryo mit dem Auge deutlich erkennbar ist. Auch beim erwachsenen Menschen müssen Tag für Tag Zellen neu gebildet werden. So sterben zum Beispiel Hautzellen nach etwa zwanzig Tagen ab und werden durch Teilung von Zellen in einem *Bildungsgewebe* ersetzt.

Beobachtet man eine Zellteilung mikroskopisch, sieht man, dass vor der eigentlichen Zellteilung die Teilung des Zellkerns erfolgt. Diese Kernteilung nennt man **Mitose.** Den Ablauf der Mitose kann man in einzelne Zeitabschnitte oder Phasen einteilen. In der ersten Phase, der *Prophase,* ist der Zellkern deutlich als ein kugeliges Gebilde zu erkennen, das von einer Kernhülle begrenzt ist. Färbt man den Zellkern an, lassen sich fädige Kernstrukturen, die **Chromosomen,** erkennen. Sie liegen wie in einem Knäuel angeordnet vor. Durch Aufschraubung und Faltung in der Prophase werden die Chromosomen verkürzt. In dieser dichteren Form sind sie im Lichtmikroskop deutlicher zu erkennen. Kernhülle und Kernkörperchen werden in kleinere Teile zerlegt und sind nun mikroskopisch nicht mehr zu sehen. Gleichzeitig teilt sich im Zell-

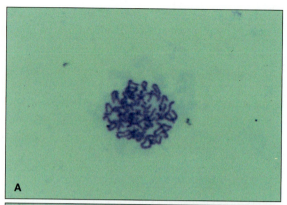

A

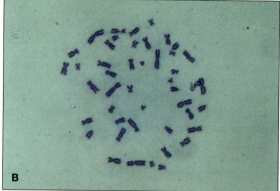

B

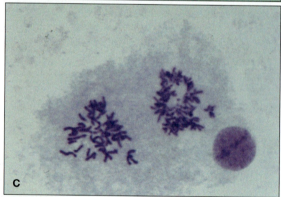

C

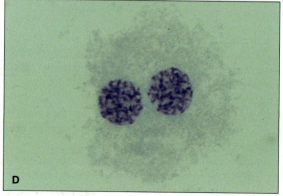

D

2 Kernteilung (Mitose) und Zellteilung bei menschlichen Zellen

# Genetik

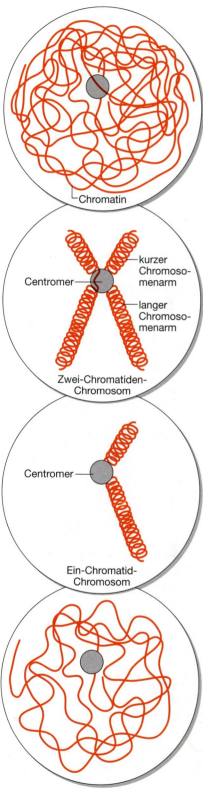

3 *Chromosomenzustände während der Mitose* (Schema)

plasma das *Zentralkörperchen*. Die Tochter-Zentralkörperchen wandern zu den Zellpolen. Zwischen ihnen bilden sich faserige Strukturen, die *Spindelfasern*.

Mithilfe dieses Spindelapparates werden die inzwischen stark verdichteten Chromosomen zur Zellmitte bewegt. Hier liegen sie in einer Ebene. Diese Anordnung ist typisch für die *Metaphase*. Deutlich lässt sich nun der Bau der Chromosomen erkennen: Jedes Metaphase-Chromosom setzt sich aus zwei identischen Längshälften, den *Chromatiden,* zusammen. Sie werden an einer Einschnürungsstelle, dem *Centromer,* zusammengehalten. Man spricht daher auch von *Zwei-Chromatiden-Chromosomen.*

Am Centromer setzen Spindelfasern an. In der nun folgenden *Anaphase* verkürzen sich die Fasern. Dabei werden die Chromatiden eines jeden Zwei-Chromatiden-Chromosoms getrennt und als *Ein-Chromatid-Chromosomen* zu den entgegengesetzten Polen gezogen. Hier entschrauben und entfalten sie sich und bilden wieder ein fädiges Knäuel. Gleichzeitig werden Kernhüllen und Kernkörperchen wieder sichtbar. Im Zellplasma sind die Spindelfasern nicht mehr zu erkennen. Diese letzte Phase der Mitose heißt *Telophase*. Bereits während der Telophase beginnt sich die Zelle einzuschnüren. Durch Ausbildung von Zellmembranen kommt es zur **Zellteilung.** Aus der Ausgangszelle sind zwei Tochterzellen mit einer identischen Anzahl von Chromosomen gebildet worden.

Vor einer erneuten Teilung der Tochterzellen müssen sich die Ein-Chromatid-Chromosomen verdoppeln. Dies geschieht in einem Zeitabschnitt zwischen der Zellteilung und der nächsten Mitose, den man als *Interphase* bezeichnet. Den gesamten Vorgang von einer Interphase bis zur nächsten nennt man *Zellzyklus*.

> Zellen vermehren sich durch Teilung. Vor jeder Zellteilung erfolgt eine Mitose. Bei dieser Kernteilung laufen nacheinander vier Phasen ab: die Prophase, die Metaphase, die Anaphase und die Telophase. Die Tochterzellen enthalten dieselbe Anzahl von Chromosomen wie die Ausgangszelle und sind genetisch identisch.

**1** Beschreibe den Bau eines Metaphase-Chromosoms. Nutze dabei das Erschließungsfeld „Struktur und Funktion".
**2** Beschreibe den Ablauf der Mitose. Gehe dabei auch auf die Veränderungen eines Chromosoms ein. Nutze die Abbildungen 2 und 3.
**3** Erläutere die folgenden Begriffe: Zellzyklus, Mitose, Interphase.

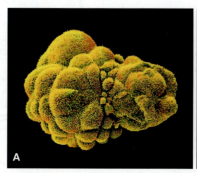 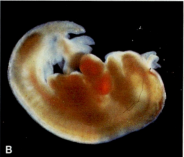

4 *Menschlicher Embryo.* **A** *etwa eine Woche alt;* **B** *etwa vier Wochen alt*

# Genetik

## 3.2 Der Chromosomensatz des Menschen

In der Metaphase einer Mitose sind die Zwei-Chromatiden-Chromosomen lichtmikroskopisch besonders gut zu erkennen und zu zählen. Die Anzahl der Chromosomen in einer Zelle bildet den Chromosomensatz.

Zur Untersuchung menschlicher Chromosomen werden aus der Fingerkuppe einige Tropfen Blut entnommen und in eine Nährlösung gegeben. Im Blut befinden sich viele kernlose rote und wenige kernhaltige weiße Blutzellen. Durch die Nährlösung werden die weißen Blutzellen in einem Brutschrank zu Zellteilungen angeregt. Nach drei Tagen wird der Kultur Colchicin zugesetzt. Colchicin ist ein Zellgift, das in einer Pflanze, der Herbstzeitlose, vorkommt. Es verhindert ein Trennen der Chromosomen in der Anaphase, sodass die Chromosomen im Metaphasezustand verbleiben. Die weißen Blutzellen werden anschließend von der Blutflüssigkeit getrennt. Mithilfe einer Pipette lässt man die Zellen auf einen Objektträger fallen. Dabei platzen sie. Die Chromosomen werden so auf dem Objektträger ausgebreitet. Nach dem Anfärben wird der Chromosomensatz mikroskopiert und fotografiert.

Verwendet man zum Färben einen bestimmten Farbstoff, werden Bandenmuster auf den Chromosomen sichtbar. Aus dem Foto werden die Chromosomen ausgeschnitten und nach ihrer Größe und der Lage des Centromers geordnet. Der geordnete Chromosomensatz heißt **Karyogramm.** Im Karyogramm des Menschen zählt man 46 Chromosomen. Dabei fällt auf, dass jeweils zwei Chromosomen in Form, Größe und Bandenmuster übereinstimmen. Man nennt sie *homologe Chromosomen.* Im Karyogramm eines Mannes findet man 22 solcher Chromosomenpaare. Sie heißen *Autosomen.* Hinzu kommen noch zwei weitere unterschiedlich gestaltete Chromosomen, die Geschlechtschromosomen oder *Gonosomen.* Im Karyogramm einer Frau liegen auch 22 Autosomenpaare, aber zwei gleich aussehende Gonosomen vor.

> Der menschliche Chromosomensatz enthält 44 Autosomen und zwei Gonosomen.

**1** Stelle fest, ob der Chromosomensatz in Abbildung 1 D vollständig ist. Wie muss weiterverfahren werden, um ein geordnetes Karyogramm herzustellen?

*1 Chromosomenpräparation.* **A** *Kultivierung von Blutzellen;* **B** *Zentrifugieren;* **C** *Auftropfen von Blutzellen;* **D** *Chromosomensatz (Foto);* **E** *Karyogramm Mann (Foto);* **F** *Karyogramm Frau (Schema)*

# CHROMOSOMENZAHLEN

**Pinnwand**

## Maultier

Maulesel heißen die Nachkommen eines Pferdehengstes und einer Eselstute, Maultiere die eines Eselhengstes und einer Pferdestute.

## Karyogramme von Mensch und Menschenaffen

Mensch

Schimpanse

Gorilla

Orang-Utan

1. Vergleiche die Chromosomensätze von Mensch und Menschenaffen.
2. Welche Schlussfolgerung hinsichtlich der Verwandtschaft von Mensch und Menschenaffen ergibt sich aus dem Vergleich der Chromosomensätze?
3. Die Chromosomenzahl sagt nichts über die Entwicklungshöhe einer Art aus. Belege dies anhand der Tabellen unten.

### Chromosomenzahlen von Pflanzen

| | | | |
|---|---|---|---|
| Adlerfarn | 104 | Löwenzahn | 104 |
| Raps | 38 | Birke | 38 |
| Erbse | 14 | Rosskastanie | 14 |
| Sauerkirsche | 32 | Fichte | 32 |
| Schachtelhalm | 216 | Gartenbohne | 216 |
| Kartoffel | 48 | Küchenzwiebel | 48 |

### Chromosomenzahlen von Tieren

| | | | |
|---|---|---|---|
| Stechmücke | 6 | Biene | 32 |
| Mehlkäfer | 20 | Regenwurm | 32 |
| Karpfen | 104 | Kreuzkröte | 22 |
| Grasfrosch | 26 | Amsel | 80 |
| Haushuhn | 78 | Hase | 48 |
| Hauskatze | 38 | Hund | 78 |
| Pferd | 64 | Esel | 62 |
| Eidechse | 38 | Stubenfliege | 12 |

# Genetik

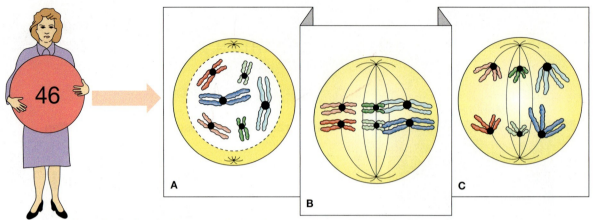

**1** *Geschlechtszellenbildung bei der Frau. A bis F Schema (am Beispiel von sechs der 46 Chromosomen);*
**G** *Eizelle (mikroskopische Aufnahme)*

## 3.3 Geschlechtszellen enthalten den einfachen Chromosomensatz

In jeder Körperzelle von Frau und Mann befinden sich 46 Chromosomen. Sie setzen sich aus 23 Chromosomenpaaren zusammen. Die Chromosomen eines jeden Paares sehen gleich aus, sie sind homolog. Eine Ausnahme bilden die Geschlechtschromosomen beim Mann. Sie haben unterschiedliche Größe und Form. Bei der Frau dagegen sehen die Geschlechtschromosomen gleich aus.

Bei der sexuellen Fortpflanzung verschmilzt der Zellkern einer Spermienzelle mit dem der Eizelle. Die befruchtete Eizelle enthält jedoch nicht 92, sondern wieder nur 46 Chromosomen. Da aus der befruchteten Eizelle alle Körperzellen des Kindes durch mitotische Zellteilungen hervorgehen, hat das Kind in jeder Körperzelle ebenfalls 46 Chromosomen. Daraus kann der Schluss gezogen werden, dass Geschlechtszellen einen einfachen oder **haploiden** Chromosomensatz von 23 Chromosomen aufweisen. Bei der Befruchtung vereinigen sich die beiden haploiden Chromosomensätze zu einem doppel-

ten, dem **diploiden** Chromosomensatz.

Wie entstehen nun haploide Geschlechtszellen? Dieser Vorgang ist bei der Reifung der Geschlechtszellen zu beobachten. Zur Bildung von Geschlechtszellen aus Geschlechtsmutterzellen sind zwei Zellteilungen, so genannte *Reifeteilungen,* erforderlich, die man zusammen als **Meiose** bezeichnet.

Vor der Meiose werden die Chromosomen der Geschlechtsmutterzelle verdoppelt. Sie hat nun 4n. Die Halbierung des Chromosomensatzes dieser Mutterzelle findet in der *1. Reifeteilung* statt. Da der Chromosomensatz reduziert wird,

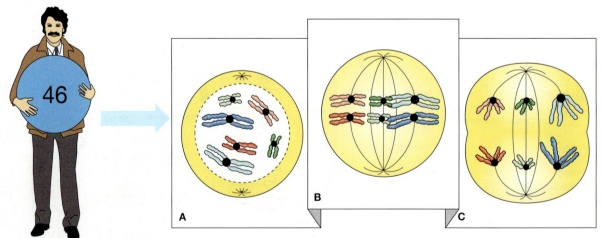

**2** *Geschlechtszellenbildung beim Mann. A bis F Schema (am Beispiel von sechs der 46 Chromosomen);*
**G** *Spermien (mikroskopische Aufnahme)*

# Genetik

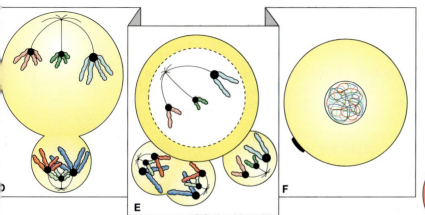

spricht man auch von der *Reduktionsteilung*. Im Verlaufe der Prophase verdichten sich die bis dahin fädigen Zwei-Chromatiden-Chromosomen. Sie werden dann in der Metaphase zur Zellmitte bewegt. Dabei legen sich die homologen Zwei-Chromatiden-Chromosomen paarweise zusammen. In der folgenden Anaphase werden diese nun zu den entgegengesetzten Zellpolen transportiert. Dabei ist es dem Zufall überlassen, welches Zwei-Chromatiden-Chromosom aus jedem Paar in die eine oder andere Tochterzelle gelangt. An jedem Zellpol liegt nun ein Chromosomensatz aus Zwei-Chromatiden-Chromosomen. Diese werden in einer sofort anschließenden *2. Reifeteilung*, die einer Mitose ähnlich ist, in die Ein-Chromatid-Chromosomen getrennt. So entstehen aus einer Spermienmutterzelle vier haploide Spermienzellen. Auch aus einer Eimutterzelle gehen vier Zellen hervor. Allerdings verkümmern drei dieser Zellen zugunsten einer haploiden, plasmareichen Eizelle.

> Bei der Meiose folgen zwei Reifeteilungen direkt aufeinander. Es entstehen vier haploide Geschlechtszellen.

**1** Beschreibe den Ablauf der Meiose bei der Bildung von Samenzellen.
**2** Worin unterscheidet sich die Meiose bei Mann und Frau?
**3** Vergleiche Mitose und Meiose miteinander. Lege dazu eine Tabelle an.
**4** Die Chromosomensätze auf der Pinnwand Seite 19 enthalten immer eine gerade Anzahl von Chromosomen. Erkläre.
**5** Das Maultier kann keine befruchtungsfähigen Geschlechtszellen bilden. Erkläre. Nimm die Pinnwand Seite 19 zu Hilfe.

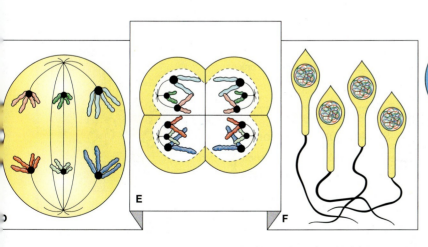

# Genetik

## Übung — Mitose

### V1 Bau von Chromosomenmodellen

**Material:** Klingeldraht (oder „Pfeifenputzer", z.B. vier 40 cm lange weiße und vier 20 cm lange rote Drahtstücke); 4 Druckknöpfe; Kugelschreibermine; weißes DIN-A 4-Papier
Zur Veranschaulichung von verdichteten Chromosomen werden die Drahtstücke mithilfe der Kugelschreibermine aufgeschraubt.

**Durchführung:** Aus zwei gleich langen Klingeldrahtstücken und einem Druckknopf wird ein Zwei-Chromatiden-Chromosom gebaut. Dabei wird jedes Drahtstück so durch zwei benachbarte Löcher einer Druckknopfhälfte gezogen, dass ungleich lange Bereiche entstehen. Die Drahtstücke werden dann über den Druckknopf miteinander verbunden.
Die so hergestellten vier Chromosomenmodelle werden „geknäuelt" auf das Blatt Papier gelegt. Dies entspricht der späten Prophase der Mitose.

**Aufgaben:** a) Welche Teile des Chromosomenmodells entsprechen den Teilen eines Chromosoms in Wirklichkeit?
b) Lege die vier Chromosomenmodelle auf ein Blatt Papier. Vollziehe die Kernteilung wie in Abbildung 3 auf Seite 17 nach. Erläutere.
c) Nach der Entstehung der Tochterzellen soll eine davon im Modellversuch erneut geteilt werden. Vollziehe diese Teilung am Modell nach. Erläutere dein Vorgehen.

### V2 Mikroskopische Untersuchung von Mitosestadien

**Material:** Mikroskop und Zubehör; Zeichenpapier; Zeichenmaterial; Dauerpräparat einer Wurzelspitze der Küchenzwiebel (aus der Biologiesammlung)
**Durchführung:** Mikroskopiere das Bildungsgewebe der Wurzelspitze einer Küchenzwiebel bei mittlerer Vergrößerung.
**Aufgaben:** a) Suche vier Zellen in verschiedenen Phasen der Kernteilung. Stelle die stärkste Vergrößerung ein und zeichne diese Zellen. Gib durch Ziffern den zeitlichen Verlauf der Kernteilung an.
b) Erläutere am Beispiel eines Metaphasenchromosoms das Erschließungsfeld „Struktur und Funktion".

---

Erschließungsfeld

**Struktur und Funktion**

Bestimmte Strukturen ermöglichen auf zellulärer und molekularer Ebene bestimmte Funktionen. Durch die Chromosomenbildung wird das Erbmaterial maximal verkürzt und kann optimal verteilt werden.

---

### A3 Mitose bei Pflanzenzellen

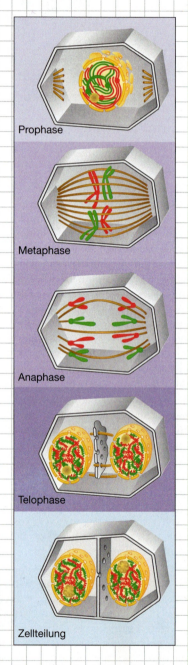

Prophase

Metaphase

Anaphase

Telophase

Zellteilung

Beschreibe den Ablauf der Mitose und der Zellteilung einer Pflanzenzelle.

# Genetik

## 4 Aufbau der Erbinformation

### 4.1 Molekularer Aufbau der Gene

Seit der Jahrhundertwende ging man davon aus, dass die Chromosomen Träger der Erbanlagen oder Gene sind. Nun interessierte die Genforscher die Frage, wie die Erbanlagen in den Chromosomen fixiert sind. Erst 1944 konnte AVERY nachweisen, dass die Nucleinsäuren in den Chromosomen die stoffliche Grundlage der Gene bilden. Inzwischen weiß man, wie der genaue Aufbau dieser Säuren aussieht. Es handelt sich um fädige Verbindungen, die aus folgenden Bausteinen aufgebaut sind: der **Desoxyribose,** einem Zucker, der **Phosphorsäure,** einer anorganischen Säure, und den vier organischen **Basen** Adenin (A), Cytosin (C), Guanin (G) und Thymin (T). Jeweils ein Zuckermolekül, ein Phosphorsäuremolekül und eine Base bauen ein **Nucleotid** auf. Viele Nucleotide bilden dann die **Nucleinsäure.** Aufgrund des beteiligten Zuckers Desoxyribose wird diese Nucleinsäure als **Desoxyribonucleinsäure** (engl. **desoxyribonucleic acid**) oder abgekürzt als **DNS** oder **DNA** bezeichnet.

Erst 1953 entwickelten die amerikanischen Forscher WATSON und CRICK ein inzwischen bestätigtes Modell für den räumlichen Aufbau der DNA. Danach ist die DNA als Doppelstrang angelegt. Beide Stränge sind über Wasserstoffbrückenbindungen zwischen den Basen miteinander verbunden. Hierbei können sich jeweils nur die Basen Adenin mit Thymin und Cytosin mit Guanin paaren. Die beiden Stränge sind dadurch nicht identisch. Sie verhalten sich komplementär, das heißt die Basenreihenfolge des einen Stranges bestimmt die Basenreihenfolge des anderen. Hat zum Beispiel der eine Strang die Basenreihenfolge Cytosin, Thymin, Cytosin, Guanin, so muss der zweite Strang die Basenreihenfolge Guanin, Adenin, Guanin, Cytosin haben. Der Doppelstrang wird mit einer in sich gedrehten Strickleiter verglichen. Die Seile werden durch Zucker-Phosphorsäuremoleküle und die Sprossen durch jeweils zwei Basen gebildet. Diese räumliche Struktur wird als **DNA-Doppelhelix** bezeichnet. Für die etwa 25 000 Gene stehen rund drei Milliarden Basenpaare zur Verfügung.

Da jede Zelle das gesamte Erbgut enthält, muss bei einer Zellteilung das Erbgut und damit die Doppelhelix entsprechend vermehrt werden. Bei jeder Zellteilung einer Körperzelle muss folglich das Erbgut verdoppelt werden. Bei der Verdopplung weichen die Einzelstränge der Doppelhelix auseinander. Die freien Stränge werden durch im Zellkern befindliche freie Nucleotide komplementär ergänzt. Dadurch entstehen zwei vollständige identische Doppelstränge. Dieser Vorgang wird als **identische Verdopplung** oder **Replikation** bezeichnet.

> Die Erbinformation ist in der DNA verschlüsselt. Die Desoxyribonucleinsäuren liegen in Form einer Doppelhelix vor. Diese besteht aus den Bausteinen Desoxyribose, Phosphorsäure und den organischen Basen Adenin, Cytosin, Guanin und Thymin.

**1** Beschreibe den Aufbau der DNA.

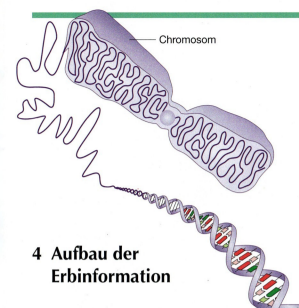

1 Bau und identische Verdoppelung der DNA

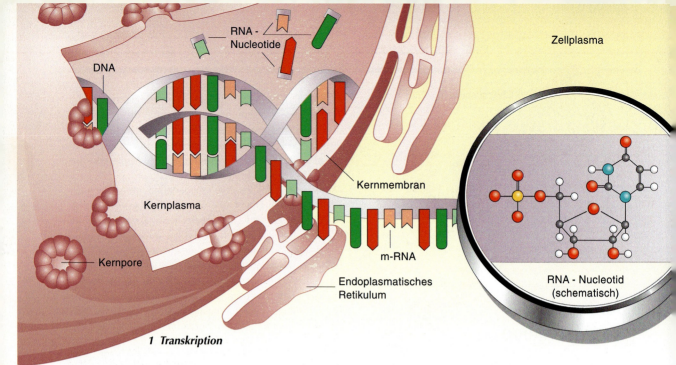

1 Transkription

## 4.2 Vom Gen zum Protein

Nachdem die Struktur der DNA bekannt war, wollten die Forscher herausfinden, in welcher Form die Erbinformation in der DNA gespeichert ist. Wie ist zum Beispiel die Information in den Genen verschlüsselt, damit ein Mensch blaue Augen, Sommersprossen und blonde Locken bekommt?

Um diese Fragen zu beantworten, musste die „Sprache der Gene", der **genetische Code,** entziffert werden. Gene sind Teilabschnitte der DNA. Sie verschlüsseln die Anweisung für den Aufbau von Polypeptidketten bzw. Proteinen aus Aminosäuren. Sie legen also fest, welcher Eiweißstoff entsteht und welche Aufgabe er im Körper erfüllen wird. Der Mensch besitzt insgesamt etwa 25 000 verschiedene Gene.

Am Aufbau der natürlich vorkommenden Proteine sind 20 verschiedene Aminosäuren beteiligt. Sie können über Bindungen miteinander verknüpft werden und ergeben dann ein langes Molekül. Im Durchschnitt sind solche Proteine mehrere hundert Aminosäuren lang. Länge, Zusammensetzung und räumliche Struktur der Ketten bestimmen die Eigenschaften des Proteins.

Die genetische Information arbeitet mit nur vier verschiedenen Nucleotiden. Diese müssen ausreichen, um die 20 unterschiedlichen Aminosäuren zu verschlüsseln. Die Entschlüsselung des genetischen Codes gelang 1961 dem amerikanischen Biologen NIRENBERG. Er erkannte, dass immer drei Nucleotide der DNA eine Aminosäure verschlüsseln. Schon durch einfaches Nachrechnen kann man diesen Gedanken bestätigen. Würde je ein Nucleotid für eine Aminosäure stehen, wären nur vier Aminosäuren zu verschlüsseln. Bei einer Kombination von je zwei Nucleotiden käme man auf $4^2 = 16$ Möglichkeiten. Auch das würde noch nicht ausreichen, um 20 verschiedene Aminosäuren zu verschlüsseln. Bei einem Code von drei Nucleotiden, man spricht auch von einem **Triplettcode,** ergeben sich ausreichend Codierungsvarianten. Es sind insgesamt $4^3$, also 64 Möglichkeiten.

Der genetische Code weist weitere charakteristische Merkmale auf. Von den 64 möglichen Tripletts codieren 61 die 20 verschiedenen Aminosäuren. Die drei übrigen dienen als *Stoppzeichen.* An dieser Stelle wird die Proteinbiosynthese abgebrochen.

Am Anfang des Ablesevorganges steht fast immer das Triplett TAC. Es verschlüsselt die Aminosäure Methionin und dient als Startzeichen. Ein Triplett bestimmt immer den Einbau einer einzigen Aminosäure, der Code ist also eindeutig. Die Tripletts werden hintereinander abgelesen, es gibt keine Kommas oder Leerstellen. Außerdem ist der genetische Code degeneriert. Das heißt, dass eine Aminosäure durch mehrere Tripletts angegeben wird. Maximal kann eine Aminosäure durch sechs verschiedene Tripletts verschlüsselt werden. Der Code wird von allen Lebewesen benutzt. Man bezeichnet ihn deshalb als *universell.*

Wie werden die Informationen der Gene in Proteine umgesetzt? Die gesamte Eiweißsynthese lässt sich in zwei Teilabschnitte gliedern.

Den ersten nennt man **Transkription,** was soviel wie „Umschreiben" bedeutet. Er findet im Zellkern statt. Dabei wird ein Stück der DNA entspiralisiert und aufgetrennt. Der eine DNA-Strang liegt nun als Schablone für den Aufbau einer weiteren Nucleinsäure vor. Es handelt sich dabei um eine einsträngige Ribonucleinsäure (deutsch RNS, englisch RNA). Sie dient später als Botenstrang und wird deshalb auch als **Boten-RNA**

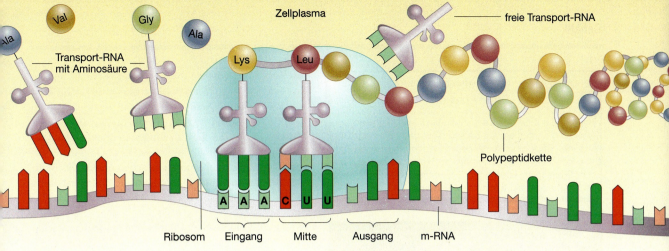

**2 Translation**

oder **messenger-RNA** (m-RNA) bezeichnet. Sie unterscheidet sich von der DNA durch den Zucker Ribose statt Desoxyribose und durch die organische Base *Uracil* statt Thymin. Die übrigen Bausteine sind gleich. Die RNA-Synthese wird von verschiedenen Enzymen gesteuert. Die RNA-Polymerase ermöglicht zum Beispiel eine Anlagerung der RNA-Bausteine aus dem Plasma. Da auch hier die komplementäre Basenpaarung gilt, entsteht eine genaue Kopie der DNA. Der Botenstrang enthält jedoch Uracil an den Stellen, an denen sonst Thymin an Adenin binden würde.

Die Zelle lässt meist nur Teile der gesamten Erbinformation ablesen. So hat eine m-RNA eine Länge von 50 bis 1000 Nucleotiden. Sie ist damit viel kürzer als eine DNA.

Die fertige m-RNA verlässt den Zellkern durch die Kernporen. Die DNA schließt sich wieder und bleibt gut geschützt im Kern.

Die m-RNA gelangt ins Zellplasma und der zweite Schritt der Eiweißsynthese, die **Translation** beginnt. Hierbei kommt es zur Übersetzung der Nucleotidsequenz der m-RNA in die Aminosäuresequenz des Proteins.

Zuerst lagern sich die **Ribosomen** an die Boten-RNA. Sie bestehen aus Proteinen und ribosomaler RNA (r-RNA). Im Ribosom finden jeweils drei Tripletts an den Positionen „Eingang", „Mitte" und „Ausgang" Platz. Außerdem befinden sich im Zellplasma freie Aminosäuren. Sie werden von einer weiteren RNA-Form, der **Transport-RNA** gebunden. Diese t-RNA ist kleeblattförmig und besitzt ein **Anticodon,** welches aus drei Nucleotiden besteht, die komplementär zu einem bestimmten Triplett auf der m-RNA sind. Die t-RNA bindet genau die Aminosäure, welche durch dieses Triplett codiert wird. Hat das Ribosom mit seiner mittleren Position das Startcodon AUG erreicht, so lagert sich die erste t-RNA an. Sie besitzt das Anticodon UAC und transportiert die Aminosäure Methionin. Am Eingang lagert sich die t-RNA an, deren Anticodon zum nächsten Triplett komplementär ist. Ihre Aminosäure wird mit Methionin verbunden. Nachdem das Ribosom ein Triplett weitergerückt ist, liegt die erste t-RNA am Ausgang des Ribosoms, sie wird abgespalten und kann erneut die gleiche Aminosäure aus dem Zellplasma holen. Am Eingang lagert sich die dritte t-RNA mit dem passenden Triplett an. Nachdem ihre Aminosäure mit der zweiten Aminosäure verknüpft wurde, rückt das Ribosom ein Triplett weiter. Dieser Vorgang wiederholt sich so lange, bis das Ribosom ein Stopp-Codon erreicht. Für dieses Triplett existiert keine passende t-RNA. Dadurch löst sich das Ribosom von der m-RNA. Das Ergebnis der Translation ist eine Aminosäurekette, die auch als *Polypeptid* bezeichnet wird.

Die **Ein-Gen-ein-Polypeptid-Hypothese** geht davon aus, dass ein Polypeptid durch genau ein Gen codiert wird. Ein Protein kann aus mehreren zusammengelagerten Polypeptidketten bestehen und damit durch mehrere Gene verschlüsselt werden.

Die m-RNA wird von vielen Ribosomen als Vorlage genutzt. So können Hunderte Proteine eines Typs nacheinander synthetisiert werden. Ist der Vorgang beendet, wird die m-RNA wieder abgebaut.

Im genetischen Code sind nur Eiweiße verschlüsselt. Wie kann damit der Aufbau eines vollständigen Lebewesens ermöglicht werden?

Eiweißstoffe erfüllen im Körper ganz unterschiedliche Aufgaben. Man unterscheidet Enzyme, Strukturproteine, Hormone, Transportproteine und kontraktile Proteine. So ist das Keratin ein *Struktureiweiß*, das Haare und Nägel aufbaut. Ein anderes Struktureiweiß, das Kollagen, ist in Sehnen, Bändern, Knochen und Knorpel enthalten. Der rote Blutfarbstoff Hämoglobin ist ein Eiweißstoff aus vier Polypeptidketten. Er ist für den *Transport* von Sauerstoff in unserem Körper verant-

# Genetik

> ### Erschließungsfeld
> ### Information
>
> Information beschreibt den Austausch von Signalen bei lebenden Systemen auf unterschiedlichen Ebenen. Die von der DNA gespeicherten Informationen werden bei der Proteinsynthese durch die m-RNA vom Zellkern zu den Ribosomen übertragen. Hier entstehen durch Weiterverarbeitung der Information Proteine.

wortlich. Das *Hormon* Insulin gehört ebenfalls zu den Proteinen. Es reguliert den Blutzuckerspiegel. Die *kontraktilen Proteine* Actin und Myosin befinden sich in den Muskelfasern und ermöglichen die Verkürzung des Muskels. Auch die für die *Abwehr* benötigten Antikörper sind Eiweißstoffe. Viele Eiweiße arbeiten als *Enzyme*. Diese Biokatalysatoren beschleunigen alle Stoffwechselreaktionen und ermöglichen die Herstellung der verschiedensten körpereigenen Stoffe.

Selten wird ein Merkmal nur von einem einzigen Gen bestimmt, wie es zum Beispiel beim Rhesusfaktor der Fall ist. Meist wirken bei der Ausbildung eines Merkmals eine ganze Reihe von Enzymen mit, für deren Verschlüsselung mehrere Gene zuständig sind. Ein solches Merkmal kann die Augenfarbe, die Körpergröße oder eine bestimmte Verhaltensweise sein. Die Gesamtheit aller ausgebildeten Merkmale bildet den Phänotyp des Lebewesens.

*3 Proteine. A Kollagen; B Keratin*

> Gene enthalten die Bauanleitung für Proteine. Die Proteinsynthese beginnt mit der Transkription. Dabei wird die genetische Information von der DNA auf die m-RNA umgeschrieben. In der darauf folgenden Translation wird der genetische Code der m-RNA in die Aminosäurereihenfolge eines Polypeptids übersetzt. Die entstehenden Proteine erfüllen im Körper des Lebewesens vielfältige Aufgaben.

**1** Vergleiche DNA und RNA miteinander. Berücksichtige dabei Vorkommen, Bau und Aufgaben. Nutze das Erschließungsfeld „Information".
**2** Nenne vier Merkmale des genetischen Codes.
**3** Beschreibe den Ablauf der Proteinbiosynthese.
**4** Der Triplettcode wird häufig als Codesonne dargestellt. Die mit den Buchstaben der organischen Basen abgekürzten Nucleotide sind von innen nach außen zu lesen. Im äußeren Kreis stehen die Abkürzungen der entsprechenden Aminosäuren. Die Nucleotidabfolge AAA steht zum Beispiel für die Aminosäure Lysin. Die Codesonne zeigt den genetischen Code für die m-RNA. Löse mit ihrer Hilfe folgende Aufgaben:
a) Notiere den m-RNA-Strang, der an folgendem DNA-Strang synthetisiert wird:
TAC GTG AGA ACG CGG TCG
b) Übersetze den bei a) aufgestellten m-RNA-Strang in eine Aminosäurekette.
c) Gib für die Aminosäurekette Ala-Val-Val-Leu-Ser eine mögliche m-RNA an.
**5** Erläutere an zwei Beispielen Struktur und Funktion von Proteinen.

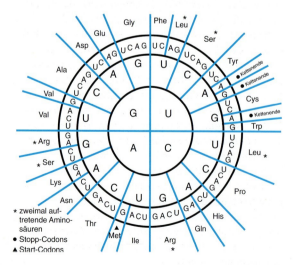

*4 Codesonne*

# Genetik

## Erbsubstanz

**Übung**

### V 1 Chromosomen präparieren und mikroskopieren

**Material:** Zuckmückenlarven (z. B. tiefgefroren, Zoohandlung); Pinzette; 2 Nadeln; Objektträger; Stereolupe; Pipette; Karminessigsäure; Deckglas; Streichhölzer; Mikroskop

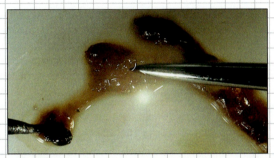

**Durchführung:** Lege eine Zuckmückenlarve auf den Objektträger. Betrachte sie unter der Stereolupe. Der dunkle Kopf ist rundlich, während am Hinterleib büschelförmige Kiemen auffallen. Halte mit einer Nadel die Larve im vorderen Drittel fest und ziehe mit der zweiten Nadel den Kopf weg. Dabei werden die zwei bläschenförmigen Speicheldrüsen ausgeschwemmt. Ist das nicht der Fall, so streiche sie mit der zweiten Nadel aus. Entferne Kopf und Körper der Larve. Gib einen Tropfen Karminessigsäure zu den Speicheldrüsen und lege das Deckglas auf. Bewege das Präparat über der Flamme eines Streichholzes, bis sich Blasen bilden. Quetsche nun das Präparat durch vorsichtiges Drücken des Deckglases. Suche unter dem Mikroskop bei mittlerer Vergrößerung nach roten, quergestreiften Bändern, den Chromosomen. Betrachte sie bei starker Vergrößerung.

**Aufgaben:** a) Vergleiche deine Beobachtung mit dem Chromosomenbild auf Seite 18.
b) Halte deine Beobachtungen in einer Zeichnung fest.

### V 2 Modell der Spiralisierung

**Material:** 230 Volt Kerzenleuchte; Stereolupe
**Durchführung:** Betrachte die Glühwendel der Leuchte mit der Stereolupe.
**Aufgaben:** a) Wievielfach ist die Wendel gewunden?
b) Was hat dieses Modell mit Chromosomen zu tun? Erkläre.

### V 3 DNA – Fäden isolieren

**Material:** Bries von einem Jungtier (z. B. Schwein); Messer; Brettchen; 2 Reagenzgläser; 2 Stopfen; dünner Holzstab; flüssiges Spülmittel; Brennspiritus

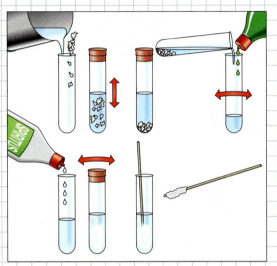

**Durchführung:** Schneide von dem Bries ein etwa erbsengroßes Stück ab und zerkleinere es. Zerreibe es gründlich mit der flachen Seite des Messers.
Gib das zerriebene Bries in ein Reagenzglas und fülle es bis zur Hälfte mit Wasser auf. Verschließe das Reagenzglas mit einem Stopfen und schüttle es. Warte danach etwa eine Minute lang, bis sich die Briesreste absetzen.
Gieße zwei Zentimeter von dem Überstand in das zweite Reagenzglas ab. Gib tropfenweise unter Schwenken des Reagenzglases Spülmittel hinzu, bis du eine klare Lösung erhältst. Fülle die Lösung bis zu einer Höhe von vier Zentimetern mit Spiritus auf. Verschließe anschließend das Reagenzglas. Durchmische den Inhalt vorsichtig durch langsames Kippen des Reagenzglases nach rechts und links, bis die DNA in watteähnlicher Form ausfällt. Wickle etwas DNA um den Holzstab. Damit kannst du sie aus dem Reagenzglas entnehmen.
Betrachte einige der Fäden unter dem Mikroskop.
**Aufgaben:** a) Weshalb erkennst du unter dem Mikroskop keine Feinstrukturen wie bei V 1?
b) Die Tenside des Spülmittels zerstören fettsäurehaltige Membranen der Zellen. Welche Membranen der verwendeten Brieszellen wurden zerstört, um die Erbsubstanz freizulegen?

# Genetik

## 5 Was sind Mutationen?

**2 Amsel.** A *Normalform;* B *Mutante*

Amseln haben ein dunkles Gefieder, doch es sind auch schon Exemplare mit weißem Federkleid gesehen worden. Solche *Albinos* sind aus der Brut schwarz gefiederter Eltern hervorgegangen. Ein Farbstoffmangel ist die Ursache für ihre Weißfärbung.

Das Auftreten von Albinos ist ein Beispiel dafür, dass sich das Erscheinungsbild von Lebewesen sprunghaft verändern kann. Bleibt diese Veränderung erhalten und wird auf nachfolgende Generationen vererbt, spricht man von einem *Erbsprung* oder einer **Mutation.** Den Träger des neuen Merkmals bezeichnet man als *Mutante*. Aber nicht nur Tiere, sondern auch Pflanzen mutieren. So sind z. B. rote Blätter bei Buchen nicht aus einer Neukombination verschiedener Merkmale hervorgegangen, sondern sind auf eine Mutation zurückzuführen. Bei *Blutbuchen* wird das Chlorophyll durch den im Zellsaft gelösten Farbstoff Anthocyan überlagert. Bleibende Veränderungen für folgende Generationen haben also nur Mutationen in den Keimzellen.

Wenn bei jeder Zellteilung die Erbinformation immer wieder kopiert, umgeschrieben und identisch verdoppelt wird, können dabei auch Fehler auftreten. Mutationen kommen deshalb bei allen Lebewesen ständig vor. Manchmal beginnen Zellen nach diesem Vorgang ungehemmt zu wachsen und bilden einen Tumor. Dann ist Krebs im Körper dieses Lebewesens entstanden.

Obwohl Mutationen meist sprunghaft, zufällig und ohne erkennbaren Grund auftreten, weiß man, dass bestimmte Einflüsse Mutationen auslösen können. Solche Faktoren befinden sich in unserer Umwelt oder werden künstlich erzeugt. Zu diesen **Mutagenen** gehören bestimmte Chemikalien, Radioaktivität, Röntgenstrahlung und UV-Strahlen. Sie lösen in der Regel jedoch keine gezielten Mutationen aus.

Die Auswirkungen von Mutationen können für die nachfolgenden Lebewesen nützlich, aber auch schädlich oder gar tödlich sein. Viele Mutationen sind neutral, d. h. sie zeigen keine Auswirkungen.

Das Erbgut kann auf verschiedene Weise durch Mutationen verändert werden. Verdoppelt sich ein einzelnes Chromoson oder vervielfacht sich der gesamte Chromosomensatz, liegt eine **Genommutation** vor. Veränderungen, die ein einzelnes oder auch mehrere Chromosomen betreffen, bezeichnet man als **Chromosomenmutation.** Eine **Genmutation** dagegen ist gekennzeichnet durch Verlust, Hinzufügen oder Austausch von Basen im DNA-Strang.

Genmutationen beruhen auf chemischen Veränderungen an der DNA. Man unterscheidet Rastermutationen und Punktmutationen. Bei einer *Punktmutation* erfolgte ein Basenaustausch an einer Stelle der DNA. Dadurch kann es zum Einbau einer anderen Aminosäure in die Polypeptidkette kommen. *Rastermutationen* entstehen durch

**1 Buchen.** A *Rotbuchen;* B *Blutbuche (Mutante)*

---

### Erschließungsfeld
### Angepasstheit

Lebewesen besitzen vielfältige, genetisch bedingte Merkmale, die ihnen unter den wirkenden Umweltbedingungen das Leben im Lebensraum ermöglichen. Angepasstheit ergibt sich aus der Auseinandersetzung des Organismus mit einer sich mehr oder weniger verändernden Umwelt.

# Genetik

Einschub oder Verlust eines Nucleotidpaares. Alle folgenden Tripletts liegen nun verändert vor, sodass ein völlig anderes Eiweiß gebildet wird, welches die vorgesehene Funktion nicht mehr erfüllen kann.

Ein Beispiel für Genmutationen ist die dunkle Form des Birkenspanners. Dieser Nachtfalter besitzt helle Flügel mit wenigen dunklen Flecken. Durch diese Flügelfärbung ist er auf Birken kaum zu sehen und kann sich dadurch gut vor Fressfeinden tarnen. In der Mitte des 19. Jahrhunderts wurden in Industriegebieten einige dunkle Formen des Birkenspanners entdeckt. Die dunkle Flügelfärbung wird durch eine erhöhte Produktion des Farbstoffes Melanin hervorgerufen. Nachkommen der dunklen Schmetterlinge sind ebenfalls dunkel. In Industriegebieten nahm der Anteil der dunklen Mutanten ständig zu. Da in diesen Regionen die Birken durch Schmutzpartikel deutlich dunkler gefärbt sind, ist die dunkelfarbige Mutante besser getarnt als die helle Form.

Die hellen Falter werden von ihren Fressfeinden leichter erkannt und gefressen. Dadurch wird die Anzahl ihrer Nachkommen gesenkt. Es findet **Selektion** statt.

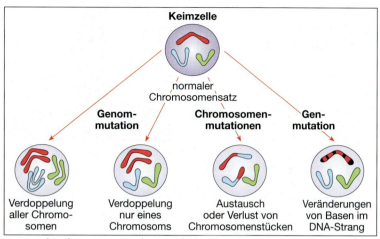

**4 Mutationsformen** (an Einchromatid-Chromosomen)

Während Genmutationen im Mikroskop nicht erkennbar sind, kann man Chromosomenmutationen meist feststellen. So lässt sich zum Beispiel ein Stückverlust eines Chromosoms sehen. Für die Diagnose eines Austausches von Chromosomenstücken sind aufwändige Färbungen oder Kennzeichnungen der Bandenmuster nötig.

Bei Genommutationen ist die Anzahl einzelner Chromosomen oder ganzer Chromosomensätze verändert. Dies zeigt sich besonders bei vielen Kulturpflanzen. Ihre Körperzellen können nicht nur zwei, sondern drei, vier oder sechs Chromosomensätze enthalten. So gibt es triploide Zitronen, tetraploide Erdbeeren und hexaploiden Weizen. Man bezeichnet diese Mutationsform als *Polyploidie*.

Polyploide Pflanzen sind meist größer und widerstandsfähiger als die diploiden Wildformen. Sie haben vergrößerte Zellen und Organe und sind dadurch besonders ertragreich. Der Anteil polyploider Arten nimmt vom Flachland zum Gebirge zu. Da solche Pflanzen anpassungsfähiger und robuster waren, hatten sie einen Selektionsvorteil gegenüber den diploiden Wildformen.

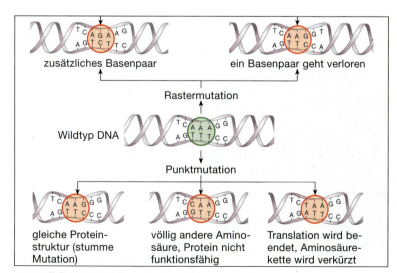

**3 Mögliche Formen einer Genmutation**

> Mutationen verändern die Erbinformationen. Mutagene Faktoren können Mutationen auslösen. Man unterscheidet Genmutationen, Chromosomenmutationen und Genommutationen.

**1** Erkläre die zunehmende Verbreitung der dunklen Form des Birkenspanners unter Verwendung der Erschließungsfelder „Vielfalt" und „Angepasstheit".

**2** Unterscheide die verschiedenen Formen der Genmutation. Verwende dazu die Abbildung 3.

Genetik

**Streifzug durch die Medizin**

## Tschernobyl – ein Reaktorunfall und seine Folgen

*1 Atomkraftwerk von Tschernobyl (Ukraine)*

Am 26. April 1986 ereignete sich im Atomkraftwerk von Tschernobyl, einem Ort in der Ukraine, der bisher schwerste Reaktorunfall. Eine Kette von Fehlern führte dazu, dass ein Reaktorblock außer Kontrolle geriet. Bei der folgenden nuklearen Explosion wurde hochradioaktives Material freigesetzt und bildete mit Dampf und Rauch eine „strahlende" Wolke. Diese breitete sich in nordwestlicher Richtung über Mitteleuropa aus. Bei diesem **g**rößten **a**nzunehmenden **U**nfall (GAU) starben sofort 31 Menschen an Verbrennungen und akuter Strahlenkrankheit. Dazu kamen etwa 300 schwere Krankheitsfälle beim Betriebspersonal sowie bei Feuerwehrleuten und Soldaten, die Hilfe leisteten. Von etwa 800 000 Menschen, die nach und nach am zerstörten Reaktor eingesetzt wurden, sind bis heute mehr als 10 000 gestorben. Nach Untersuchungen der Weltgesundheitsorganisation WHO haben über 125 000 Personen gesundheitliche Schäden davongetragen. Dazu hat die radioaktive Verseuchung des Acker- und Waldbodens, der Nutz- und Wildtiere sowie des Oberflächen- und Grundwassers beigetragen.

Eine Sperrzone von 30 km im Umkreis vom Reaktor bleibt für Jahrzehnte verstrahltes Gebiet. Außerhalb davon gibt es große Gebiete, die landwirtschaftlich nicht genutzt werden können. Sie liegen dort, wo Niederschläge aus der radioaktiven Wolke niedergingen. Über 400 000 Menschen aus etwa 2000 Orten mussten umgesiedelt werden und verloren ihre Heimat.

Die Strahlenschäden beschränken sich nicht nur auf die unmittelbare Umgebung des Reaktors. Bewohner aus weiter entfernt liegenden strahlenbelasteten Gebieten leiden z. B. viel häufiger unter bösartigen Tumoren als andere. Dazu kommen überdurchschnittlich viele Haut- und Blutkrankheiten, z. B. Leukämie.

Kinder aus stark belasteten Gebieten haben eine Immunabwehrschwäche. Häufig wird über Missbildungen bei Neugeborenen berichtet. Die radioaktive Strahlung greift die DNA an. Weil sich Radioaktivität nur langsam abbaut, ist auch in Zukunft mit Erkrankungen und missgebildeten Kindern zu rechnen.

Gefahren gehen immer noch vom einbetonierten Reaktor aus. Seine Betonmauern sind brüchig geworden, sodass Strahlung frei kommt. Wegen der katastrophalen Folgen eines nuklearen Atomunfalls und seiner langfristigen Auswirkungen auf Gesundheit und Leben auch Ungeborener sind viele Menschen heute vorsichtig in der Beantwortung der Frage, ob Atomkraft auch in Zukunft eingesetzt werden soll, um unseren Energiebedarf zu decken.

*2 Missbildung eines Fußes*

**1** Nenne Langzeitgefahren radioaktiver Strahlung.

# Genetik

## Arbeit mit Abbildungen

**Methode**

Biologische Sachverhalte werden oft durch geeignete Abbildungen veranschaulicht. Bei den Abbildungen kann es sich um Fotos, detailgetreue Zeichnungen oder schematische Grafiken handeln. **Fotos** verwendet man häufig dort, wo ein bestimmter Sachverhalt illustriert werden soll. So könnte man zum Beispiel verschiedene Tiere und Pflanzen zeigen, die Mutationen aufweisen. Lassen sich Sachverhalte schlecht als Foto darstellen, bieten sich **detailgetreue Zeichnungen** an. Sie werden zum Beispiel genutzt, wenn bestimmte Verhaltensweisen oder Vorgänge gezeigt werden sollen.

Bei **schematischen Grafiken** wird zum Beispiel der Bau eines Lebewesens oder ein bestimmtes Organ dargestellt. Ähnlich wie bei einem Modell werden dabei die darzustellenden Inhalte oft etwas vereinfacht. Bestimmte Farben können zusätzliche Hinweise geben. So kann man das Nervensystem eines Tieres mit der Farbe Gelb darstellen. Solche Symbolfarben kann man auch für einzelne Zellbestandteile verwenden. Eine Beschriftung hilft zusätzlich beim Erkennen der einzelnen Bestandteile. Abbildungen können verschiedene Aufgaben erfüllen. Sie können einen Text illustrieren oder biologische Inhalte in anderer Weise noch einmal wiedergeben. Oft eignen sie sich auch zum Beschreiben und Vergleichen.

Mathematische Zusammenhänge werden durch Diagramme dargestellt. Dabei kann der Übergang zwischen Grafik und Diagramm fließend sein.

**Hinweis zum Arbeiten mit Abbildungen**
– Betrachte die Abbildung genau.
– Ordne sie einem Typ zu (Foto, Zeichnung, Diagramm).
– Beschreibe die dargestellten Zusammenhänge unter Verwendung der biologischen Fachbegriffe und der eventuell vorhandenen Beschriftung.
– Vergleiche verschiedene Teilabbildungen, wenn diese vorhanden sind.
– Ziehe eine Schlussfolgerung.

**1** a) Beschreibe mithilfe der Abbildung 1 das Ergebnis der Experimente.
b) Begründe, ob die Größe der Schafgarben in der Sierra Nevada genetisch bedingt ist oder ob es sich um eine fließende Modifikation handelt.
**2** Erläutere die in Abbildung 2 dargestellte Mutationsform.

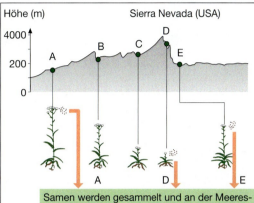
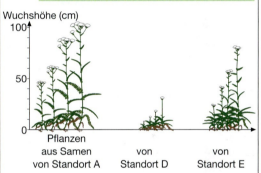

An den Hängen des amerikanischen Gebirges Sierra Nevada (Kalifornien und Nevada) wurde die Größe von Schafgarbepflanzen gemessen. Dann sammelte man jeweils Samen der Pflanzen und säte sie in einem Garten an der Meeresküste aus.

**1** *Größe von Schafgarben in einem amerikanischen Hochgebirge*

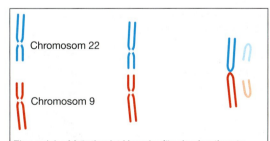

Eine solche Mutation ist Ursache für eine bestimmte Leukämieform. Außer diesem Blutkrebs werden auch andere Krebsarten wie Lungen-, Haut- und Hodenkrebs auf Mutationen zurückgeführt.

**2** *Mutationen als Auslöser für Krankheiten*

# Genetik

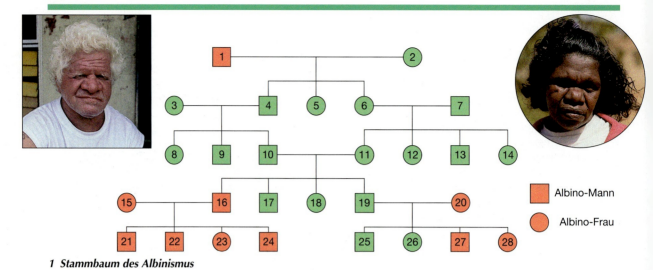

1 Stammbaum des Albinismus

## 6 Vererbung beim Menschen

### 6.1 Untersuchung von Erbanlagen beim Menschen

Weiß gefärbte Haare, Wimpern und Augenbrauen, rötliche Augen sowie hellrosa Haut sind Merkmale von Albinos. Albinos sind Menschen, bei denen der Aufbau von Farbstoffen, den Pigmenten, gestört ist. Die Augen erscheinen zum Beispiel rot, weil die Iris keine Farbstoffe enthält und somit das Blut in der Aderhaut hindurchschimmert. Die Augen sind daher sehr lichtempfindlich. *Albinismus,* so heißt diese Krankheit, ist auf eine defekte Erbanlage zurückzuführen, wodurch die Pigmentbildung in den Zellen unzureichend oder gar nicht erfolgt. Wie wird diese Anlage, dieses Gen, an die Nachkommen vererbt? Da Kreuzungsversuche an Menschen aus ethischen Gründen nicht in Frage kommen, müssen andere Methoden zur Ermittlung von Erbgängen beim Menschen herangezogen werden. Eine wichtige Methode ist die **Familienforschung.** Hierbei wird das Auftreten von Merkmalen über möglichst viele Generationen hinweg untersucht. Man stellt also Stammbäume auf, an denen die Gültigkeit von Erbgesetzen ermittelt werden kann. Betrachtet man zum Beispiel den abgebildeten Stammbaum, sieht man, dass Albinismus bei Männern und Frauen auftritt. Ferner wird deutlich, dass das Krankheitsbild nicht in jeder Generation auftaucht. Dies lässt auf ein rezessives Gen für Albinismus schließen. Albino-Eltern sind also reinerbig (homozygot) wie ihre Nachkommen. Gesunde Eltern können dann ein Albinokind bekommen, wenn sie beide bezüglich dieses Merkmals mischerbig (heterozygot) sind. Albinismus kommt in Deutschland durchschnittlich einmal bei 40 000 Personen vor. Diese statistische Aussage betrifft die Gesamtbevölkerung, die regionale Häufigkeit kann jedoch unterschiedlich sein. Die Untersuchung einer großen Zahl von Menschen in einer Bevölkerung ist eine weitere wichtige Methode der Vererbungslehre beim Menschen. Eine solche **genetische Bevölkerungsanalyse** gibt Auskunft über die Verteilung und Häufigkeit von Erbkrankheiten in der Bevölkerung. Das ist zum Beispiel wichtig, um durch Vorsorgeuntersuchungen von Säuglingen angeborene Stoffwechselerkrankungen zu erkennen und zu behandeln.

Erbkrankheiten wie Albinismus, aber auch viele Merkmale beim Menschen, werden nach bestimmten Gesetzmäßigkeiten vererbt. Solche Merkmale bleiben im Laufe des Lebens eines Menschen in der gleichen Ausprägung erhalten. Dagegen verändern sich andere Eigenschaften wie zum Beispiel Körpergröße, Körpergewicht oder auch Intelligenz. Wird die Ausbildung solcher Merkmale möglicherweise von der Umwelt beeinflusst?

Zur Klärung dieser Frage setzt man die Methode der **Zwillingsforschung** ein. Es gibt eineiige und zweieiige Zwillinge. Eineiige Zwillinge gehen aus einer Zygote hervor, bei der sich nach der Teilung die Tochterzellen trennen. Aus diesen entstehen erbgleiche Lebewesen. *Zweieiige Zwillinge* hingegen entstehen aus zwei befruchteten Eizellen. Sie sind in ihren Erbanlagen nicht gleich.

Zur Untersuchung von Vererbungsvorgängen beim Menschen wurden an eineiigen sowie an zweieiigen Zwillingen statistische Erhebungen vorgenommen. Bei den eineiigen Zwillingen untersuchten die Forscher auch solche, die durch Zufall in früher Kindheit getrennt wurden und in verschiedener Umgebung aufwuchsen. Bei ihnen lässt sich der Einfluss von Erbgut und Umwelt deutlicher einschätzen. Vergleicht man

# Genetik

zum Beispiel die Körpergröße bei gemeinsam aufgewachsenen eineiigen und zweieiigen Zwillingen, stellt man fest, dass der durchschnittliche Unterschied bei zweieiigen Zwillingen 4,5 cm, bei eineiigen Zwillingen 1,3 cm beträgt. Hieraus folgt man, dass das Merkmal Körpergröße überwiegend genetisch festgelegt ist. Getrennt aufgewachsene eineiige Zwillinge zeigen einen deutlichen Unterschied ihrer Körpergröße von 2,1 cm. Diese Abweichung gegenüber zusammen aufgezogenen Zwillingen lässt auf den Einfluss der Umwelt schließen. Viele körperliche, aber auch geistige und seelische Merkmale sowie das Auftreten von Krankheiten zeigen eine größere Übereinstimmung bei eineiigen gegenüber zweieiigen Zwillingen. Das heißt, dass diese Merkmale und Erscheinungsbilder überwiegend erbbedingt sind.

Merkfähigkeit, schlussfolgerndes Denken und Zahlenverständnis, also die Fähigkeiten, die mit so genannten Intelligenztests gemessen werden, sind offenbar überwiegend angeboren. Allerdings wird hiermit nichts direkt über die Leistungsfähigkeit eines Menschen ausgesagt. Durch Erziehung und Lernen, also durch den Einfluss der Umwelt, können die vorhandenen Erbanlagen gefördert werden. Erbgut und Umwelt bestimmen den Menschen gemeinsam.

> Die Vererbung beim Menschen kann man mithilfe der Familienforschung, der genetischen Bevölkerungsanalyse sowie der Zwillingsforschung ermitteln.

**1** Übertrage den Stammbaum der Abbildung 1 in deinen Hefter. Gib zu jeder Person die möglichen Genotypen an. Verwende die Symbole A und a.

**2** Welche Folgerungen ergeben sich aus dem in Abbildung 2 dargestellten Vergleich bei eineiigen und zweieiigen Zwillingen?

| Zwillingspaare | Unterschiede in | | | Übereinstimmung in % | | |
|---|---|---|---|---|---|---|
| | Körpergröße (cm) | Körpergewicht (kg) | Punkte beim Intelligenztest | Masern | Zuckerkrankheit | Tuberkulose |
| zweieiige Zwillinge | 4,5 | 7,9 | 13,4 | 47 | 37 | 25 |
| eineiige Zwillinge (getrennt aufgewachsen) | 2,1 | 4,8 | 9,5 | 95 | 84 | 69 |
| eineiige Zwillinge (gemeinsam aufgewachsen) | 1,3 | 4,7 | 7,4 | | | |

**2 Zwillinge.** Merkmale und Krankheiten im Vergleich

3 Eineiige Zwillinge

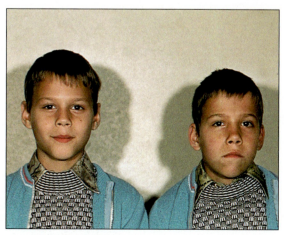

4 Zweieiige Zwillinge

# Genetik

## 6.2 Die Entschlüsselung des menschlichen Erbgutes

Verfeinerte mikroskopische Verfahren ermöglichen eine *Genkartierung* beim Menschen bereits vor der Entdeckung gentechnischer Methoden. Dazu werden Chromosomen in der Metaphase der Mitose mit bestimmten Farbstoffen angefärbt. Unter dem Mikroskop erkennt man dann bei jedem der 46 Chromosomen ein charakteristisches Bandenmuster. Je nach Art des verwendeten Farbstoffes werden unterschiedliche Chromosomenabschnitte angefärbt. Auf diese Weise können Defekte wie fehlende oder vertauschte Abschnitte nachgewiesen werden. Als Ergebnis erhält man Chromosomenkarten mit den Orten wichtiger Gendefekte.

Mithilfe molekularbiologischer Methoden kann man heute die Basensequenz eines Erbgutes entschlüs-

vereint. Mit geschätzten Kosten von drei Milliarden US-Dollar handelt es sich um das bisher umfangreichste biologische Forschungsvorhaben.

Das Ziel der Forschung sind die schätzungsweise 25 000 Gene im codierenden Bereich der DNA. Sie umfassen rund 1,5 Prozent des Genoms, das aus etwa drei Milliarden Basenpaaren besteht. Die restlichen 98,5 Prozent der DNA enthalten zwar keine Gene, bestimmte Abschnitte dieser *intergenen Bereiche* beeinflussen aber die Aktivität von Genen. Die nichtcodierenden Bereiche werden auch für die Herstellung *genetischer Fingerabdrücke* verwendet.

Da die Gene unregelmäßig zwischen den intergenen Bereichen der DNA auf den Chromosomen verteilt sind, ist eine große Zahl von gentechnischen Analysen nötig, um den genauen Ort eines Gens auf einem bestimmten Chromosom festzustellen sowie seine Basensequenz zu entschlüsseln. Weiterhin müssen die sequenzierten Gene den entsprechenden Proteinen zugeordnet werden. Nur die Zusammenarbeit unzähliger Arbeitsgruppen und ein schneller Datenaustausch machten es möglich, dass

seln. Die weltweiten Bemühungen der Forscher um Kartierung und Sequenzierung des menschlichen Erbgutes wurden 1990 im **Humanen Genom Projekt,** abgekürzt *HUGO*,

**1 Defekte im Genom**

# Genetik

*2 Genkarte des Chromosoms Nr. 1*

bereits im Jahr 2000 die Basenfolge des menschlichen Genoms bis auf wenige Lücken entschlüsselt war. Dabei verlief die Zusammenarbeit nicht ohne Konflikte, vor allem wegen der wirtschaftlichen Nutzung der entdeckten Gene.

HUGO sagt nur wenig über die Funktion und das Zusammenspiel der Gene aus. Trotz dieser Wissenslücken gibt es schon einige Ansätze zur Bekämpfung von Erbkrankheiten, das soll am Beispiel des Chromosoms Nr. 1 verdeutlicht werden. Auf diesem Chromosom wurde das *NGF-Gen* entdeckt. Es bewirkt die Produktion des Nervenwachstumsfaktors NGF (englisch: nerve growth factor) im Vorderhirn. Ohne diesen Wirkstoff verkümmern Nervenzellen und sterben ab, wie das bei den Krankheiten Alzheimer, Parkinson und Trisomie 21 der Fall ist. In den USA wird gegenwärtig eine Therapie gegen Alzheimer mit dem NGF-Gen ausprobiert. Nach entsprechenden Versuchen an Ratten und Affen wurden jetzt NGF-Gene in Hautzellen von Alzheimer-Patienten eingeschleust. Solche mit dem NGF-Gen ausgestatteten Zellen injizierte man den Patienten mit einer feinen Nadel ins Gehirn. Dort geben sie den Wachstumsfaktor in ihre Umgebung ab und regen die Nervenzellen zu neuem Wachstum an. Daraus ergibt sich die Hoffnung, irgendwann sogar eine Querschnittslähmung heilen zu können. Bisher wurde die Methode jedoch erst an wenigen Patienten getestet. Weitere klinische Studien müssen folgen, bevor diese Gentherapie generell eingesetzt werden kann.

Äußerst aufwändig und bisher ohne nennenswerten Erfolg gestaltet sich die Suche nach den Ursachen eines gestörten Fettstoffwechsels. Allein auf Chromosom Nr. 1 wurden bisher über 20 Gene lokalisiert, die den Fettstoffwechsel beeinflussen. So ist zum Beispiel ein Gendefekt verantwortlich für die *Gaucher-Krankheit*. Das betreffende Gen verschlüsselt ein Enzym, das am Fettabbau beteiligt ist. Ein Mangel an diesem Enzym führt zu vermehrter Speicherung von Fetten im Gewebe. Im Gegensatz zur sehr seltenen Morbus-Gaucher-Krankheit ist Übergewicht ein weit verbreitetes Problem. Eine wichtige Rolle scheint hier das Gen LEPR, das *Leptin-Rezeptorgen,* zu spielen. Leptin (leptos, griechisch: dünn) ist ein Protein mit Hormonwirkung, welches in Fettzellen gebildet wird. Gelangt es mit dem Blut ins Gehirn, so bindet es hier an Leptin-Rezeptoren und führt zu einer Dämpfung des Hungergefühls. Leptinmangel bewirkt eine vermehrte Nahrungsaufnahme und ein erhöhtes Körpergewicht. Führt man Mäusen mit intaktem LEPR-Gen medikamentös Leptin zu, so kommt es zu einer Gewichtsabnahme.

Beim Menschen ist das sogenannte *OB-Gen* auf Chromosom Nr. 7 für die Synthese von Leptin zuständig. Ein Defekt in diesem Gen ist jedoch äußerst selten. Die meisten fettleibigen Menschen besitzen sogar eine erhöhte Leptinmenge im Blut, die jedoch aufgrund defekter Leptinrezeptoren kaum wirkt.

Neueste Versuche mit Mäusen gaben Hinweise darauf, dass ein Leptinmangel auch mit erhöhter Knochendichte und Infektanfälligkeit verbunden ist. Die Erforschung dieser komplexen Zusammenhänge wird noch einige Zeit dauern.

> Das menschliche Erbgut enthält etwa drei Milliarden Basenpaare, nur 1,5 Prozent davon entfallen auf die ca. 25 000 Gene. Die genaue Erforschung ihrer Funktion bildet die Voraussetzung für eine erfolgreiche Anwendung der Gentherapie zur Behandlung genetisch bedingter Krankheiten.

**1** Beschreibe klassische Methoden der Genkartierung und ihre Ergebnisse. Nutze Abbildung 1.
**2** Erkläre die Entstehung der Symptome bei der Gaucher-Krankheit. Nutze das Erschließungsfeld „Wechselwirkung".
**3** Beschreibe den in der Abbildung 3 dargestellten Versuch und erläutere ihn.

*3 Wirkung von Leptin bei Mäusen*

# Genetik

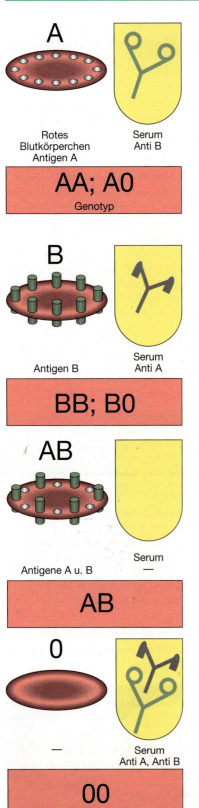

1 Blutgruppen und Genotypen

## 6.3 Die Vererbung der Blutgruppen

Es kann vorkommen, dass vier Geschwister die Blutgruppen A, AB, B und 0 haben, ihre Eltern die Blutgruppen A und B.

Die Blutgruppen unterscheiden sich durch bestimmte Merkmale wie den Antigenen auf der Oberfläche der roten Blutzellen. Dabei handelt es sich um Stoffe, deren Bildung durch die Gene A, B und 0 bewirkt werden. Durch statistische Auswertung von Familienstammbäumen hat man herausgefunden, dass die Gene A und B dominant über das Gen 0 sind. Das bedeutet, dass die Menschen mit der Blutgruppe A in ihren Körperzellen die Genotypen AA oder A0 tragen könnten. Die Körperzellen bei Menschen mit der Blutgruppe B können ebenfalls reinerbig (Genotyp BB) oder mischerbig (Genotyp B0) sein.

In dem vorliegenden Fallbeispiel müssen die Eltern jedoch mischerbig sein, da ihre Kinder die vier Blutgruppenmerkmale A, B, AB und 0 zeigen. Menschen mit der Blutgruppe 0 sind stets reinerbig. Bei der Blutgruppe AB sind die Merkmale der Blutgruppen A und B phänotypisch gleich stark ausgebildet. Die Gene A und B wirken also beide dominant.

Auch der *Rhesusfaktor*, ein weiterer erbbedingter Blutfaktor, wird dominant-rezessiv vererbt. Beim Rhesusfaktor handelt es sich um einen Eiweißstoff, der ebenfalls in der Membran der roten Blutzellen vorkommt. Bei etwa 85% der Bevölkerung bewirkt ein dominantes Gen, man bezeichnet es mit D, die Ausbildung des Rhesus-Faktors. Diese Menschen sind Rhesuspositiv. Der restliche Teil der Bevölkerung ist Rhesus-negativ, ihnen fehlt der Rhesus-Faktor. Das entsprechende Gen (d) ist rezessiv.

> Bei der Vererbung der Blutgruppen des AB0-Systems sind die Gene für die Ausbildung der Blutgruppen A und B dominant. Die Blutgruppe 0 wird rezessiv vererbt. Der Rhesus-Faktor wird im dominant-rezessiven Erbgang weitergegeben.

**1** Erstelle einen Stammbaum über die Vererbung der Blutgruppen bei der nebenstehenden Familie. Ordne den einzelnen Personen die Genotypen zu.

**2** Eine Mutter hat die Blutgruppe A, ihr Kind die Blutgruppe 0. Nenne die möglichen Blutgruppen des Vaters.

**3** In wie viel Prozent der Fälle können eine Rhesus-positive Mutter und ein Rhesus-positiver Vater Rhesus-negative Kinder haben?

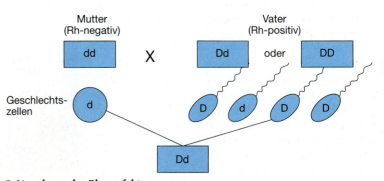

2 Vererbung des Rhesusfaktors

# Genetik

## Blutgruppenunverträglichkeit beim Rhesus-System

**Streifzug durch die Medizin**

Das Rhesus-System ist ein weiteres vererbbares Blutgruppensystem beim Menschen. In der Membran der roten Blutkörperchen sitzt bei einem Rh⁺-Menschen das Antigen D. Die Anlage für den Faktor D besitzen etwa 85 % der Bevölkerung. Sie ist dominant. Die restlichen 15 % der Bevölkerung tragen kein Antigen D in der Membran. Sie sind Rhesus-negativ. Wenn eine Rhesus-negative Frau (Genotyp dd) von einem Rhesus-positiven Mann (Genotyp DD) schwanger wird, passiert folgendes: Das erste Kind ist Rhesus-positiv (Genotyp Dd). Beim Geburtsvorgang gelangt etwas Blut des Fetus in die Blutbahn der Mutter. Diese bildet daraufhin Antikörper gegen das körperfremde Antigen D. Dieser Vorgang wirkt sich beim zweiten Kind aus. Die mütterlichen Antikörper gegen D sind plazentagängig. Sie gelangen in den neuen Embryo und verklumpen seine roten Blutkörperchen. Es kommt zu einer schweren Blutarmut und eventuell zur Fehlgeburt. Heute spritzt man den betroffenen Frauen gleich nach der ersten Geburt ein Immunglobulin, das die wenigen Blutzellen des Kindes im Blut der Mutter beseitigt. Das Immunsystem der Mutter bildet dann keine eigenen Antikörper mehr aus.

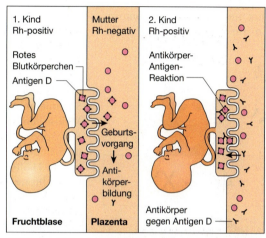

**1 Rhesus-Unverträglichkeit**

## LANDSTEINER entdeckt die Blutgruppen

**Streifzug durch die Medizin**

Bis zu Beginn des vorigen Jahrhunderts verliefen Blutübertragungen von Mensch zu Mensch in zwei Dritteln der Fälle tödlich. Untersuchte man die an der Übertragung Gestorbenen, fand man, dass die roten Blutzellen verklumpt und die Blutgefäße verstopft waren. Zur Aufklärung dieses Phänomens machte der Wiener Arzt Karl LANDSTEINER (1868–1943) im Jahre 1901 ein entscheidendes Experiment. Er entnahm fünf seiner Mitarbeiter und sich selbst etwas Blut und trennte jeweils rote Blutzellen und Serum. Auf einer Glasplatte schrieb er am linken Rand senkrecht untereinander seinen Namen sowie die seiner Mitarbeiter. Nun gab er waagerecht daneben jeweils sechs Tropfen Serum dieser Personen.

Jede der sechs Serumreihen versetzte er mit roten Blutzellen von je einem Mitarbeiter. Auf diese Weise ergaben sich 36 Kombinationen. Dabei stellte sich heraus, dass Blutzellen von Dr. STÖRK und Dr. LANDSTEINER nie verklumpten. Bei den anderen Mitarbeitern reagierten die Blutzellen gegenüber den Seren unterschiedlich, aber immer zwei in gleicher Weise. LANDSTEINER schloss daraus, dass es drei verschiedene Blutgruppen geben müsse. Er bezeichnete sie zunächst mit A, B und C. Ein Jahr später wurde eine vierte Blutgruppe entdeckt. Seit 1928 werden die vier Blutgruppen international einheitlich mit A, B, AB und 0 bezeichnet.

**1** Ordne den Testpersonen im LANDSTEINERschen Versuch die Blutgruppen zu.

| Serum \ Rote Blutkörperchen | Dr. Störk | Dr. Pletschnig | Dr. Sturli | Dr. Erdheim | Zaritsch | Dr. Landsteiner |
|---|---|---|---|---|---|---|
| Dr. Störk | ⦿⦿ | ⦿⦿⦿ | ⦿⦿⦿ | ⦿⦿⦿ | ⦿⦿⦿ | ⦿⦿ |
| Dr. Pletschnig | ⦿⦿ | ⦿⦿⦿ | ⦿⦿⦿ | ⦿⦿⦿ | ⦿⦿⦿ | ⦿⦿ |
| Dr. Sturli | ⦿⦿ | ⦿⦿⦿ | ⦿⦿⦿ | ⦿⦿⦿ | ⦿⦿⦿ | ⦿⦿ |
| Dr. Erdheim | ⦿⦿ | ⦿⦿⦿ | ⦿⦿⦿ | ⦿⦿⦿ | ⦿⦿⦿ | ⦿⦿ |
| Zaritsch | ⦿⦿ | ⦿⦿⦿ | ⦿⦿⦿ | ⦿⦿⦿ | ⦿⦿⦿ | ⦿⦿ |
| Dr. Landsteiner | ⦿⦿ | ⦿⦿⦿ | ⦿⦿⦿ | ⦿⦿⦿ | ⦿⦿⦿ | ⦿⦿ |

# Genetik

## 6.4 Die Vererbung des Geschlechts

Der diploide Chromosomensatz eines Menschen setzt sich aus 44 Autosomen und zwei Gonosomen zusammen. Bei der Frau sind die Gonosomen gleich gestaltet und heißen *X-Chromosomen*. Beim Mann unterscheiden sich die Geschlechtschromosomen in Größe und Gestalt. Das größere der beiden bezeichnet man als *X-Chromosom,* das kleinere als *Y-Chromosom.* Offenbar muss das Y-Chromosom für die Ausbildung des männlichen Geschlechts verantwortlich sein.

Geschlechtszellen werden im Verlaufe der Meiose aus Geschlechtsmutterzellen gebildet. In den Eierstöcken der Frau reifen Eizellen mit dem haploiden Chromsomensatz 22+X heran. In den Hoden des Mannes liegen Spermienmutterzellen. Nach der Meiose enthält die eine Hälfte der Spermienzellen 22 Autosomen und ein X-Chromosom, die andere Hälfte 22 Autosomen und ein Y-Chromosom.

Die Entscheidung über das Geschlecht des Kindes fällt bei der *Befruchtung.* Dringt zufällig eine Spermienzelle mit dem X-Chromosom in die Eizelle ein, entsteht eine Zygote mit dem Chromosomensatz 44+XX. Aus dieser Zygote entwickelt sich ein Mädchen. Verschmilzt dagegen eine Eizelle zufällig mit einer Spermienzelle, die ein Y-Chromosom enthält, entwickelt sich aus der Zygote ein Junge. Das Geschlecht des Kindes hängt also vom Zufall ab und wird durch die jeweilige Spermienzelle bestimmt.

Da 50% der Spermienzellen ein X-Chromosom und 50% ein Y-Chromosom tragen, müsste das *Zahlenverhältnis der Geschlechter* zum Zeitpunkt der Geburt 1:1 betragen. Tatsächlich beträgt es aber etwa 105 Jungen zu 100 Mädchen. Dies gilt nicht nur für Deutschland, sondern für alle Länder. Man nimmt an, dass die etwas leichteren Y-Spermienzellen schneller zur Eizelle gelangen als die X-Spermienzellen.

Untersuchungen haben ferner ergeben, dass X-Spermienzellen einige Stunden länger leben als Y-Spermienzellen. Insofern spielt auch der Zeitpunkt der Befruchtung eine Rolle für die Entwicklung des Geschlechts. Findet die körperliche Vereinigung von Mann und Frau zwei Tage vor dem Eisprung statt, ist die Wahrscheinlichkeit für die Zeugung eines Mädchens höher. Liegen sexuelle Vereinigung und Eisprung etwa zeitgleich, ist die Wahrscheinlichkeit für die Zeugung eines Jungen höher.

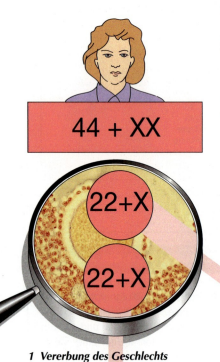
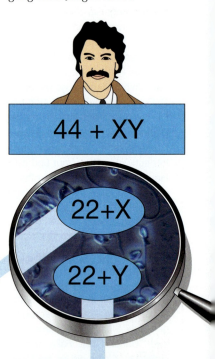

1 Vererbung des Geschlechts

> Die Vererbung des Geschlechts erfolgt durch X- und Y-Chromosomen.
> Das Y-Chromosom bestimmt das männliche Geschlecht.

**1** Max und Petra sind Zwillinge. Sind sie eineiige oder zweieiige Zwillinge? Nenne die Genotypen ihrer Geschlechtszellen.

# Genetik

1 Roller und Nichtroller

## 6.5 Werden Begabungen vererbt?

Versuche einmal, deine Zunge wie in Abbildung 1 zu rollen. Gelingt dir das, gehörst du zu den „Rollern", wenn nicht, dann bist du ein „Nichtroller". Die Fähigkeit, die Zunge zu rollen, ist erblich und kann nicht erlernt werden. Sie beruht auf einem *dominanten Erbgang*. Die Anlage für „Roller" dominiert über die Anlage für „Nichtroller".

Viele körperliche Merkmale wie Bluteigenschaften oder Fähigkeiten wie Zungenrollen werden also von Generation zu Generation unbeeinflusst durch die Umwelt weitergegeben. Wie aber sieht es mit den *geistigen, seelischen, künstlerischen* und *handwerklichen Begabungen* aus? Antworten auf diese Frage liefern uns Stammbaumanalysen. Der Stammbaum der Familie BACH zum Beispiel legt die Vermutung nahe, dass die Anlage zu einer *musikalischen Begabung* auf erblichen Grundlagen beruht. Johann Sebastian BACH (1685–1750) war ein begabter Organist und Komponist, dessen Werke noch heute weltweit gespielt werden. Über viele Generationen gab es in der Familie BACH begabte Komponisten und Berufsmusiker.

Aber auch in den eigenen Familien kann man Beispiele für die Vererbung von Anlagen bestimmter Begabungsrichtungen finden. Über mehrere Generationen lassen sich z. B. handwerkliche, musikalische, naturwissenschaftliche oder pädagogische Begabungen nachweisen. Die Anlagen sind jedoch genetisch nicht so festgelegt wie bei den körperlichen Merkmalen. Sie verteilen sich auf verschiedene Gene und weisen daher bestimmte Variationsbreiten auf. Die Ausbildung der spezifischen Begabungen hängt ganz entscheidend von der Erziehung und den Umwelteinflüssen ab, aber auch von dem Willen des Einzelnen, seine Anlagen zu nutzen.

> Bestimmte körperliche Merkmale wie Bluteigenschaften werden nach den Erbregeln vererbt und bleiben zeitlebens in der gleichen Ausprägung erhalten. Geistig-seelische Eigenschaften unterliegen sowohl der Vererbung als auch den Einflüssen von Erziehung und Umwelt.

**1** Werte den Stammbaum der Familie BACH aus. Welche Schlussfolgerungen lassen sich ziehen?

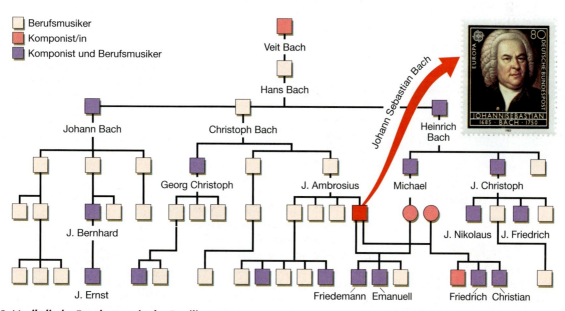

2 Musikalische Begabungen in der Familie BACH

# Pinnwand

## VERERBUNG VON MERKMALEN BEIM MENSCHEN

### Haarform

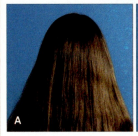 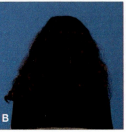

Haare können glatt (A), gewellt, gelockt oder kraus (B) sein. Bei der Vererbung dieser Merkmale sind Mischformen möglich.

### Haarfarbe

Die Haarfarbe ist auf die Ausbildung von Farbstoffen, so genannten Pigmenten, zurückzuführen. Das Hauptpigment ist Melanin. Alle natürlichen Haartöne lassen sich in zwei Farbreihen einordnen. In der einen findet man alle braun-schwarzen Töne, in der anderen hellste Gelbtöne bis Tizianrot. Die Haarfarbe wird über verschiedene Gene vererbt.
Rothaarigkeit entsteht durch einen Defekt bei der Melaninbildung. Dieser wird rezessiv vererbt und tritt in unterschiedlichem Ausmaß bei allen Menschenrassen auf. Ein besonders hoher Wert (11%) kommt bei der irischen Bevölkerung vor.

### Ohrläppchen

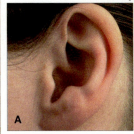 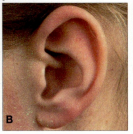

Ohrläppchen können angewachsen (A) oder frei (B) vererbt werden.

### Hautfarbe

Auch die Hautfarbe wird erblich bestimmt. Für die verschiedenen Hautfarben sind wieder Pigmente verantwortlich. Sie befinden sich in den tieferen Schichten der Oberhaut und in der Lederhaut. Die Stärke der Pigmentierung ist von der durchschnittlichen Sonneneinstrahlung und der damit verbundenen Vitamin D-Produktion abhängig. Da die Hautfarbe auch mit der Augenfarbe und der Haarfarbe zusammenhängt, vermutet man einen einheitlichen Genkomplex, der die Ausprägung steuert.

### Haare auf dem zweiten Fingerglied

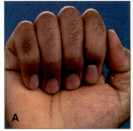 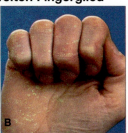

A Merkmalsträger      B kein Merkmalsträger

### Daumenbiegen

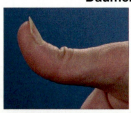

Einige Menschen können das Endglied des Daumens beinahe im rechten Winkel nach oben biegen.
Die Untersuchung von Stammbäumen zeigt, dass diese Eigenschaft sehr selten auftritt.

**1** Stelle die Merkmale Haarfarbe, Haarform, Hautfarbe, Ohrläppchen und Daumenbiegen für deine Familie zusammen. Erkläre die Ergebnisse.

# Genetik

## Arbeit mit Stammbäumen in der Humangenetik

**Methode**

Um die Gesetzmäßigkeiten der Vererbung des Menschen untersuchen zu können, wertet man häufig **Stammbäume** aus. So kann man zum Beispiel ermitteln, wie bestimmte Krankheiten vererbt werden. Bei einem Stammbaum stellt man die verschiedenen Generationen der Nachkommen einer Familie grafisch durch Symbole und Verbindungslinien dar. Zur Stammbaumanalyse werden zuerst die Erscheinungsbilder (Phänotypen) der Mitglieder verschiedener Generationen betrachtet. Dann versucht man, vom Phänotyp eindeutig auf das Erbbild (den Genotyp) zu schließen.

| Allgemeine Vorgehensweise | Beispiel: Vererbung der Kurzfingrigkeit |
|---|---|
| **Verwendete Symbolik:**<br>Mann □ oder ♂<br>Frau ○ oder ♀<br>Eltern □—○ oder □ ○<br>Geschwister ○ □ □ ○<br>Merkmalsträger ■ ♂ ● ♀ | *(Stammbaum mit Personen 1–16)* |
| **1. Wie wird das untersuchte Gen vererbt?**<br>→ das betreffende Gen tritt meist gehäuft in jeder Generation auf → *dominanter Erbgang*<br>→ das betreffende Gen tritt selten auf, oft werden Generationen übersprungen, phänotypisch gesunde Eltern können Kinder mit diesem Merkmal haben → *rezessiver Erbgang* | → das Merkmal tritt in jeder Generation relativ häufig auf, 9 von 16 Personen sind davon betroffen<br>→ *das Gen wird dominant vererbt* |
| **2. Welche Form des Erbganges liegt vor?**<br>→ das Merkmal tritt in beiden Geschlechtern mit gleicher Häufigkeit auf → *autosomaler Erbgang*<br>→ das untersuchte Merkmal zeigt sich gehäuft bzw. ausschließlich bei Männern → *gonosomaler Erbgang* (da fast alle relevanten Gene auf dem X-Chromosom liegen, spricht man auch vom X-chromosomalen Erbgang) | → fünf Männer und vier Frauen sind betroffen<br>→ *es handelt sich um einen autosomalen Erbgang* |
| **3. Zuordnung der Genotypen**<br>→ autosomaler Erbgang: dominantes Allel Symbol A und rezessives Allel Symbol a<br>→ gonosomaler Erbgang: Symbole X und Y, betroffenes X-Chromosom kennzeichnen z. B. durch Unterstreichen X̲ | → Genotyp für Personen 1, 4, 5, 7, 8, 10, 13, 14 und 15 ist immer Aa, sie sind heterozygot und Merkmalsträger.<br>→ Genotyp für Personen 2, 3, 6, 9, 11, 12 und 16 ist immer aa, sie sind homozygot und keine Merkmalsträger. |

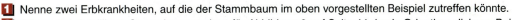

**1** Nenne zwei Erbkrankheiten, auf die der Stammbaum im oben vorgestellten Beispiel zutreffen könnte.
**2** Führe eine detaillierte Stammbaumanalyse für Abbildung 6 auf Seite 44 durch. Orientiere dich am Beispiel.

# Genetik

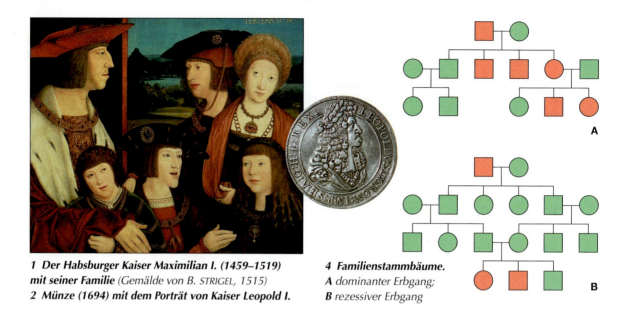

1 **Der Habsburger Kaiser Maximilian I. (1459–1519) mit seiner Familie** (Gemälde von B. STRIGEL, 1515)
2 **Münze (1694) mit dem Porträt von Kaiser Leopold I.**
4 **Familienstammbäume.**
A dominanter Erbgang;
B rezessiver Erbgang

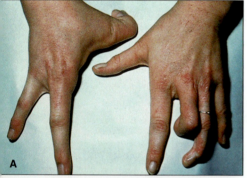

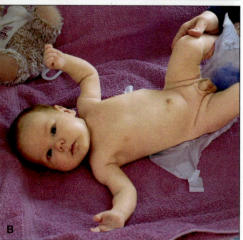

3 **Veränderte Erbmerkmale.**
A Spalthand (dominant);
B Phenylketonurie (rezessiv); der Urin auf der Windel ergibt mit einem Nachweisstoff eine Blaufärbung

## 6.6 Veränderungen des menschlichen Erbgutes

Seit Jahrhunderten wird in der Adelsfamilie der Habsburger eine stark vergrößerte Unterlippe von Generation zu Generation weitervererbt. Dieses Merkmal ist auf einen Vorfahren zurückzuführen, bei dem es zufällig auftrat. Ursache war eine Veränderung im Erbgut dieses Vorfahren. Solche Veränderungen nennt man Mutationen. Wird ein einzelnes Gen betroffen, spricht man von einer **Genmutation.**

Mutationen können auch die Ursache von Missbildungen oder Krankheiten sein. Als *Spalthand* bezeichnet man eine Veränderung des Handskeletts. Statistische Untersuchungen zeigen, dass solche Merkmale zwar äußerst selten sind, aber in bestimmten Familien gehäuft vorkommen. Ein Stammbaum einer solchen Familie zeigt, dass ein krankes Kind das Merkmal immer von einem kranken Elternteil geerbt hat. Daraus folgt, dass das mutierte Gen dominant, das unveränderte Gen rezessiv ist. Dieses Gen tritt also in zwei Erscheinungsformen auf, die man *Allele* nennt.

Jedes Familienmitglied mit dem Allel für „Spalthand" weist diese Behinderung auf. Eine andere dominante Erbkrankheit ist die *Kurzfingrigkeit*. Bei dieser Krankheit sind die Knochen der Mittelhand und auch der Finger verkürzt oder fehlen sogar ganz. Bei dem ebenfalls dominanten *Marfan-Syndrom* treten mehrere Krankheitsmerkmale gleichzeitig auf wie zum Beispiel eine Formveränderung des Brustkorbs und überlange Arm- und Beinknochen.

Unter etwa 10 000 Neugeborenen könnte eines, wenn nicht rechtzeitig vorgesorgt wird, an einer Stoffwechselstörung, der *Phenylketonurie* (PKU), erkranken. Diese Krankheit beruht auf einer Enzymschädigung, bei der die Aminosäure Phenylalanin nicht auf normale Weise umgesetzt werden kann. Deshalb häuft sich ein Stoff im Körper an, der auf das Nervensystem giftig wirkt und zu schweren geistigen Schäden führt. Durch eine spezielle Ernährung, eine Diät mit sehr wenig Phenylalanin, kann die Schädigung vermieden werden. Deshalb werden Neugeborene sofort nach der Geburt auf PKU untersucht.

Diese Krankheit wird rezessiv vererbt. Ein Kind ist nur dann krank, wenn es von beiden Eltern jeweils das Allel für Phenylketonurie geerbt hat. Da dieses Allel ziemlich selten ist, ist die Wahrscheinlichkeit für ein Zusammentreffen von zwei mutierten Genen gering. Bei Ehen zwischen verwandten Partnern, zum Beispiel Cousin und Cousine, ist dagegen die Wahrscheinlichkeit höher.

*Mukoviszidose* ist eine der häufigsten Erbkrankheiten in Deutschland, die rezessiv vererbt wird. Etwa eins von 2000 Neugeborenen ist davon betroffen. Der Name bedeutet soviel wie Zähschleimigkeit.
Die Erbkrankheit wirkt sich schon im Säuglingsalter aus. Der Gesundheitszustand des Betroffenen verschlechtert sich mit zunehmendem Alter. 1960 lag deshalb die Lebenserwartung nur bei fünf Jahren. Heute haben Mukoviszidose-Patienten eine höhere Lebenserwartung. Die Krankheit ist bisher nicht heilbar.

Erst 1990 konnte man den genauen Zusammenhang zwischen Ursache und Wirkung bei dieser Erkrankung aufklären. Das betroffene Gen befindet sich auf dem langen Arm des siebenten Chromosoms. Das gesunde Gen besteht aus 250 000 Nucleotidpaaren, die wiederum ein Protein aus 1480 Aminosäuren codieren. Dieses röhrenförmige Protein wird in die Zellmembranen von Drüsenzellen eingebaut. Es ist dort für den Transport von Chlorid-Ionen verantwortlich. Bei der Mukoviszidose ist dieser Eiweißstoff fehlerhaft. Die häufigste Genmutation ist ein Nucleotidverlust, der drei Basen betrifft. Deshalb fehlt die Aminosäure 508. Dies hat zur Folge, dass der Ionenkanal für Chlorid-Ionen blockiert oder erst gar nicht in die Membran eingebaut wird.
Dadurch enthält der Schleim zu wenig Chlorid-Ionen. Er kann nicht genügend Wasser binden und wird sehr zähflüssig. Der zähe Schleim behindert die Atmung. Außerdem bewirkt er eine erhöhte Anfälligkeit für Infekte der oberen Atemwege und der Lunge. Viele andere Drüsengewebe wie Darm und Bauchspeicheldrüse sind ebenfalls betroffen.

Bis heute sind über 400 verschiedene Mutationen bekannt, die zu unterschiedlich schweren Formen von Mukoviszidose führen. Die Therapie ist immer noch schwierig. Meist setzt man Schleimverflüssiger und Antibiotika gegen die immer wieder auftretenden Infektionen ein. Das Abklopfen des Brustkorbes und eine Bewegungstherapie mit Trampolinspringen helfen, um den festsitzenden Schleim zu lockern. An einer Gentherapie, bei der gesunde Gene in Schleimhautzellen eingeschleust werden, wird noch geforscht. Diese sollen mit einen Spray inhaliert werden.

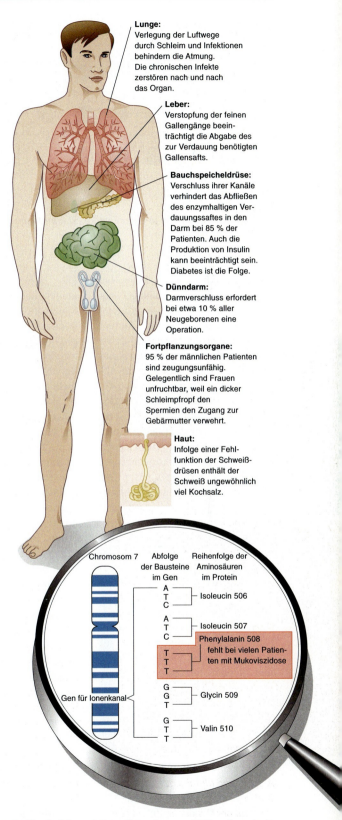

**5 Mukoviszidose. A** *Betroffene Organe;* **B** *Gen-Ausschnitt*

## Genetik

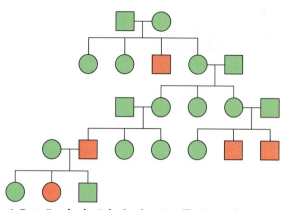

*6 Rotgrünsehschwäche in einer Familie (Stammbaum)*

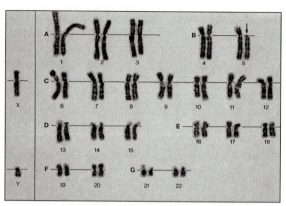

*7 Katzenschrei-Syndrom* (Karyogramm, Deletion an einem Chromosom 5)

Manche Erbkrankheiten treten bei Männern wesentlich häufiger auf als bei Frauen. Die *Rotgrünsehschwäche* beispielsweise kommt bei etwa 8 % aller Männer, aber bei nur 0,5 % der Frauen vor. Bei dieser Sehstörung können bestimmte Abstufungen der Farben Rot und Grün nicht unterschieden werden. Das Allel für Rotgrünsehschwäche ist rezessiv gegenüber dem Allel für normales Farbsehen. Dies erklärt jedoch nicht den Geschlechtsunterschied. Man hat entdeckt, dass dieses Gen auf dem X-Chromosom, also einem Geschlechtschromosom, liegt. Daher spricht man auch von einem *geschlechtschromosomengebundenen Erbgang*. Bei Frauen tritt die Rotgrünsehschwäche nur auf, wenn sie auf beiden X-Chromosomen jeweils das defekte Gen tragen, wenn sie für dieses Allel homozygot sind. Sind Frauen hingegen mischerbig, haben sie nur ein defektes Gen auf einem der beiden X-Chromosomen, sind sie phänotypisch gesund, können aber das Allel für Rotgrünsehschwäche auf ihre Nachkommen übertragen. Sie sind *Überträgerinnen* oder *Konduktorinnen*. Männer sind phänotypisch immer rotgrünsehschwach, wenn ihr X-Chromosom dieses Allel enthält. Das kleine Y-Chromosom, das nur wenige Gene trägt, hat kein entsprechendes Allel.

Die bisher beschriebenen Erbkrankheiten werden durch einzelne fehlerhafte Gene, durch Genmutationen, bedingt. Bei der mikroskopischen Untersuchung von Chromosomen, zum Beispiel in einem Karyogramm, sind diese Fehler nicht zu erkennen.

Bei einigen anderen Erbkrankheiten fällt dagegen auf, dass an einem Chromosom ein Stück fehlt. Es ist offensichtlich abgebrochen und mit den darauf liegenden Genen verloren gegangen. Eine Störung im Aufbau einzelner Chromosomen nennt man **Chromosomenmutation**. Ein solcher Chromosomenstückverlust, eine *Deletion*, liegt zum Beispiel beim *Katzenschrei-Syndrom* vor. Kinder mit dieser Störung sind körperlich und vor allem geistig weit zurückgeblieben. Auffällig ist das Wimmern dieser Kinder, das an Katzengeschrei erinnert und zu dem Namen der Krankheit geführt hat. Man kennt nur wenige Chromosomenmutationen beim Menschen. Vermutlich wird durch eine derartige Veränderung des Erbmaterials ein Embryo so stark geschädigt, dass er bereits im Mutterleib stirbt.

In einem Heim für geistig Behinderte werden oft auch Menschen betreut, die eifrig und freudig leichtere Arbeiten durchführen können. Viele dieser Menschen sind von dem Down-Syndrom betroffen. Der englische Kinderarzt DOWN beschrieb 1860 zuerst dieses Krankheitsbild. Auffällig sind die etwas herabhängenden oberen Augenlider, eine dicke Zunge, eine größere Anfälligkeit gegen Infektionskrankheiten und oft ein Herzfehler. Früher starben etwa die Hälfte der Betroffenen vor Erreichen des zehnten Lebensjahres.
1959 entdeckte man die Ursache dieser Krankheit: Im Karyogramm ist das Chromosom 21 dreimal zu finden. Deshalb bezeichnet man die Krankheit auch als *Trisomie 21*. Eine solche Änderung in der Zahl der Chromosomen wird als **Genommutation** bezeichnet. Es fällt auf, dass die Häufigkeit des Auftretens von Trisomie 21 in erster Linie vom Alter der Eltern abhängt. So haben z. B. Frauen, die bei der Schwangerschaft älter als 35 Jahre sind, ein erhöhtes Risiko für ein Trisomie-krankes Kind.

Die Ursache ist ein Fehler in der Chromosomenverteilung während der Meiose. Wenn sich während der 1. Reifeteilung die beiden homologen Chromosomen 21 oder während der 2. Reifeteilung die beiden Ein-Chromatid-Chromosomen des Zwei-Chromatiden-Chro-

**Genetik**

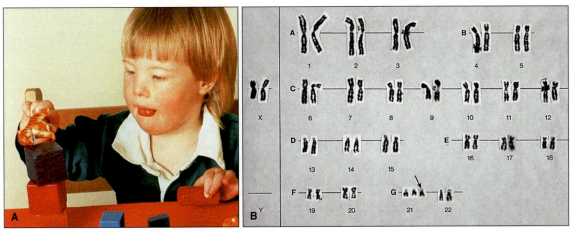

**8 Trisomie 21. A** Kind mit DOWN-Syndrom; **B** Karyogramm mit überzähligem Chromosom 21

mosoms 21 nicht trennen, weist die entstehende Eizelle nicht ein, sondern zwei Ein-Chromatid-Chromosomen 21 auf. Bei der Befruchtung gelangt durch die Spermienzelle ein drittes Chromosom dieser Art in die Zygote. Die Körperzellen enthalten dann also drei Zwei-Chromatiden Chromosomen 21. Das überzählige Chromosom 21 bewirkt alle Merkmale dieses Krankheitsbildes.

> Manche Erbkrankheiten werden durch Genmutation bewirkt. Das veränderte Gen kann dominant oder rezessiv gegenüber dem unveränderten Gen sein. Andere Erbkrankheiten können durch Chromosomenmutation oder Genommutation hervorgerufen werden.

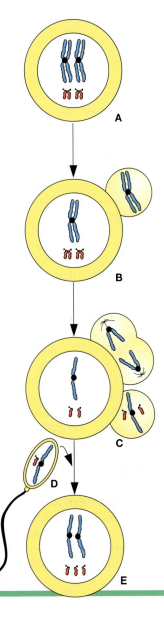

**9 Entstehung einer Trisomie 21.**
**A** Eimutterzelle mit diploidem Chromosomensatz (es sind nur zwei Chromosomenpaare dargestellt);
**B** 1. Reifeteilung mit fehlerhafter Trennung des Chromosomenpaares 21;
**C** 2. Reifeteilung; **D** Befruchtung der Eizelle durch eine haploide Spermienzelle; **E** Zygote mit Trisomie 21

**1** Stelle mithilfe der Abbildung 5 auf der Seite 43 die Symptome eines Mukoviszidose-Kranken zusammen.

**2** Die mit 70 Prozent häufigste Ursache für Mukoviszidose ist in Abbildung 5B auf Seite 43 dargestellt. Begründe, um welche Mutationsart es sich dabei handelt. Notiere den verbleibenden DNA-Ausschnitt und erläutere die sich daraus ergebenden Veränderungen.

**3** In manchen Fällen kann als Ursache einer Trisomie 21 eine veränderte Spermienzelle bewiesen werden. Zeichne entsprechend Abbildung 9 den Ablauf von der Spermienmutterzelle bis zur Zygote.

**4** Erläutere die Abbildung unten. Beziehe das Erschließungsfeld „Wechselwirkung" ein.

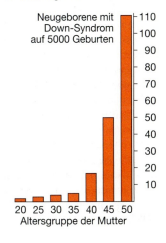

# Genetik

## Streifzug durch die Medizin: Vorsorgeuntersuchungen

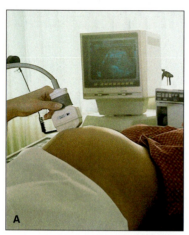
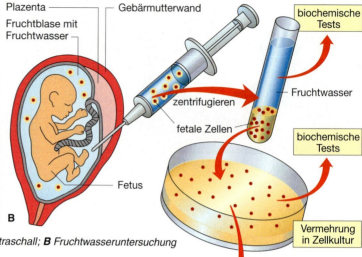

**1 Vorgeburtliche Untersuchung. A** Ultraschall; **B** Fruchtwasseruntersuchung

Frau Braun ist 41 Jahre alt und erwartet ein Kind. Sie weiß um das Risiko, dass ältere Eltern eher ein Kind mit DOWN-Syndrom bekommen als jüngere. Sie sucht daher einen Arzt zu einer Vorsorgeuntersuchung auf. Welche Möglichkeiten gibt es bei einer *vorgeburtlichen Untersuchung*?

Die **Ultraschall-Untersuchung** wird bei nahezu allen Schwangerschaften angewandt. Sie erlaubt einen Blick in den Bauch der Schwangeren mit dem Fetus in der Fruchtblase. Mit ihrer Hilfe erhält der Arzt Hinweise auf mögliche Wachstumsstörungen oder schwere Missbildungen der Wirbelsäule oder Gliedmaßen. Wenn es solche Hinweise gibt, ermöglichen weitere Untersuchungen – z. B. des Fruchtwassers – sich Klarheit zu verschaffen.

Zur vorgeburtlichen Erkennung von Krankheiten gehört u. a. die **Fruchtwasseruntersuchung.** Sie erfolgt in der Regel nicht vor der 16. Schwangerschaftswoche. Der Arzt führt durch Bauchdecke und Gebärmutter eine Hohlnadel in die Fruchtblase und saugt damit eine kleine Menge Fruchtwasser ab. Dieses enthält immer auch einige abgestoßene Zellen des Fetus. Biochemische Tests des Fruchtwassers ergeben Hinweise auf eventuell vorliegende erbbedingte Stoffwechselstörungen. In einer besonderen Behandlung werden auch die fetalen Zellen überprüft. Dazu müssen sie 2–3 Wochen in einem Nährmedium kultiviert und vermehrt werden. Anschließend werden die Zellen entnommen und untersucht. Die in den Zellkernen enthaltenen Chromosomen werden dabei auf Störungen wie das DOWN-Syndrom geprüft. Auch biochemische Störungen der Zellfunktion lassen sich auf diese Weise diagnostizieren. Dadurch ist es gelungen, über 50 Stoffwechseldefekte anhand verminderter Enzymtätigkeiten zu analysieren.

Zu rascheren Ergebnissen führt die **Plazentagewebeuntersuchung.** Dabei wird eine Hohlnadel durch den Muttermund eingeführt und eine Probe vom Plazentagewebe genommen. Diese Methode kann schon nach der 9. Schwangerschaftswoche angewandt werden. Beide Methoden sind nicht ganz risikolos. In etwa 1 % der Fälle kommt es zu einer Fehlgeburt.

Neugeborene werden heute daraufhin getestet, ob bei ihnen die Stoffwechselstörung Phenylketonurie vorliegt. Unter etwa 10 000 Neugeborenen findet sich eines mit dieser Erbkrankheit. Aufgrund eines Gendefekts wird eine bestimmte Aminosäure nicht abgebaut. Bei Nichtbehandlung kommt es zu schweren Gehirnstörungen, die durch eine entsprechende Diät vermieden werden können.

# Genetik

## Gespräche leiten

**Methode**

Im Unterricht wurden in den vergangenen Wochen die Grundlagen der Genetik behandelt. Dabei interessierte sich die Klasse besonders für genetisch bedingte Krankheiten.
Auch die Frage, ob und warum Schwangere eine genetische Beratung in Anspruch nehmen sollten, beschäftigte die Schülerinnen und Schüler. Sie beschließen deshalb, offen darüber zu diskutieren. Dazu setzten sich alle in einem Sitzkreis zusammen und ein Schüler wird zum **Diskussionsleiter** gewählt.

Der Diskussionsleiter ergreift das Wort und stellt das Thema der Diskussion vor. Er schreibt es an die Tafel und weist später darauf hin, wenn jemand vom Thema abweicht.
Als die Diskussion eröffnet ist, versuchen gleich mehrere Schülerinnen und Schüler auf einmal loszureden. Damit verstoßen sie jedoch gegen die vereinbarten Regeln für eine Diskussion. Auf solche Regelverstöße weist der Diskussionsleiter hin. Es sollte immer nur eine Schülerin oder ein Schüler reden. Man muss sich melden, um anzuzeigen, dass man etwas beitragen will. Melden sich mehrere Personen gleichzeitig, notiert sich der Diskussionsleiter die Namen in der Reihenfolge der Wortmeldungen. Mit dieser Rednerliste wird für Ordnung während der Diskussion gesorgt. Damit lassen sich zum Beispiel auch Zwischenbemerkungen verhindern.
Unterhalten sich kleine Gruppen, muss das der Diskussionsleiter ebenfalls unterbinden und alle bitten, ihre Meinung offen darzulegen.

Bei einer guten Diskussion darf die Redezeit des Einzelnen nicht zu lang sein. Alle sollten deshalb darauf achten, dass die einzelnen Beiträge alle gleichlang sind. Dabei kann im Notfall auch einem Redner das Wort entzogen werden, wenn die Hinweise des Diskussionsleiters nicht beachtet werden.
Der Diskussionsleiter darf bei den einzelnen Beiträgen auch nachfragen oder Fragen anderer zulassen, wenn etwas unklar erscheint oder ein Widerspruch zu vorherigen Beiträgen auftritt.

Bemerkt der Diskussionsleiter, dass die Wortmeldungen zögerlicher und weniger werden, fasst er den momentanen Stand kurz zusammen: „Wir kennen jetzt Vor- und Nachteile einer genetischen Beratung. Solche Untersuchungen beziehungsweise „Beratungen" gab es auch schon im Dritten Reich. Ich meine das Gesetz zur Verhütung erbkranken Nachwuchses. Wie sah man damals genetische Beratung und welche Aufgabe hatte sie?" Durch diese neue Sichtweise kann eine Diskussion wieder angekurbelt werden. Zum Schluss der Diskussion fasst der Diskussionsleiter die verschiedenen Argumente an der Tafel zu einem Gesamtergebnis zusammen. Es ist also wichtig, dass sich der Diskussionsleiter selbst gut in dem Thema auskennt.

**1** Führt in der Klasse eine Diskussion zum Thema „Genetische Beratung – Für und Wider". Wählt dazu einen Diskussionsleiter und beachtet die Gesprächsregeln.

# Genetik

2 Demonstration verschiedener Schafrassen

1 Kombinationszüchtung

Merkmale: A ○ (gelb)
B ○ (rot)
C ○ (blau)
D ○ (grün)

# 7 Der Mensch nutzt die Kenntnisse der Vererbung

## 7.1 Herkömmliche Methoden der Tier- und Pflanzenzucht

Schon vor mehreren tausend Jahren begann der Mensch, Wildtiere wie zum Beispiel Wildschafe zu halten und zu vermehren. So konnte er sich ständig mit Nahrung und auch mit Rohstoffen für die Bekleidung versorgen. Bald begann er, Tiere mit gutem Fleischansatz oder guter Wollbildung gezielt auszuwählen und zu vermehren. Dabei entstand eine Vielzahl von Rassen. So gibt es heute zum Beispiel Rassen mit verschiedenartigem Fell, an unterschiedliche Klimabedingungen angepasste Rassen und Tiere mit einer Kombination verschiedener Merkmale.
Bei anderen Nutztieren wie Rindern, Schweinen oder Hühnern kann man ebenfalls eine solche Rassenvielfalt feststellen. Auch unsere heutigen Nutz- und Zierpflanzen sind aus wild lebenden Vorfahren gezüchtet worden. Welche *Züchtungsmethoden* haben zu dieser Rassen- und Sortenvielfalt geführt?

Die ursprüngliche Methode der Auswahl und Weiterzucht von Tieren mit erwünschten Merkmalen bezeichnet man als **Auslesezüchtung.** Durch ständige Auslese über viele Generationen hinweg kam es zu *Merkmalsänderungen* und es entstanden Individuen, die die entsprechenden Merkmale weitervererbten. So waren neue Rassen entstanden. Diese Züchtungsmethode ermöglichte es, Tiere und Pflanzen mit Eigenschaften zu züchten, die dem Menschen nützlich erschienen.

Durch die Kenntnisse der MENDELschen Regeln betrat der Mensch mit Beginn des 20. Jahrhunderts neue Wege der Züchtung. Bei der **Kombinationszüchtung** kreuzte man verschiedene Rassen oder Sorten, um Merkmale einer Rasse gezielt mit Merkmalen anderer Rassen zu kombinieren. Beim Weizen wurde eine ertragreiche Sorte mit einer gegen Kälte widerstandsfähigen Sorte gekreuzt. So entstand eine neue Sorte, die auch in kälteren Regionen angebaut werden kann und hohe Erträge liefert. Bei Nutztieren erhielt man durch Kombinationszüchtungen Rassen, die Eigenschaften wie hohe Milchleistung, Fleischertrag, Fruchtbarkeit, gute Futterverwertung, Widerstandsfähigkeit und Vitalität miteinander vereinen.
Um die gewünschten Eigenschaften bei Nutztieren zu erreichen, wird als besondere Form der Kombinationszüchtung die *Inzucht* angewandt. Man kreuzt dabei nahe miteinander verwandte Tiere. Da diese in vielen Genen übereinstimmen, erzielt man so schnell eine

# Genetik

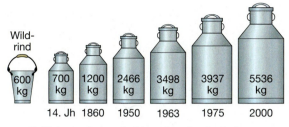

**3** Milchleistung beim Rind im Jahresdurchschnitt

Reinerbigkeit oder *reine Linien* im Hinblick auf die gewünschten Merkmale. Die reinerbigen Tiere werden zur Weiterzucht verwendet. Allerdings besteht dabei auch die Gefahr, dass unerwünschte Gene reinerbig weitergegeben werden. Deshalb sind Inzuchtrassen anfälliger für Krankheiten und weisen eine eingeschränkte Fruchtbarkeit auf.

Bei der Kreuzung zweier Inzuchtlinien beobachteten Züchter dagegen, dass die Nachkommen gegenüber ihren Eltern häufig ertragreicher und vitaler sind. Man nennt diese Erscheinung *Heterosis-Effekt*. Bei dieser **Heterosis-Züchtung** entstehen als Nutztiere oder Saatgut so genannte *Hybriden* von großer Leistungsfähigkeit. Allerdings verliert sich in den nachfolgenden Generationen dieser Heterosis-Effekt und muss daher immer wieder neu durch Kreuzung von Inzuchtlinien erzeugt werden.

Am Beispiel des Weizens lässt sich gut die Entstehung einer Kulturpflanze aus Wildformen nachvollziehen.

Ausgrabungen zeigen, dass bereits vor 800 Jahren Ackerbauern im vorderen Orient Weizen der *Einkorngruppe* anbauten. Er besaß jedoch nur Ähren mit wenigen Körnern und brüchigen Spindeln.

Durch Einkreuzen von Wildgräsern entstand zunächst der ertragreichere *Wildemmer*. Dabei nutzt man die Erscheinung der **Polyploidie** aus, das heißt, dass beim Kreuzen mehrfache Chromosomensätze entstehen. Polyploide Pflanzen sind häufig widerstandsfähiger und ertragreicher als solche mit dem „normalen" doppelten Chromosomensatz. Eine planmäßige Weiterzucht führte zu den heutigen Weizensorten mit hohen Erträgen, festen Ährenspindeln und weiteren gewünschten Eigenschaften. Mit dem Zurückdrängen der Wildmerkmale sind allerdings auch günstige Anlagen der Ursprungsform verloren gegangen. Dazu gehört unter anderem die Unempfindlichkeit gegen Krankheiten und Schädlinge.

> Durch Auslese und Kreuzung züchtet der Mensch Nutztiere und Nutzpflanzen. Ständige Inzucht führt zu Reinerbigkeit bei gewünschten Merkmalen.

**1** Beschreibe die Kombinationszüchtung anhand der Abbildung 1.

**2** Erkläre den Vorgang des Einkreuzens von Merkmalen anhand der Abbildung 4.

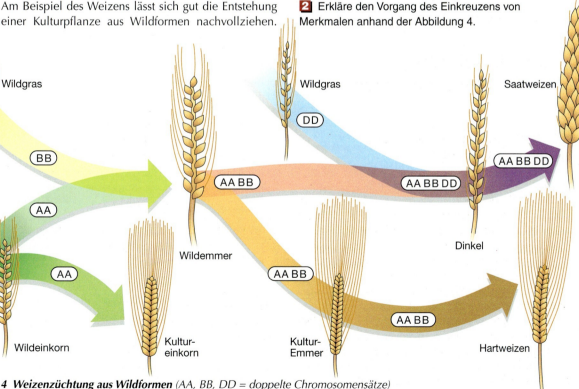

**4** Weizenzüchtung aus Wildformen (AA, BB, DD = doppelte Chromosomensätze)

## Genetik

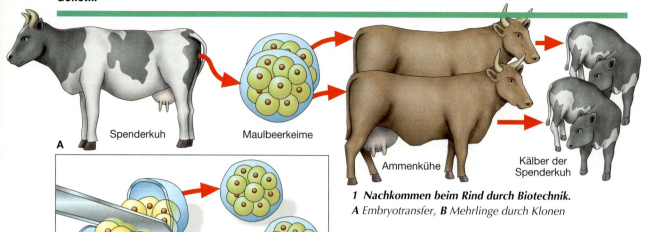

**1 Nachkommen beim Rind durch Biotechnik.**
**A** Embryotransfer, **B** Mehrlinge durch Klonen

## 7.2 Biotechnik in der Tierzucht

In der heutigen Tierzucht ist man bemüht, wertvolle Eigenschaften und hohe Leistungen von Nutztieren gezielt und in kurzer Zeit an Tiere der folgenden Generation weiterzugeben. Außerdem sollen möglichst viele Nachkommen mit den gewünschten Eigenschaften erzeugt werden. Mit herkömmlichen Zuchtmethoden ist dieses Ziel nur über viele Jahre zu erreichen. Deshalb hat man dazu verschiedene biotechnische Verfahren entwickelt.

In der Rinderzucht zum Beispiel werden leistungsfähige Rinder gesucht, die sich durch hohe Milchleistung, hohe Vitalität und gute Fleischqualität auszeichnen. Von diesen Tieren versucht man möglichst viele Nachkommen zu erhalten. In besonderen Besamungsstationen hält man als „Samenspender" Bullen, die die gewünschten Eigenschaften vererben. Ihr Sperma wird verschickt und mithilfe der **künstlichen Befruchtung** auf viele Kühe übertragen. Auf diese Weise ist es möglich, dass ein Bulle der Erzeuger von 100 000 Kälbern sein kann. Etwa 95 % aller Rinder in Deutschland werden heute künstlich besamt.

Bei Hochleistungszuchtkühen lässt sich durch eine Hormonbehandlung die gleichzeitige Reifung mehrerer Eizellen auslösen. Etwa sieben Tage nach der künstlichen Besamung werden die sich bildenden Embryonen im 64-Zellen-Stadium aus der Gebärmutter einer Spenderkuh herausgespült. Anschließend werden sie in die Gebärmutter anderer nicht so wertvoller Kühe eingesetzt, welche die Kälber austragen.

> **Fachbegriff**
> **Biotechnik**
> Die Biotechnik behandelt den Einsatz biologischer Prozesse im Rahmen technischer Verfahren und industrieller Produktion. Dazu gehören zum Beispiel die Produktion von Jogurt durch Bakterien, die Herstellung von Antibiotika durch Pilze, Klonen und die Gentechnik.

Auf diese Weise lässt sich die Anzahl der Nachkommen von Hochleistungsrindern erheblich erhöhen. Diese Verfahren bezeichnet man als **Embryo-Transfer**. Eine weitere schnelle Vervielfachung kann man dadurch erreichen, dass man solche und ähnliche Stadien des Embryos teilt. Die genetisch identischen Hälften werden in die Gebärmutter von Ammenkühen übertragen und entwickeln sich dort zu zwei genetisch gleichen Kälbern, den **Klonen**.

Klone lassen sich heute nicht nur aus embryonalen Zellen, sondern auch aus Körperzellen erwachsener Tiere erzeugen. 1996 entnahmen schottische Wissenschaftler einem Schaf eine unbefruchtete Eizelle, saugten mit einer Pipette den Zellkern ab und erhielten so eine entkernte Eizelle ohne Erbinformationen. In diese transportierten sie den Zellkern einer Körperzelle aus dem Euter eines erwachsenen Schafes. Zu diesem Zwecke führten sie die Kernspenderzelle mit der kernlosen Eizelle zusammen

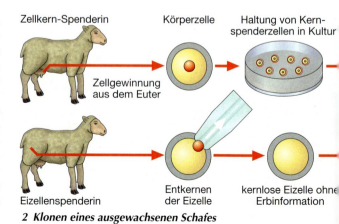

**2 Klonen eines ausgewachsenen Schafes**

und vereinigten beide durch elektrische Impulse. Anschließend wurde die Zelle in eine Nährlösung übertragen und wuchs dort zu einem vielzelligen Keim heran. Man pflanzte diesen in die Gebärmutter eines Leihmutterschafs. Tragzeit, Geburt und anschließende Entwicklung verliefen normal wie bei einem natürlich gezeugten Schaf.

Diese Methode des Klonens hat bisher nur wissenschaftliche Bedeutung. Bei Pflanzen dagegen wird eine andere Form der Herstellung von Klonen im großen Maßstab angewendet. So kultiviert man zum Beispiel unreife Pollen einer Kartoffel auf geeigneten Nährböden. Aus diesen entwickeln sich Zellhaufen und schließlich Pflänzchen, deren Zellen nur den einfachen Chromosomensatz besitzen. Bestreicht man nun das Bildungsgewebe der Knospen dieser Pflänzchen mit *Colchicin*, dem Gift der Herbstzeitlosen, so werden bei der Mitose keine Spindelfasern gebildet. Dies bewirkt eine Verdoppelung der Chromosomenzahl. Die Pflänzchen haben jetzt einen völlig gleichen Chromosomensatz und sind demnach in allen Eigenschaften reinerbig. So lassen sich aus einer Mutterpflanze durch Klonen unbegrenzte Mengen erbgleicher Nachkommen erzeugen. Der Nachteil liegt in dem Verlust der genetischen Vielfalt, weil keine Kombination von unterschiedlichem Erbgut mehr stattfindet.

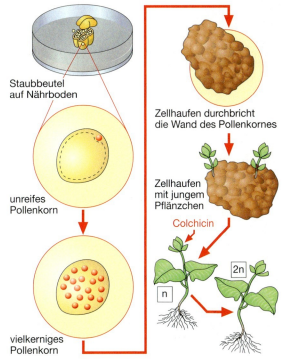

**3 Züchtung reinerbiger Kartoffelpflanzen**
*(n = einfacher Chromsomensatz; 2n = doppelter Chromosomensatz)*

Embryotransfer und Züchtung genetisch identischer Nachkommen durch Klonen sind biotechnische Methoden der Tier- und Pflanzenzucht.

**1** Nenne Vorteile der künstlichen Besamung.
**2** Nenne Befürchtungen, die das Klonen von Körperzellen hervorrufen könnten. Denke an mögliche Anwendungen beim Menschen.

**4 Leihmutterschaf mit Klon**

# Genetik

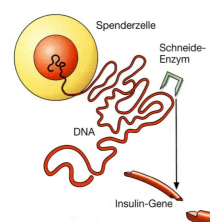

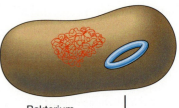

## 7.3 Das Prinzip der Gentechnik

In der Biotechnik wird nicht nur mit Zellen gearbeitet, sondern auch gezielt in das Erbgut eingegriffen. Mithilfe der **Gentechnik** werden Gene von einem Lebewesen auf ein anderes übertragen. Da der Aufbau des Erbgutes bei allen Lebewesen sehr ähnlich ist, können dabei auch Gene von anderen Arten übertragen werden. Durch diese Methode kann man z. B. menschliches Insulin in großen Mengen produzieren, das zur Behandlung von Diabetes benötigt wird.

Dabei gewinnt man zunächst aus menschlichen Spenderzellen DNA und spaltet diese mit „Schneide-Enzymen" auf. Danach werden DNA-Abschnitte mit der Erbinformation für die Bildung von Insulin isoliert. Diese Gene werden nun in das Erbgut von Colibakterien „geschmuggelt". Hierfür benutzt man **Plasmide,** ringförmige DNA-Moleküle, die sich im Zellplasma der Bakterien befinden. Sie lassen sich aus den Bakterien isolieren. Mithilfe von „Schneide-Enzymen" und „Binde-Enzymen" kann man solche Plasmide aufspalten und in die Schnittstelle das fremde Gen mit der Erbinformation „Insulin" einsetzen. Es entsteht so ein verändertes Plasmid mit einer neu kombinierten DNA.

Das neu kombinierte Plasmid wird nun in die Wirtszelle, ein Colibakterium, geschleust. Man spricht hierbei auch von einem **Gentransfer.** Die Wirtszelle erkennt die „Bauanleitung" für das menschliche Insulin und produziert nun das gewünschte Hormon. In einem weiteren technischen Verfahren lässt man die Bakterien wachsen und sich vermehren. Sind sie „reif", werden die Bakterien abgetötet und das Insulin aus der Zellmasse isoliert.
Nach der Reinigung und Aufbereitung steht es Diabetikern für ihre Behandlung zur Verfügung.

> Mithilfe der Gentechnik ist es möglich, Teile von Erbinformationen einer Art auf eine andere zu übertragen und dort wirken zu lassen.

**1** Erläutere das Prinzip der Gentechnik anhand der Abbildung 1.
**2** Welche Merkmale machen Bakterien zu bevorzugten Forschungsobjekten der Gentechnik? Denke z. B. dabei an die Vermehrung und an die Verteilung der DNA.

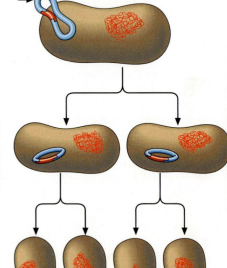

*1 Gentechnische Herstellung von Insulin*

**Genetik**

# Züchtungsmethoden und Erfolge

**Übung**

## A1 Züchtung von Kohlsorten

Aus Wildkohl sind durch Züchtung verschiedene Gemüsesorten entstanden, die sich in Aussehen und Geschmack deutlich voneinander unterscheiden.
Erkläre die Durchführung der hier angewendeten Züchtungsmethode mithilfe der Abbildung.

**Kohlsorten: A** Blumenkohl, **B** Weißkohl, **C** Rosenkohl, **D** Broccoli, **E** Grünkohl, **F** Kohlrabi

## A2 Rinderrassen

Die Abbildung zeigt verschiedene Rinderrassen, die durch **Kombinationszüchtung** entstanden sind. Ein Milchrind lieferte um 1860 jährlich etwa 1200 Liter Milch, heute liegt die Milchleistung bei über 6000 Litern pro Jahr. Bei Fleischrindern steht der Fleischertrag im Vordergrund. Deshalb legt man bei der Zucht Wert auf Merkmale wie schnelle Gewichtszunahme, geringer Fettanteil im Fleisch und gute Futterverwertung.
Erkläre dieses Züchtungsverfahren.

Wahlpflichtbereich: Transgene Organismen

# 1 Gentechnik auf dem Vormarsch

Obwohl gentechnische Methoden erst seit einigen Jahrzehnten angewandt werden, haben sich schon vielfältige Nutzungsmöglichkeiten ergeben. In der Medizin werden gentechnisch Medikamente erzeugt und erste Versuche zur Therapie von Erbkrankheiten unternommen. Auch in der Tier- und vor allem der Pflanzenproduktion spielen gentechnische Verfahren als Ergänzung der herkömmlichen Methoden eine zunehmend wichtigere Rolle.

Während in der herkömmlichen Tier- und Pflanzenzucht meist Erbgut innerhalb derselben Art neu kombiniert wird, entstehen durch die Übertragung von Genen anderer Arten **transgene Organismen,** die mit den herkömmlichen Methoden nicht gezüchtet werden können. Dem Raps zum Beispiel, einem wichtigen Lieferanten pflanzlicher Öle, wird ein Gen einer anderen Art übertragen. Es bewirkt eine Resistenz gegen Unkrautvernichtungsmittel, die Herbizide. So entsteht eine transgene *herbizidresistente* Rapssorte, bei deren Anbau unerwünschte Wildkräuter bekämpft werden können, ohne den Raps zu schädigen. Auch bei anderen Nutzpflanzen wie Mais und Baumwolle wird dieses Verfahren angewandt.

*1 Versuchsfeld mit gentechnisch verändertem Raps*

Da die Zusammensetzung des Rapsöls nicht immer den Ansprüchen der Industrie genügte, wollte man auch die Zusammensetzung des Öls an Fettsäuren verändern. In das Erbgut des Raps wurde daraufhin ein Gen des Lorbeerbaums eingeschleust. Es gelang dadurch, eine transgene Rapssorte mit *veränderten Inhaltsstoffen* zu züchten.

*2 Baumwolle. A herbizidresistent; B nicht herbizidresistent*

Ein wichtiges Züchtungsziel der Gentechniker besteht darin, Kulturpflanzen zu züchten, die gegenüber Schadinsekten resistent sind. Allein beim Mais entstehen in den USA jährliche Schäden in Höhe von rund 500 Mio. Dollar durch Insektenfraß. In Versuchen ist es gelungen, bei bestimmten Bakterien einen DNA-Abschnitt zu isolieren und mit einem „Giftstoff-Gen" zu verbinden. Anschließend werden sie in die Maispflanzen eingebracht. Dort wird das Gen in das Erbgut der Maispflanze übertragen, die dann ihr eigenes Insektizid produziert. Schadinsekten, die von diesem genetisch veränderten Mais fressen, sterben. Der Gentechnik ist es so gelungen, *insektenresistente* Pflanzen zu züchten. Durch gentechnische Veränderungen lässt sich auch die Haltbarkeit von Nahrungsmitteln verbessern. So werden Tomaten für den Handel in der Regel geerntet, wenn sie noch grün sind. Reife Tomaten dagegen werden schnell matschig. Ziel war es daher, Tomaten zu züchten, die an den Sträuchern ausreifen, das volle Aroma entfalten und sie gleichzeitig haltbar zu machen. Den Gentechnikern ist es gelungen, das Gen für ein Enzym auszuschalten, das für die Aufweichung der Schale verantwortlich ist. Die gentechnisch veränderten Tomaten, auch „Anti-Matsch-Tomaten" genannt, wurden 1994 erstmals in den USA für den Verzehr freigegeben.

Auch in der Tierzucht werden gentechnische Verfahren erprobt. Wissenschaftler arbeiten seit Jahren daran, **transgene Nutztiere** zu züchten. Die Versuche zielen unter anderem darauf ab, das Wachstum der Tiere zu steigern, die Muskelmasse zu vergrößern, das Fleisch-Fett-Verhältnis zu verändern, eine erhöhte Widerstandsfähigkeit gegenüber Krankheiten zu erreichen sowie Tiere für die Produktion von Wirkstoffen zu erzeugen, die als Arzneimittel benötigt werden. Bei Fischen erwiesen sich solche Versuche als besonders erfolgreich.

*3 Anti-Matsch-Tomaten*

# Wahlpflichtbereich: Transgene Organismen

Karpfen versah man mit einem „Wachstumsgen" aus Forellen. Dadurch gelang es, das Gewicht der transgenen Karpfen um mehr als 20% gegenüber „normalen" Karpfen zu erhöhen. Lachsen baute man ein „Frostschutzgen" aus Polarfischen ein und erreichte dadurch, dass die transgenen Lachse in polaren Gewässern erheblich größer wurden als ihre Artgenossen.

Ein weiteres Anwendungsgebiet der Gentechnik ist das „Gen-Pharming". Dabei erzeugt man transgene Tiere, die bestimmte menschliche Enzyme und andere Proteine produzieren und in ihre Milch abgeben.
Die Wirkstoffe werden für die Behandlung bestimmter Krankheiten benötigt und lassen sich nicht in ausreichender Menge aus Blutplasma gewinnen. Auf diese Weise kann man zum Beispiel tausenden von Menschen helfen, die an einer lebensbedrohenden Atemnot leiden.
Auch die wirtschaftliche Bedeutung ist erheblich. Wissenschaftler haben errechnet, dass z. B. eine Ziege Stoffe im Wert von 2,5 Mio. Euro pro Jahr produzieren kann.

Die Herstellung von Insulin durch Bakterien – wie auf Seite 52 beschrieben – ist eine der bekanntesten Anwendungen der Gentechnik. Dieses Hormon wird von Diabetikern zur Regulierung ihres Blutzuckerspiegels benötigt. Das früher benutzte Insulin aus Schlachttieren führte immer wieder zu Unverträglichkeitsreaktionen. Insulin aus gentechnischer Herstellung dagegen ist mit menschlichem Insulin identisch und deshalb gut verträglich. In ähnlicher Weise werden heute Medikamente zum Behandeln von Bluterkrankheit und Hepatitis und anderer schwerer Erkrankungen hergestellt.

Seit das Ziel nicht mehr fern ist, sämtliche Gene des Menschen entschlüsselt zu haben, wird man versuchen, Gene zu „reparieren", die für bestimmte lebensbedrohende Krankheiten verantwortlich sind. Hierbei bedient man sich der **Gentherapie,** bei der man durch gezielte Übertragung von Erbmaterial in die Zellen eines kranken Menschen die Krankheit heilen oder zumindest lindern möchte. Einige Erfolg versprechende Versuche gibt es bereits. Die Gentherapie steht jedoch erst am Anfang.

Neben den vielen Möglichkeiten, die die Gentechnik bietet, sehen viele Kritiker aber auch Risiken. Die Anti-Matsch-Tomate zum Beispiel besitzt ein Resistenzgen gegen ein bestimmtes Antibiotikum. Es wird befürchtet, dass dieses Gen beim Verzehr auf im Menschen lebende Bakterien übertragen werden könnte, sodass diese von dem Antibiotikum nicht mehr angegriffen werden. Außerdem befürchtet man allergische Erscheinungen beim Verzehr gentechnisch erzeugter Lebensmittel. Gentechnisch veränderte Produkte unterliegen daher nach der *Novel-Food-Verordnung* des Europaparlaments von 1997 der Genehmigung und müssen gekennzeichnet werden.

*4 Insulinproduktion durch gentechnisch veränderte Bakterien*

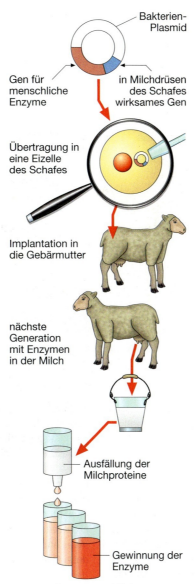

*5 Herstellung menschlicher Enzyme durch transgene Schafe*

> Durch die Schaffung transgener Nutzpflanzen und Nutztiere zielt die Gentechnik auf die Qualitäts- und Leistungssteigerung ab. Gentechnik dient auch der menschlichen Gesundheit.

**1** Vergleiche herkömmliche Züchtungsmethoden mit denen der Gentechnik.
**2** Beschreibe ein Verfahren zur Herstellung pharmazeutisch wichtiger Enzyme anhand der Abbildung 5.
**3** Begründe, warum gentechnisch erzeugte Produkte gekennzeichnet werden müssen.

Wahlpflichtbereich: Transgene Organismen

## Projekt: Transgene Organismen

Dieses Projekt eröffnet euch vielfältige Möglichkeiten. Ihr wählt zuerst ein Thema und eine passende Arbeitsmethode. Dann bildet ihr Arbeitsgruppen mit vier bis fünf Schülerinnen bzw. Schülern. Ihr legt als Ziel eine Präsentationsmöglichkeit fest und verteilt die Aufgaben gerecht in der Gruppe. Denkt bei den Ergebnissen auch an die Einbeziehung geeigneter Erschließungsfelder und an anschauliches Material.
Mögliche Themen werden auf dieser Seite vorgestellt.

### Gruppe 3: Transgene Pflanzen
Gentechnisch veränderte Pflanzen weisen zum Beispiel Resistenzgene gegenüber Schädlingen oder Krankheitserregern auf. Sie können sich durch einen erhöhten Gehalt an bestimmten Inhaltsstoffen, wie Vitaminen, Nährstoffen und Aromastoffen, auszeichnen. Diese Produkte werden als gentechnisch veränderte Lebensmittel im Handel angeboten. Prüft zum Beispiel Supermärkte, ob sie solche Lebensmittel führen und wie sie diese kennzeichnen. Informiert euch über einige Beispiele genauer. Besorgt euch Faltblätter, die über solche Produkte aufklären. Bewertet sie und befragt Mitschülerinnen und Mitschüler zu Inhalt und Gestaltung.

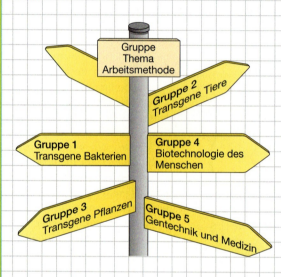

### Gruppe 4: Biotechnische Eingriffe am Menschen
Auf der nebenstehenden Pinwand sind Möglichkeiten biotechnischer Eingriffe am Menschen dargestellt, die aber in Deutschland verboten sind.
Diskutiert in eurer Arbeitsgruppe Vorteile und Gefahren solcher Eingriffe. Bezieht mithilfe eines Fragebogens auch eure Mitschüler in die Diskussion ein und stellt die Ergebnisse anschließend der Klasse vor.

### Gruppe 5: Gentechnik und Medikamente

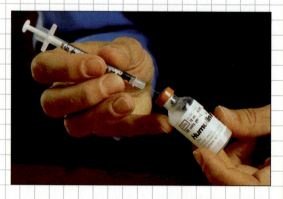

### Gruppe 1: Transgene Bakterien
Transgene Bakterien werden seit 1982 zur Herstellung von Humaninsulin eingesetzt. Insulin ist eines der ersten Medikamente, welches auf diese Weise hergestellt wurde.
Stellt die Grundlagen dieses Verfahrens vor und gebt einen Überblick über Art und Bedeutung der Stoffe, die durch diese Methode für den Menschen hergestellt werden. Nutzt dafür Fachbücher und Internet.

### Gruppe 2: Transgene Tiere
Gestaltet eine Diskussion über gentechnisch veränderte Tiere unter Verwendung aller euch bekannter Medien.
Die Auswertung des zusammengestellten Materials sollte besonders unter Beachtung folgender Problematik erfolgen: Welche Ziele wurden durch die Züchtung erreicht? Welche Probleme können bei diesen Verfahren auftreten?

Die Zahl der gentechnisch hergestellten Medikamente nimmt ständig zu. Heute sind schon über 60 solcher Medikamente zugelassen. 250 neu entwickelte Präparate finden sich in der klinischen Prüfung. Informiert euch über diese Problematik im Internet. Stellt ausgewählte interessante Beispiele in der Klasse vor. Versucht auch, Fotomaterial und Grafiken zu bewerten.

# GENTECHNIK

## Pinnwand

## Gen-Food?

Gentechniker wecken Hoffnungen auf eine verbesserte Ernährung für die Menschheit. Wo Menschen hungern oder unterernährt sind, fehlt heute oft tierisches Eiweiß in der Nahrung. Auch Pflanzen wie Reis oder Kartoffeln enthalten reichlich Eiweiß. Diesen Eiweißen fehlen aber einige Aminosäuren, die der menschliche Organismus benötigt und nicht selbst herstellen kann. Lässt sich die Ernährung für viele Menschen vielleicht verbessern, indem genetisch veränderte Pflanzen auch Eiweiße bilden, die sonst nur in Milch, Eiern oder in Fischen vorkommen? Oder würden sich dadurch Nahrungsmittelallergien unkontrolliert ausbreiten? Jedenfalls könnte man der Kartoffel auf dem Teller ihre genetische Verwandtschaft mit einem Fisch oder einem Ei nicht ansehen.

## Mögliche biotechnische Eingriffe am Menschen
(nach deutschem Recht verboten)

### Selektion im Labor

**Vorgehen**

Ein genetischer Test des Embryos zeigt, ob Gene vorhanden sind, die zur Ausprägung von Erbkrankheiten führen können. Nur solche Embryonen werden in die Gebärmutter implantiert, die das defekte Gen nicht im Erbgut tragen.

**Schema**

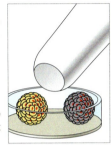

**Chancen/Risiken**

Verhinderung erbkranken Nachwuchses; Ethische Bedenken: Darf man bestimmen, welcher Embryo weiterleben darf und welcher nicht?

### Reparatur aus der Spritze

**Vorgehen**

Menschen mit einer Erbkrankheit wird ein intaktes Gen in kranke Zellen eingeschleust.

**Schema**

**Chancen/Risiken**

Heilung bisher nicht behandelbarer Erbkrankheiten; Auftreten unbekannter Nebenwirkungen

### Einbau von Resistenzgenen

**Vorgehen**

Ein Gen, das Schutz vor Krankheiten wie AIDS gewährt, wird ins Erbgut einer befruchteten Eizelle geschleust.

**Schema**

**Chancen/Risiken**

Schutz vor gefährlichen Krankheiten ohne Impfung; Gefahr von Wechselwirkungen mit anderen Genen

## Impfbanane?

Experimentiert wird mit transgenen Kartoffeln, die eine aktive Immunisierung gegen Durchfallerkrankungen hervorrufen. Die Infektion wird vor allem durch bestimmte *E.-coli*-Stämme verursacht, die das Protein Enterotoxin produzieren. Es bewirkt eine vermehrte Wasserausscheidung. Die gentechnisch veränderte Pflanze stellt nun den Teil des Proteins her, der an die Darmwandzellen bindet. Nach dem Verzehr der rohen transgenen Kartoffel bildet der Körper Antikörper gegen diesen Proteinteil. Da die Kartoffel aber in der Regel zum Verzehr gekocht wird, ihre Produkte jedoch hitzelabil sind, versucht man jetzt, die Ergebnisse auf die roh verzehrbare Banane zu übertragen. Weitere Ziele sind Immunisierungen gegen Kinder- und Tropenkrankheiten.

## Tracy

Tracy ist das teuerste Schaf der Welt. Ein deutscher Chemie-Konzern kaufte es für etwa 15 Millionen Euro einer schottischen Gentechnik-Firma ab. Tracy ist transgen und trägt das Human-Gen Alpha-1-Antitrypsin (AAT). Dieser Wirkstoff ist für eine normale Lungenfunktion erforderlich. In Nordamerika und Europa leben fast 200 000 Menschen, die an einem AAT-Mangel leiden. Sie konnten bislang nur mit AAT behandelt werden, das aus Spenderblut isoliert wurde. Dabei reicht zurzeit die zur Verfügung stehende Menge nicht zur Behandlung aller Betroffenen aus. Tracy gibt jährlich 100 Liter Milch ab, aus denen 3,5 Kilogramm AAT gewonnen werden. Man geht davon aus, dass eine 2000-köpfige Herde ausreicht, den weltweiten Bedarf an AAT zu decken.

**Tracy mit Nachkommen**

# Genetik

## Vernetze dein Wissen — Genetik

**A1** Alle Zebras haben ein helles Fell mit schwarzen Streifen. Jedoch ist die Anordnung der Streifen bei jedem Zebra anders. Erläutere die Ursachen dieser Unterschiedlichkeit unter Verwendung der Erschließungsfelder „Vielfalt" und „Information".

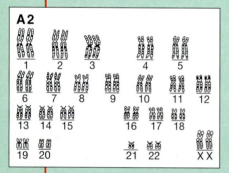

**A2** Bei einem Embryo, der bereits in einem frühen Stadium in der Gebärmutter gestorben war, wurde eine Chromosomenuntersuchung durchgeführt. Als Todesursache wurde eine Veränderung im Chromosomensatz des Embryos gefunden. Die Abbildung zeigt das Ergebnis dieser Untersuchung.
a) Erläutere die Durchführung einer derartigen Chromosomenuntersuchung.
b) Nenne die Veränderung im Chromosomensatz. Erläutere anhand einer schematischen Zeichnung, wie eine derartige Störung entstehen kann.

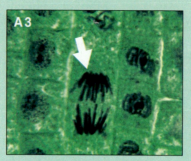

**A3** Das Foto zeigt eine Zelle aus dem Bildungsgewebe der Wurzel einer Zwiebelpflanze. Beschreibe den Entwicklungszustand der Zelle. Ordne die Momentaufnahme einer Mitosephase zu.

**A4** a) Welche Bildunterschrift könnte unter der Zeichnung stehen?

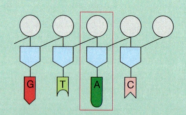

b) Wie bezeichnet man das rot eingerahmte Element?
c) Vergleiche DNA und RNA miteinander. Finde mindestens drei Unterschiede und drei Gemeinsamkeiten.

**A5** Die abgebildeten Schweine sind Geschwister, wurden aber auf unterschiedlichen Höfen gehalten. Erkläre diese Erscheinung. Nutze die Inhalte des Erschließungsfeldes „Angepasstheit".

A          B

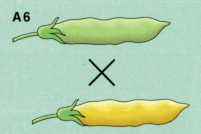

Die Kreuzung zweier Erbsenrassen mit den Merkmalen grüne und gelbe Hülsen ergibt in der $F_1$ Erbsenpflanzen mit ausschließlich grünen Hülsen. Zeichne ein Erbschema bis zur $F_2$-Generation.

**A7** In einem Lehrbuch findet sich folgende Beschreibung zur Kreuzung von Erbsenpflanzen mit dem Merkmal Samenfarbe: „Kreuzt man zwei $F_1$-Erbsenpflanzen mit gelben Samen miteinander, erhält man in der $F_2$ drei gelbsamige und eine grünsamige Pflanze."
a) Äußere dich kritisch zu dieser Beschreibung.
b) Stelle den Erbgang in einem Kombinationsquadrat dar.

**A8** Ein reinerbiges Meerschweinchen mit glatten Fellhaaren und weißer Fellfarbe wird mit einem reinerbigen Tier, das rauhaarig und schwarz ist, gekreuzt. Die Mitglieder der ersten $F_1$-Generation sehen rauhaarig und schwarz aus.

a) Erstelle ein Erbschema für die $F_1$- und $F_2$-Generation.
b) Gib an, wie viele verschiedene Phänotypen bei den Nachkommen auftreten werden.

# Genetik

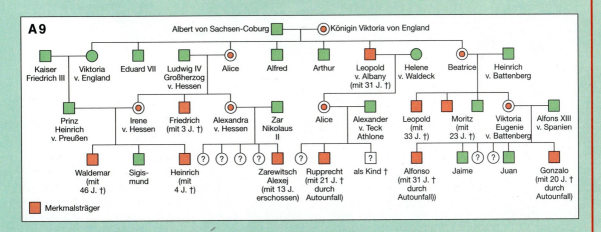

Die Abbildung zeigt einen Familienstammbaum für die Bluterkrankheit im europäischen Adel. Die Krankheit besteht in einer Verzögerung der Blutgerinnung.
a) Nenne Besonderheiten, die dir an dem Stammbaum hinsichtlich der Vererbung der Krankheit auffallen. Erläutere.
b) Zeichne den Stammbaum bis zur zweiten Generation in deinen Hefter und trage die Genotypen ein.
c) Kann es auch bluterkranke Frauen geben? Begründe deine Antwort.

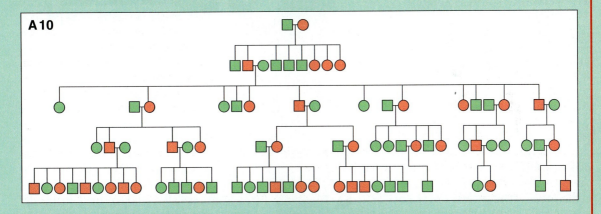

a) Vergleiche den abgebildeten Stammbaum mit dem der Bluterkrankheit von A 9.
b) Kläre die Dominanzverhältnisse im dargestellten Familienstammbaum.
c) Zeichne den Stammbaum in deinen Hefter und trage die Genotypen ein (z. B. A = dominant; a = rezessiv)

| A 11 Krankheit | Übereinstimmung in % | |
|---|---|---|
| | eineiige Zwillinge | zweieiige Zwillinge |
| Keuchhusten | 96 | 94 |
| Blinddarm-entzündung | 29 | 16 |

a) Beschreibe die Entwicklung von eineiigen und zweieiigen Zwillingen.
b) Weshalb eignen sich eineiige und zweieiige Zwillinge für die Untersuchung von Erbanlagen?
c) Vergleiche die beiden Krankheiten in Bezug auf ihre Anteile von Erbe und Umwelt miteinander. Erkläre.
d) Ist es möglich, dass Zwillinge zwei verschiedene Väter haben können? Erläutere.
e) Erläutere die Entwicklung von Drillingen.

# Entstehung der Artenvielfalt

1 Stammbaum der Hunde

## 1 Vielfalt

### 1.1 Verwandtschaft erzeugt Ähnlichkeit

Viele Menschen betreiben als Hobby Ahnenforschung. Sie möchten wissen, wo ihre Wurzeln liegen, woher sie kommen und wer ihre Vorfahren waren. Solche Informationen erhält man auch, wenn man sich einen Rassehund kauft: Hundezüchter legen viel Wert auf die „Reinrassigkeit" ihrer Schützlinge. Allerdings reicht der Stammbaum eines Rassehundes, den man bei seinem Kauf erwirbt, selten weiter als drei Generationen zurück – bis zu seinen Urgroßeltern. Wer weiter in der Vergangenheit seines Dackels oder Dobermanns gräbt, wird feststellen, dass dessen Vorfahren noch vor wenigen Jahrhunderten ganz anders ausgesehen haben. Und irgendwann stößt man auf den Urahn aller unserer Hunderassen: den Wolf.
Dass alle unsere Haushunde vom Wolf abstammen, vermag man auf den ersten Blick kaum zu glauben, so sehr unterscheiden sie sich voneinander. Manche Rassen sehen einander allerdings ähnlicher als andere. Sie sind miteinander näher verwandt.
Verfolgt man den Stammbaum der Hunde noch weiter zurück, trifft man auf Astgabeln, die zu anderen Raubtieren führen, die mit unseren Hunden viel gemeinsam haben: Kojoten, Schakale, Füchse, Marderhunde und andere. Sie alle gehören zur Gruppe der hundeartigen Raubtiere. Und noch weiter unten stößt man auf Gabelungen, die zu anderen Raubtiergruppen führen: Katzen, Bären und Marder.

> Lebewesen einer Art stimmen in den Hauptmerkmalen überein. Sie unterscheiden sich jedoch individuell im Bau, in der Physiologie und im Verhalten.

**1** Erläutere Abbildung 1.

## 1.2 Was heißt molekular verwandt?

Das letzte *Quagga* starb 1883 im Amsterdamer Zoo, nachdem die freilebenden Tiere dieser Art in Südafrika bereits ausgerottet waren. Ob es sich beim Quagga um einen Verwandten der Zebras oder um ein Urpferd handelte, konnte erst durch eine DNA-Analyse geklärt werden. In den sterblichen Überresten des letzten Quaggas fanden Forscher Spuren von DNA. Diese vervielfältigten sie im Reagenzglas nach demselben Prinzip, wie DNA bei Zellteilungen *identisch verdoppelt* wird. Nach mehreren Verdoppelungsschritten lag die DNA in millionenfacher Kopie vor. Dann erfolgte die **DNA-Sequenz-Analyse,** mit der man die DNA-Sequenz, also die Reihenfolge der Basen in der DNA, ermitteln kann. Sie läuft in vier Schritten ab:

① Eine winzige DNA-Menge wird gewonnen und im Reagenzglas millionenfach vervielfältigt.
② Die Probe wird auf vier Reagenzgläser verteilt. In jedes Gläschen kommt etwas DNA, dazu die vier Nucleotide mit den Basen Guanin (G), Adenin (A), Thymin (T) und Cytosin (C) und die zur Verdoppelung notwendigen Stoffe. Hinzugefügt werden noch geringe Mengen je eines defekten Nucleotids. Gläschen T beispielsweise enthält defektes Thymin. Dadurch kommt es bei den DNA-Verdoppelungen zu DNA-Brüchen an den Stellen, wo ein T eingebaut werden müsste. In dem Gläschen T entstehen dann verschieden lange DNA-Bruchstücke, die aber alle mit der Base T enden.
③ Die DNA-Bruchstücke werden in einem Gel aufgetrennt und sichtbar gemacht. Bei angelegter elektrischer Spannung wandern die kürzeren Stücke im Gel schneller als die längeren.
④ Die Basensequenz kann an dem Bandenmuster abgelesen werden.

Es zeigte sich, dass sich die Quagga-DNA kaum von der DNA von Steppenzebras unterscheidet. Dieses Ergebnis ermutigte in Südafrika zu dem Versuch, Quaggas ausgehend von Steppenzebras zurückzuzüchten.

Die Molekularbiologie stellt ganz neue Techniken bereit, um genetische Verwandtschaften auf molekularer Ebene aufzuklären. Arten sind um so näher verwandt, je weniger Unterschiede ihre DNA und ihre Eiweiße aufweisen. Besonders an den **DNA-Sequenzen** vergleichbarer Gene lassen sich Stammesentwicklungen wie an einer „molekularen Uhr" ablesen. Mutationen verändern die Basenzusammensetzung in der DNA. Im Laufe der Zeit häufen sich solche Mutationen an, und der Grad der Verwandtschaft nimmt ab.
Was bislang unbewiesene Behauptungen waren, konnte inzwischen belegt werden: Pilze sind weder Pflanzen noch Tiere. Schimpansen – und nicht etwa Gorillas – sind unsere nächsten Verwandten im Tierreich. Und alle heute lebenden Menschen stammen von Vorfahren aus Afrika ab.

> DNA und Eiweißmoleküle verraten durch den Vergleich ihrer Sequenzen den Grad der Verwandtschaft von Arten.

**1** Warum reichen bereits winzige Mengen für die DNA-Untersuchungen?
**2** Vervollständige für Abbildung 2 die Auswertung der Sequenz-Analyse.

*1 Quagga*

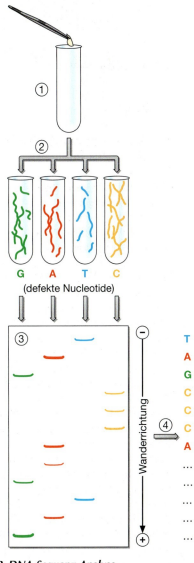

*2 DNA-Sequenz-Analyse*

# Entstehung der Artenvielfalt

## 2 Ursachen der Evolution

### 2.1 Die Evolution der Evolutionstheorien

Bis ins 19. Jahrhundert galt in der Biologie die Theorie von der **Konstanz der Arten.** Sie wurde aus dem biblischen Schöpfungsbericht abgeleitet. So vertrat Carl von LINNÉ (1707–1778) die Ansicht, dass die Arten, so wie wir sie jetzt vorfinden, seit Beginn der Welt vorhanden sein.

Jean-Baptiste de LAMARCK (1744–1829) entwickelte als einer der ersten Forscher die Vorstellung von der Entwicklung der Lebewesen, deren **Evolution.** Nach seiner Theorie stehen alle Lebewesen über lange Verwandtschaftsketten miteinander in Beziehung. Die Lebewesen passten sich während ihrer Entwicklung jeweils den wechselnden Umweltbedingungen an. So soll der lange Giraffenhals dadurch entstanden sein, dass die Vorfahren der heutigen Giraffen die Hälse zum Fressen nach oben reckten und diese dadurch immer länger wurden. Das „Bedürfnis", an die Blätter der Bäume zu kommen, soll zur Verlängerung des Halses beigetragen haben. Diese erworbene Eigenschaft sollte dann auf die Nachkommen vererbt werden. Entsprechend nannte man seine Lehre die Theorie der **Vererbung erworbener Eigenschaften.** Sie gilt heute als widerlegt.

Auch zu Zeiten von Charles DARWIN (1809–1882) glaubte man noch, dass jede Art von Gott geschaffen wurde. DARWIN vertrat nach seinen Untersuchungen so wie LAMARCK die Ansicht, dass sich alle Arten aus früheren Formen entwickelt haben, doch ging er von anderen Ursachen für die Entstehung der Arten aus. Er nannte seine Theorie die **Entstehung der Arten durch natürliche Zuchtwahl.** Danach sind die Nachkommen eines Elternpaares nicht gleich, sondern unterscheiden sich immer etwas. Es treten auch immer wieder Lebewesen mit neuen Merkmalen auf. In der jeweiligen Umwelt überlebten von der Fülle der Nachkommen diejenigen, die am besten angepasst sind, die „fittesten", wie DARWIN schrieb. So verändern sich die Arten langsam und irgendwann sind neue Arten entstanden. Dieser Prozess läuft über viele Generationen ab. Für unser Beispiel bedeutet dies, dass aus einer Giraffenpopulation mit unterschiedlich langen Hälsen diejenigen mit den längeren Hälsen auch in schlechten Zeiten noch Nahrung finden werden, da sie auch die höher wachsenden Blätter noch erreichen. Sie sind dann besser genährt und werden sich vermehrt fortpflanzen und den längeren Hals ihren Nachkommen

1 Entstehung des Giraffenhalses nach LAMARCK

vererben. DARWINs Theorie ist in weiten Teilen heute noch gültig. In Deutschland war es vor allem Ernst HAECKEL (1834–1919), der dem Evolutionsgedanken zum Durchbruch verhalf und erstmalig den Menschen mit einbezog.

> In den letzten 200 Jahren lösten sich die folgenden Evolutionstheorien ab:
> Die Theorie von der Konstanz der Arten, LAMARCKs Theorie der Vererbung erworbener Eigenschaften und die noch heute gültige Abstammungslehre DARWINs.

**1** Auf den Kerguelen, einer ständig sturmumtosten Inselgruppe nahe der Antarktis, gibt es viele flügellose Insekten. Erkläre ihre Entstehung nach den Theorien von LAMARCK und DARWIN. Bewerte.

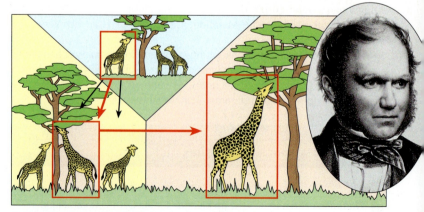

2 Entstehung des Giraffenhalses nach DARWIN

# Entstehung der Artenvielfalt

## Charles DARWIN und die Galapagosinseln

### Streifzug durch die Geschichte

Charles DARWIN verließ am 27.12.1831 mit dem Vermessungsschiff *Beagle* den englischen Hafen Plymouth. DARWIN war auf dem Schiff als junger Naturwissenschaftler, er war 22 Jahre alt, angeheuert worden. Die Reise sollte fünf Jahre dauern und führte ihn rund um die Welt. Erst am 2.10.1836 kehrte er mit überall auf der Welt gesammelten Pflanzen- und Tierarten nach England zurück.

Seine Reise führte ihn auch zu den Galapagos-Inseln. Sie haben ihren Namen nach dem spanischen Wort für Schildkröte, Galapagos, erhalten. Die vulkanische Inselgruppe liegt etwa 1000 km westlich von Ecuador im Pazifischen Ozean. Sie besteht aus 14 größeren und 16 kleineren Inseln. Die älteren Inseln sind vor etwa fünf Millionen Jahren entstanden. DARWIN beobachtete, beschrieb und sammelte bei seinem fünfwöchigen Aufenthalt auf den Inseln 193 Pflanzen- und Tierarten.

Heute schätzt man die Anzahl der Pflanzen- und Tierarten, die an Land und im Meer um die Inseln vorkommen, auf 6000 bis 9000. Etwa 42% von ihnen sind *endemisch*. Sie kommen also nur auf dieser Inselgruppe vor. Schon DARWIN war aufgefallen, dass die einzelnen Inseln, trotz weitgehend ähnlicher Umwelt, eine unterschiedliche Flora und Fauna beherbergten. Bei der Tierwelt war ihm das besonders bei den Galapagos-Riesenschildkröten, den Meerechsen, Finken und Spottdrosseln aufgefallen. Trotz ihrer Ähnlichkeiten variierten sie von Insel zu Insel. Der Vize-Gouverneur der Inseln erzählte DARWIN, dass sich die Schildkröten der verschiedenen Inseln unterschieden. Aufgrund dieser Unterschiede könne er sagen von welcher Insel eine Schildkröte stammen würde. Heute wissen wir, dass die Galapagos-Riesenschildkröten alle zu einer Art gehören. Sie haben sich im Laufe der Zeit, durch die geografische Isolation begünstigt, in 14 Unterarten aufgespalten. Von ihnen sind inzwischen drei ausgestorben und weitere stark gefährdet.

DARWIN war sich durchaus der Sonderstellung der Inselgruppe in Bezug auf die Pflanzen- und Tierwelt bewusst. Er erkannte jedoch noch nicht die wissenschaftliche Bedeutung seiner Beobachtungen und Sammlungen für seine spätere Evolutionstheorie. Auch in einem 1839 erschienenen Reisebericht über die Fahrt der Beagle finden sich noch keine evolutionären Ansichten DARWINs. Zu diesem Zeitpunkt nahm seine Theorie mehr und mehr Gestalt an. Im Jahre 1844 skizzierte er sie in einem 250 Seiten umfassenden Manuskript. Der Besuch der Inseln lieferte ihm dabei wichtige Grundlagen für seine Ansichten, insbesondere über die Veränderlichkeit der Arten.

Mit der Veröffentlichung seiner Evolutionstheorie wartete DARWIN noch weitere 15 Jahre. Erst 1859 erschien sein revolutionäres Buch „*The origin of species bei means of natural selection or the preservation of favoured races in the struggle for life*".

Das Interesse war so groß, dass das Buch in kurzer Zeit vergriffen war.

**1** Beschreibe die Reiseroute der Beagle.
**2** Erläutere, warum gerade Flora und Fauna von Inseln für die Evolutionsforscher interessant sind.

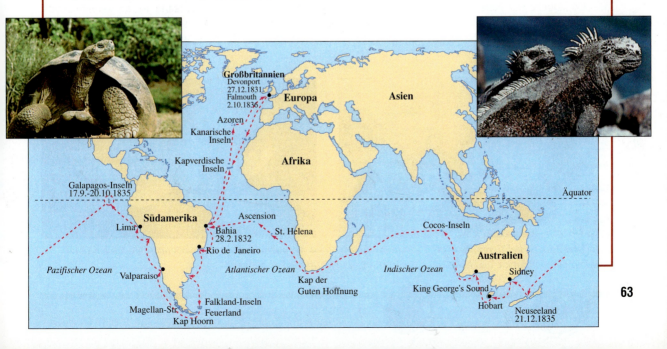

# Entstehung der Artenvielfalt

1 *Kinder unterschiedlicher Hautfarbe*

3 *Abstammung der Hunderassen*

## 2.2 Variation und Selektion als Grundlage der Evolution

Für viele Afrikaner oder Chinesen sehen Europäer alle gleich aus. Dasselbe denken viele Europäer über Afrikaner oder Chinesen. Tatsächlich unterscheiden sich alle Menschen individuell voneinander, und das Gleiche gilt für die Angehörigen sämtlicher Tier- und Pflanzenarten. Diese überall anzutreffende Vielfalt bezeichnet man als **innerartliche Variation.**

Viele Unterschiede zwischen den Angehörigen einer Art beruhen auf unterschiedlichen Lebensbedingungen. So sind die Muskeln eines trainierten Sportlers besonders gut entwickelt und das Aussehen eines Menschen wird in besonderem Maße von seinem Ernährungszustand beeinflusst. Viele andere Unterschiede wie z. B. Hautfarbe und Haarstruktur sind aber erblich. Tatsächlich sind alle Menschen – ebenso wie die Angehörigen anderer Arten – auch genetisch einzigartig. Die einzige Ausnahme von dieser Regel sind eineiige Zwillinge. Diese sind genetisch identisch.

Die Quelle der genetischen Vielfalt sind spontan auftretende **Mutationen,** die an die Nachkommen weitergegeben werden. Mutationen allein könnten aber die genetische Vielfalt etwa der Hunderassen nicht erklären: Dafür sind sie zu selten. Weitaus bedeutsamer ist daher die Tatsache, dass bei der Bildung und Verschmelzung der Geschlechtszellen die Erbanlagen ständig neu miteinander kombiniert werden. Diese **Rekombination** ähnelt dem Mischen eines Kartenspiels – nur ist die Anzahl der Karten sehr viel größer als bei einem gewöhnlichen Kartenspiel. Züchter machen sich die ungeheure genetische Vielfalt von Tieren und Pflanzen zunutze: Sie lassen nur die Individuen zur Fortpflanzung zu, die über Merkmale verfügen, die ihrem Zuchtziel entsprechen. Auf diese Weise ist aufgrund der Auswahl, der **Selektion,** durch die Züchter die Vielfalt der heutigen Hunderassen entstanden.

Auch in der Natur erfolgt Selektion. Der hellgraue Birkenspanner, ein Nachtfalter, ist an seinen bevorzugten Ruheplatz, die Birke, hervorragend angepasst: Aufgrund seiner Tarnung wird er von Vögeln nur selten

2 *Farbvariationen bei Tieren.* **A** *asiatische Marienkäferart;* **B** *Birkenspanner (dunkle und helle Variation)*

4 *Wandelndes Blatt (Gespenstheuschrecke aus dem tropischen Urwald)*

# Entstehung der Artenvielfalt

**5 Wirkung der Selektion.**
A *stabilisierende Selektion;*
B *transformierende Selektion*

entdeckt und gefressen. Jedoch gibt es auch dunkel gefärbte Birkenspanner. Diese sind viel leichter zu finden. Ihre Chance, sich fortzupflanzen, ist demnach geringer als bei der hellgrauen Variante. In England wurde im 19. Jahrhundert beobachtet, dass in Industriegebieten auf der durch Ruß verschmutzten Birkenrinde jedoch die dunkle Form des Birkenspanners eine höhere Überlebenschance hatte.

Der Prozess, durch den besser angepasste Individuen einen Fortpflanzungsvorteil gegenüber ihren schlechter angepassten Artgenossen erlangen, wurde von dem englischen Naturforscher Charles DARWIN als **natürliche Selektion** bezeichnet. Auf lange Sicht führt natürliche Selektion zur Veränderung des Genbestandes, des *Genpools,* einer Art und damit zur **Evolution.**

Variation und Selektion sind die Grundelemente der Evolutionstheorie, die DARWIN 1859 in seinem Buch über die „Entstehung der Arten" veröffentlichte und die auch heute noch weitgehend Gültigkeit hat.

Die Vielfalt der Tier- und Pflanzenarten ist das Ergebnis der über Hunderte von Millionen Jahren andauernden natürlichen Selektion. Wie bereits DARWIN erkannt hat, spielt der Einfluss der Umwelt die wichtigste Rolle bei der Entwicklung von *Angepasstheiten.*

Wasserfrösche sind meist in Färbung und Verhalten optimal an ihren Lebensraum angepasst. Jeder Wasserfrosch, der z. B. in der Farbe abweicht, kann leichter von einem Fressfeind erkannt werden und hat demnach geringere Überlebenschancen. Dabei werden die extrem abweichenden Varianten besonders häufig gefressen, sodass sie sich kaum fortpflanzen können. Durch diese **stabilisierende Selektion** wird also die Variationsbreite von Merkmalen eingeschränkt.

Wenn sich dagegen die Umwelt dauerhaft ändert, ist die bis dahin erreichte Angepasstheit nicht mehr optimal. Jetzt wird ständig zugunsten der besser angepassten Formen selektiert. Bei dieser Form der Selektion wird der Mittelwert der Verteilungskurve des Merkmals verschoben. Dies bezeichnet man als **transformierende Selektion** oder **gerichtete Selektion.**

> Variation und Selektion sind die wichtigsten Mechanismen der Evolution. Die genetische Variabilität ermöglicht die Selektion durch Umweltfaktoren, wobei besser angepasste Individuen eine höhere Überlebenschance und damit einen größeren Fortpflanzungserfolg aufweisen als weniger gut angepasste Individuen.

---

**Fachbegriff**

### Fitness

Besser angepasste Individuen haben einen höheren Fortpflanzungserfolg als weniger gut angepasste. Deshalb bringen sie mehr Gene in den Genpool der Folgegeneration ein als diese. Um den Fortpflanzungserfolg zu kennzeichnen, hat man als relativen Vergleichswert die *Fitness* eingeführt. Individuen, die z. B. aufgrund ihrer Färbung eine höhere Chance aufweisen, Fressfeinden zu entgehen, haben eine höhere Fitness als weniger gut getarnte Artgenossen. Auch Individuen, die in der Nahrungskonkurrenz erfolgreicher sind oder die wirksamere Brutpflege betreiben als andere Individuen der Population, haben ebenfalls eine höhere Fitness. Vorteilhafte Merkmale werden sich also in der Folge der Generationen anhäufen.

---

**1** Körperform und Farbe des „Wandelnden Blattes" sind Beispiele für stabilisierende Selektion. Erläutere.

**2** In Regionen, die durch die Luftverschmutzung stärker betroffen sind, tritt die dunkle Form des Birkenspanners häufiger auf als die helle Form. Erkläre diese Tatsache unter Verwendung der Erschließungsfelder „Vielfalt" und „Wechselwirkung".

# Entstehung der Artenvielfalt

1 Maultier, Esel und Pferd

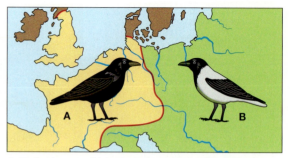

2 Verbreitungsgebiet von Raben- (A) und Nebelkrähe (B)

## 2.3 Die Entstehung neuer Arten

Dass Pferde etwas anderes sind als Esel, weiß jedes Kind. Andererseits sehen sich Pferde und Esel so ähnlich, dass die Annahme einer engen Verwandtschaft zwischen beiden Arten nahe liegt. Für diese Annahme spricht noch etwas anderes: Man kann Pferde und Esel miteinander kreuzen. Den entstehenden Mischling nennt man Maultier, wenn die Mutter ein Pferd war, oder Maulesel, wenn die Mutter ein Esel war. Allerdings sind die Mischlinge selbst unfruchtbar: Sie können keine Kinder bekommen. Zwischen Pferden und Eseln gibt es also eine **Fortpflanzungsbarriere,** die sie daran hindert, miteinander fruchtbare Nachkommen zu erzeugen. Eine solche Fortpflanzungsbarriere ist das *Hauptkennzeichen verschiedener Arten.*

Bei anderen Tieren wie der in Westeuropa heimischen Rabenkrähe und der östlich der Elbe lebenden Nebelkrähe ist die Fortpflanzungsbarriere weniger vollständig: Wo Raben- und Nebelkrähe aufeinander treffen, erzeugen sie miteinander fruchtbare Nachkommen. Anders als bei Pferden und Eseln handelt es sich daher hier nicht um verschiedene Arten, sondern nur um *geographische Unterarten oder Rassen einer Art.*

Die Beispiele zeigen, wie man sich die Entstehung verschiedener Arten aus einem gemeinsamen Vorfahren vorstellen kann. Sind zwei Populationen einer Art längere Zeit voneinander getrennt, leben sie sich – oft in Angepasstheit an unterschiedliche Lebensverhältnisse – buchstäblich auseinander; treffen sie dann irgendwann wieder zusammen, passen sie nicht mehr zueinander: Sie können – wie Pferde und Esel – keine fruchtbaren Nachkommen mehr erzeugen oder sind gar nicht mehr daran interessiert, sich überhaupt miteinander fortzupflanzen.

3 **Artbildung im Modell.** Eine kleine Gruppe von Festland-Mäusen wird auf eine Insel verfrachtet (**A**); durch die neuen Lebensbedingungen verändern sich im Laufe der Generationen die erblichen Eigenschaften der Inselbewohner (**B**); nach Millionen von Jahren kommen die beiden Mäusegruppen wieder in Kontakt, können aber keine fruchtbaren Nachkommen mehr miteinander zeugen – eine Fortpflanzungsbarriere ist entstanden (**C**).

> Das Hauptkennzeichen verschiedener Arten sind Fortpflanzungsbarrieren. Sie entstehen oft in Angepasstheit an unterschiedliche Lebensbedingungen und geografische Isolation.

## EVOLUTION HEUTE

**Pinnwand**

Antibiotika als Medikamente gegen bakterielle Infektionen können Leben retten – solange sich die Bakterien nicht durch Mutationen verändern und gegen das verwendete Antibiotikum resistent, also unempfindlich werden. In Krankenhäusern ist der Wettlauf zwischen dem Einsatz neuer Antibiotika und der Resistenzbildung der Krankheitserreger heute ein alltägliches Problem. Vor der Wahl des Medikamentes wird im Labor getestet, gegen welche Antibiotika die Erreger bereits resistent sind.

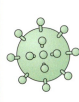
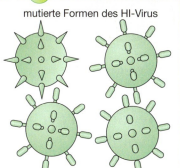

ursprüngliche Form des HI-Virus   mutierte Formen des HI-Virus

Als man in AIDS-Patienten Viren verschiedener HIV-Typen entdeckte, glaubte man zunächst an wiederholte Infektionen des Patienten. Inzwischen ist bekannt, dass AIDS-Viren so rasch mutieren, dass sie im Körper des Patienten neue Eigenschaften entwickeln. Dadurch können sie der Immunabwehr des Körpers und oft auch einer Behandlung durch Medikamente entkommen.

Beliebte Aquarienfische sind Buntbarsche, die in ostafrikanischen Seen beheimatet sind. Hunderte verschiedener Arten leben allein im Victoriasee. Wie sind sie entstanden? Vor langer Zeit trocknete der See ganz aus. Als er sich wieder mit Wasser füllte, wurden einige wenige Buntbarscharten eingeschleppt, die bald die verschiedensten Lebensräume eroberten. Es entwickelten sich Friedfische und Raubfische, Bewohner von Felsspalten oder des sandigen Untergrundes bis hin zu Spezialisten, die mit schief gestelltem Maul die Schuppen größerer Fische abnagen. In Zeiten rascher Evolution entstanden so innerhalb von 50 Jahren aus einer Art zwei getrennte Arten.

Die klassische Pflanzenzüchtung nutzt genetische Veränderungen, die durch Mutation entstehen. Durch radioaktive Bestrahlung oder Chemikalien lassen sich vermehrt solche Erbgutänderungen auslösen. Pflanzen, die danach gewünschte Eigenschaften wie zuckersüße Maiskolben tragen, werden ausgewählt und zu neuen Sorten weitergezüchtet.

**1** Ein guter Arzt hat Bedenken, seinem Patienten mehrmals hintereinander dasselbe Antibiotikum zu verschreiben. Erkläre.

**2** In welchen Bereichen führt die Evolution der Organismen zu Problemen, wo zu nützlichen Anwendungen?

**3** Häufig liest man, dass Evolution nur in langen Zeiträumen stattfindet. Nimm dazu Stellung.

# Entstehung der Artenvielfalt

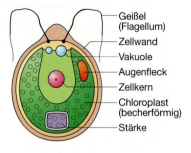

1 Chlamydomonas

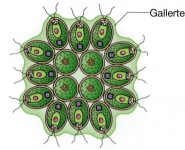

2 Gonium

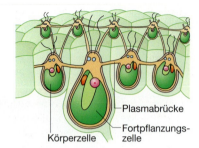

3 Volvox

## 3 Tendenzen der Evolution

### 3.1 Evolution im Pflanzenreich

Die ersten Pflanzen lebten als einzellige Algen im Wasser. Aus diesem nahmen sie über ihre gesamte Oberfläche Mineralstoffe und Kohlenstoffdioxid auf. Algen waren für 200 Millionen Jahre die vorherrschende Pflanzengruppe. Ihr Formen- und Artenreichtum nahm im Kambrium zu. Es gab Kolonien, faden- und kugelförmige Vielzeller und Algen mit großen flächigen Vegetationskörpern. Sehr hoch entwickelte Algen, die Tange, bildeten bereits wurzelähnliche Haftorgane und blattähnliche Assimilationsgewebe aus. Bei den Algen lässt sich vom Einzeller zum Vielzeller eine deutliche **Höherentwicklung** erkennen. Beim **Einzeller** *Chlamydomonas* dienen zwei Geißeln der Fortbewegung. Die Alge hat einen Zellkern, einen becherförmigen Chloroplasten und einen Augenfleck, mit dem sie Hell und Dunkel unterscheiden kann. Die Zelle kann sich teilen und bildet dann zwei Tochterzellen.

Bei *Gonium* bilden 16 Chlamydomonas ähnliche Zellen eine **Kolonie.** Hier sind alle Einzelzellen von einer Gallerthülle umgeben und zeigen den gleichen Aufbau. Sie haben einen eigenen Stoffwechsel und können sich teilen. Wird eine Einzelzelle aus dem Verband herausgelöst, ist sie allein lebensfähig. Bei der etwa einen Millimeter großen Kugelalge *Volvox* bilden mehrere tausend Zellen eine gallertgefüllte Hohlkugel. Die Einzelzellen sind durch Fortsätze des Zellplasmas miteinander verbunden. Dadurch ist ein Stoffaustausch möglich. Bei Volvox gibt es zwei verschiedene Zelltypen: Die *Körperzellen* sind begeißelt und besitzen Chloroplasten. Sie dienen der Fortbewegung und der Ernährung. *Fortpflanzungszellen* sind chloroplastenfrei und können männlich oder weiblich sein. Durch die deutliche Arbeitsteilung verlieren die Zellen ihre Selbstständigkeit. Somit handelt es sich bei Volvox um einen **Vielzeller.**

Beim Übergang der ersten Pflanzen zum Landleben mussten neue Baumerkmale entwickelt werden. Eine Umgebung mit Luft und Boden erforderte Einrichtungen zur Wasser- und Mineralstoffaufnahme aus dem Boden. Zusätzlich brauchte die Pflanze Festigungselemente und Schutzvorrichtungen gegen Austrocknung. Im Silur vor 430 Millionen Jahren entwickelten sich die ersten einfachen Landpflanzen. Es waren Urfarne wie *Cooksonia* und *Rhynia*. Sie bestanden aus einem kriechenden Erdspross und nackten Sprossachsen mit Sporangien. Sie waren Sporenpflanzen. Rhynia besaß einfache Leitgewebe und Spaltöffnungen.

Wenig später traten die beblätterten Vorfahren der **Bärlappe** und **Schachtelhalme** auf. Im Karbon vor 300 Millionen Jahren bestimmten die Sporenpflanzen die gesamte Vegetation. In den damaligen Sumpfwäldern wuchsen Riesenschachtelhalme, Baumfarne und riesige *Schuppen-* und *Siegelbäume*. Zeitgleich mit den Sporenpflanzen entwickelten sich **Nacktsamer** wie Ginkgogewächse. Der heute noch vorkommende Ginkgo ist zum Bei-

# Entstehung der Artenvielfalt

spiel der letzte Nachfahre dieser Gruppe. Seine direkten Vorfahren waren vom Perm bis zum Tertiär weit verbreitet. Man bezeichnet Dauerformen wie den Ginkgo als **lebendes Fossil.** Als letzte große Pflanzengruppe erschienen in der Kreidezeit vor etwa 100 Millionen Jahren die **Bedecktsamer.** Es entwickelten sich zahlreiche Familien wie Magnolien-, Seerosen- und Lorbeergewächse.

Dabei lässt sich auch bei der Entwicklung der Landpflanzen eine Höherentwicklung feststellen. Diese ist zum Beispiel bei den Leitgeweben von Moosen, Farnen und Samenpflanzen nachweisbar. Ein Laubmoospflänzchen zeigt ein einfach gebautes Leitgewebe. Der Leitstrang liegt zentral im Inneren des Stämmchens. Die Wasser transportierenden Zellen sind nicht verholzt, die Assimilate werden in gestreckten Zellen transportiert. Der Sprossquerschnitt eines Farnes zeigt Leitbündel, die aus einem Sieb- und einem Gefäßteil bestehen. Die Tracheiden-Zellen des Gefäßteils sind langgestreckt, verholzt und haben nur noch wenige durchbrochene Trennwände. Die Leitbündel einer einkeimblättrigen Samenpflanze liegen verstreut. Sie bestehen aus einem Fertigungsgewebe, Siebzellen und Gefäßzellen. Die Gefäßzellen oder Tracheen sind lang und verholzt.

> Die Evolution der Pflanzen beginnt mit einzelligen Algen. Im Erdaltertum folgen Farnpflanzen und Nachtsamer. Am Ende der Kreidezeit entwickeln sich die Bedecktsamer.

**1** Zunehmende Spezialisierung und Differenzierung sind Merkmale für Höherentwicklung. Belege diese Aussage am Beispiel der Evolution der Pflanzen.

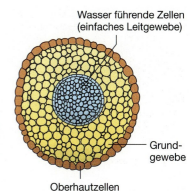

*4 Stängelquerschnitt Laubmoos (schematisch)*

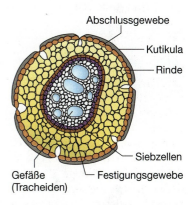

*5 Stängelquerschnitt Farn (schematisch)*

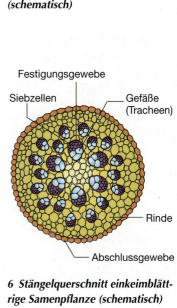

*6 Stängelquerschnitt einkeimblättrige Samenpflanze (schematisch)*

**Entstehung der Artenvielfalt**

**1 Kambrisches Meer.** ① Schwamm; ② Hallucigenia; ③ Wiwaxia; ④ Pikaia; ⑤ Aysheaia

**2 Tiere des Erdaltertums.** ① Schwamm; ② Ammoniten; ③ Koralle; ④ Knochenfisch; ⑤ Hai (Stethacanthus)

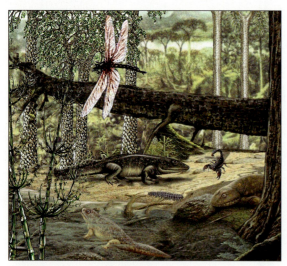

**3 Ichthyostega im Lebensraum**

## 3.2 Evolution der Tiere

Die ersten tierischen Vielzeller traten im Meer vor etwa einer Milliarde Jahren im Präkambrium auf. Sie könnten aus Einzellern entstanden sein, die in Kolonien zusammenlebten. Damit ähnelten sie wahrscheinlich den heutigen Schwämmen. Vertreter dieser Tiergruppe gibt es noch heute. Sie sind einfach aufgebaut und haben keine echten Gewebe. Die Zellen sind nur wenig differenziert. Im Meer des Kambriums lebten aber nicht nur Schwämme, sondern es gab eine Vielzahl weiterer **wirbelloser Tiere.** Viele hatten eine wurmähnliche Gestalt oder waren ähnlich wie Quallen flach gebaut. Fossilfunde belegen, dass im Kambrium eine Fülle neuer Baupläne und Tierarten auftraten. Hier gab es bereits die Vorläufer der meisten rezenten Tierstämme wie Stachelhäuter, Weichtiere, Gliederfüßer oder Ringelwürmer. Häufig trugen die Tiere ein Außenskelett aus Kalk oder Chitin. Viele Bewohner des kambrischen Meeres lebten von Nährstoffen im Boden oder filtrierten Plankton. Im Licht durchfluteten Wasser wuchsen Riff bildende Kalkalgen und röhrenförmige Schwämme. Auf dem Meeresboden lebten schwimmende oder kriechende bizarre Kreaturen. *Hallucigenia* gilt dabei als Vorläufer der Stummelfüßer, *Wiwaxia* war ein Ringelwurm dieser Zeit. Am Ende des Kambriums traten auch die Vorfahren der Wirbeltiere, die **Urchordatiere,** auf. Zu ihnen gehörte zum Beispiel *Pikaia*. Das etwa vier Zentimeter lange schneckenartige Tier besaß im Inneren einen elastischen Stützstab. Über dieser Chorda lag das Rückenmark, unter ihr das Darmrohr. Pikaia hatte im Gegensatz zu den wirbellosen Tieren einen geschlossenen Blutkreislauf. Aus der Chorda entwickelte sich bei den späteren Wirbeltieren die Wirbelsäule.

Im Ordovizium erschienen eine Vielzahl größerer Räuber wie Seeigel, Seesterne, Trilobiten oder Kopffüßer. Auch die ersten **Wirbeltiere** traten hier auf. Es waren fischartige Meeresbewohner, denen Kiefer und Zähne fehlten. Diese Kieferlosen bewegten sich wahrscheinlich schlängelnd am Meeresboden fort und filtrierten Schlamm. Aus einer Gruppe der Kieferlosen entwickelten sich die Stachelhaie. Sie besaßen bereits moderne Merkmale wie Kiefer und Zähne. Obwohl in der Zeit zwischen Silur und Devon die ersten Gliedertiere wie Tausendfüßer und Skorpione das Land besiedelten, gilt das Devon als Blütezeit der Fische. Dabei entwickelten sich zwei Gruppen: die Knorpel- und die Knochenfische. Zur ersten Gruppe gehören Haie und Rochen die ein knorpeliges Innenskelett haben. Bei den Knochenfischen wurde dieses durch Knochen ersetzt. Bei dieser Gruppe fand man zwei unterschiedliche Typen: die Strahlenflosser und die Fleischflosser.

# Entstehung der Artenvielfalt

Die Strahlenflosser entwickelten sich zur artenreichsten Fischgruppe mit heute etwa 21 000 Arten. Sie bilden damit die größte Wirbeltiergruppe. Zu den Fleischflossern gehören die fossilen Quastenflosser. Im Devon gab es bereits Sümpfe. Hier entwickelten sich aus ursprünglichen Quastenflossern, den *Crossopterygiern* die ersten **Landwirbeltiere.** Ihre vier Flossen waren durch Knochen verstärkt, sodass sie auf dem Untergrund kriechen konnten. Sie besaßen ein knöchernes Kopfskelett, Zähne, einen Schultergürtel und eine Schwimmblase, mit der sie Luft atmen konnten. Aus ihnen entwickelten sich wahrscheinlich die ersten Amphibien. Skelette solcher Urlurche wurden zum Beispiel von *Ichthyostega* gefunden. Das Tier war über einen Meter lang und erinnert an einen Salamander. Im Karbon bedeckten Sümpfe große Teile der Landmasse. Es gab eine Vielzahl von Fischen, Lurchen und ersten Reptilien. In den Wäldern lebten Insekten, Spinnen und Tausendfüßer.

Im Perm erreichte die Artenvielfalt der Amphibien ihren Höhepunkt. Als das Klima jedoch allmählich immer trockener wurde, verdrängten frühe Reptilienformen die Amphibien. Sie lebten fast ausschließlich auf dem Land und besetzten immer mehr ökologische Nischen. **Reptilien** sind besser an das Landleben angepasst als Amphibien. Sie entwickelten eine vom Wasser unabhängige Fortpflanzung, haben eine Hornschicht, die vor Austrocknung schützt und atmen durch aktive Brustkorbbewegungen. Die Herrschaft der Reptilien sollte 200 Millionen Jahre andauern. Im Perm entstanden die säugetierähnlichen Reptilien und die Sauropsida. Von diesen Gruppen finden wir heute noch Schildkröten, Schlangen, Krokodile und Echsen. Im Trias erfolgte der zweite Entwicklungsschub, der zu den Dinosauriern und den Flugsauriern führte. Im Jura gingen aus kleinen fleischfressenden Dinosauriern die **Vögel** hervor. Zu ihnen gehörten der Urvogel *Archaeopteryx* und der Baumvogel *Sinornis.* Er hatte eine verkürzte Schwanzwirbelsäule und Federn. Später traten auch Eulen, Spechte, Enten- und Hühnervögel auf. Am Ende der Kreidezeit waren alle modernen Vogelgruppen nachweisbar. Im oberen Trias vor etwa 220 Millionen Jahren entwickelten sich die ersten **Säugetiere.** Sie waren zunächst sehr klein und lebten zusammen mit den Reptilien im gleichen Lebensraum. Von den vielen Entwicklungslinien überlebten bis heute nur drei: die eierlegende **Kloakentiere,** die **Beuteltiere** und die **Plazentatiere.** Als zu Beginn der Erdneuzeit viele ökologische Nischen durch das Aussterben der Dinosaurier in der Kreidezeit frei wurden, entwickelten sich die Säugetiere sprunghaft. Im Tertiär gab es bereits Ordnungen wie Huftiere, Raubtiere und Rüsseltiere.

**4** Dinosaurier in seinem Lebensraum

**5** Urvogel Sinornis

**6** Leptictidium

> Die Entwicklung der Tiere begann mit Einzellern, Kolonien und einfachen Vielzellern, die im Meer lebten. Wirbellose bestimmten im Kambrium und Ordovizium die Fauna. Später entwickelten sich Wirbeltiere wie Fische, Lurche, Reptilien, Vögel und Säugetiere.

**1** Beschreibe die Entwicklung der Wirbeltiere.
**2** Wende das Erschließungsfeld „Zeit" auf die Evolution der Tiere an.

# Pinnwand

## WIRBELTIERE IM VERGLEICH

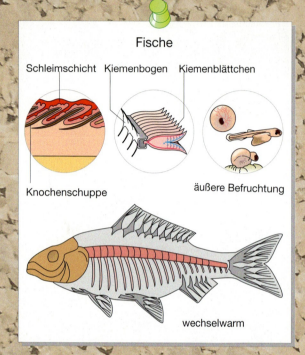

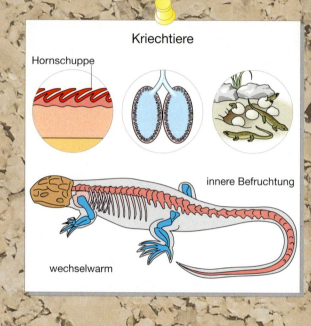

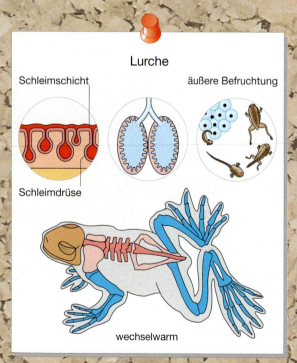

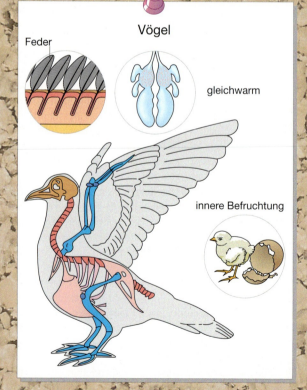

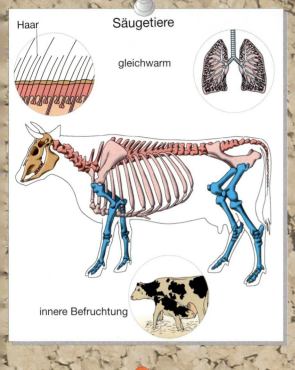

Säugetiere

Haar · gleichwarm · innere Befruchtung

**Suppenschildkröte**
Meeresbewohner; Vorder- und Hintergliedmaßen zu Flossen umgebildet; Hornpanzer; legt bis zu 100 Eier an Land ab; größter Feind ist der Mensch

**Feuersalamander**
glatte, feuchte Haut; lebt in feuchten Wäldern; Ablage der Larven in Bächen; Larven besitzen Außenkiemen

**Seepferdchen**
Meeresbewohner; Männchen brütet Eier in Hautfalte aus; besitzt Kiemen

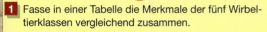

1. Fasse in einer Tabelle die Merkmale der fünf Wirbeltierklassen vergleichend zusammen.
2. Ordne die Tiere auf den Fotos den fünf Wirbeltierklassen zu.
3. Belege jedes der sechs Erschließungsfelder mit einem konkreten Beispiel von dieser Seite. Überlege erst genau, welches Erschließungsfeld gut zu welchem Tier passt.
4. Vergleiche den Bau der Atmungsorgane bei den Wirbeltierklassen. Ziehe Schlussfolgerungen.

**Mausohr**
Vordergliedmaßen zu Flügeln mit Flughäuten umgebildet; Körper mit Fell bedeckt; säugt die Jungen

**Kaiserpinguin**
Vordergliedmaßen zu Flossen umgebildet; sehr guter Schwimmer; legt Eier; unter dem Federkleid dicke Fettschicht

**Delfin**
Vordergliedmaßen zu Flossen umgebildet; Hintergliedmaßen fehlen; Haut glatt mit einzelnen Haaren; Junges wird gesäugt

**Entstehung der Artenvielfalt**

**1 Haussperling bei der Futtersuche**

## 4 Verhaltensweisen von Tieren – ein Ergebnis der Evolution

### 4.1 Wir beobachten das Verhalten der Haussperlinge

Wem sind sie nicht schon einmal in Parkanlagen, Gärten, auf Straßenplätzen oder dem Schulhof aufgefallen – die kleinen *Haussperlinge*, die auch Spatzen genannt werden? In kleinen Gruppen lassen sie sich einer nach dem anderen auf dem Boden nieder, hüpfen flink umher, suchen pickend nach Nahrung und wenn man sich bewegt oder ihnen zu nahe kommt, fliegen sie rasch davon. Beobachten wir das Verhalten der Haussperlinge genauer.

Haussperlinge verbringen Herbst und Winter in mehr oder weniger großen Gemeinschaften. Der Tag der Haussperlinge beginnt bei Sonnenaufgang mit dem typischen „Tschilp"-Gesang. Anschließend geht der Schwarm auf Nahrungssuche. Meist um die Mittagszeit ruhen und singen Haussperlinge. Besonders bei trockenem und sonnigem Wetter kann man Haussperlinge zur Gefiederpflege beim Baden beobachten. An sandigen Stellen stäuben sie ihr Gefieder ein, in Pfützen oder an flachen Wasserstellen verteilen sie mit heftigem Flügelschlagen Wasser über das Gefieder. Bis Sonnenuntergang wird wieder Nahrung gesucht. An ihren Schlafplätzen kann man nochmals ihren Gesang hören.

Das Verhalten der Haussperlinge wird vom Tagesrhythmus und der Beschaffenheit ihres Lebensraumes beeinflusst. Finden Haussperlinge zum Beispiel wenig Nahrung, verkürzt sich ihre mittägliche Ruhepause oder entfällt sogar. Ebenso bestimmen äußere Einflüsse wie Jahreszeit, Temperatur und Klima ihr Verhalten. Solche Einflüsse wirken auf die innere Stimmung der Tiere und beeinflussen ihre **Handlungsbereitschaft** zu einem bestimmten Verhalten. Die Handlungsbereitschaft legt fest, ob eine Verhaltensweise ausgeführt wird

Fliegen

Singen

Fressen

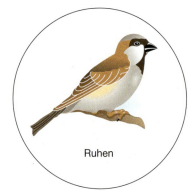
Ruhen

Putzen

Sand- oder Staubbaden

**2 Verhaltensweisen von Haussperlingen**

# Entstehung der Artenvielfalt

und mit welcher Ausdauer das Verhalten stattfindet.
Hat ein Haussperling Hunger, beginnt er mit der Suche nach Körnern, Samen, Obst, Insekten oder Krumen. Ist die entsprechende Handlungsbereitschaft vorhanden, wirkt zum Beispiel Futter wie ein **Reiz.** Hat der Haussperling etwas Fressbares wahrgenommen, wirkt dieser Futterreiz auf einen „inneren" *angeborenen Auslösemechanismus (AAM).* Dieser „filtert" je nach Handlungsbereitschaft und Erfahrung diesen Reiz aus einer Vielzahl von Umweltreizen aus und löst dadurch ein entsprechendes Verhalten aus – der Haussperling pickt nach dem Futter. Reize, die eine bestimmte Verhaltensweise auslösen können, werden auch als **Schlüsselreize** bezeichnet.
Werden im Frühjahr die Tage länger und steigen die Temperaturen, beginnt die Fortpflanzungszeit der Haussperlinge. Die Männchen sammeln Pflanzenhalme, die als Baumaterial für das kugelige Nest dienen. Es wird meist in Gebäudenischen, Baumhöhlen oder Nistkästen errichtet. Gleichzeitig kann man Ende März das *Balzverhalten* beobachten. Mit hängenden Flügeln und hochgestelltem Schwanz nähert sich ein Männchen laut tschilpend und hackt mit seinem Schnabel nach einem Weibchen. Ist das Weibchen nicht zur Begattung bereit, droht es mit erhobenem Kopf und geöffnetem Schnabel. Meist werden durch das lautstarke Tschilpen weitere Männchen angelockt, die auch das Weibchen balzend umhüpfen und so lange verfolgen, bis das Weibchen flieht. In dieser Balzstimmung wirkt ein Weibchen und sein Verhalten auf Männchen wie ein Reiz, der das Balzverhalten der Männchen auslöst. Solche Schlüsselreize, die von Artgenossen ausgehen und eine bestimmte Verhaltensreaktion hervorrufen können, werden als **Auslöser** bezeichnet.
Ist der „Rohbau" des Nestes fertig, werben die Männchen durch lautes Tschilpen in der Nähe des Nestes um ein Weibchen. Diese Rufe der Männchen an ihrem Nestrevier wirken auf begattungsbereite Weibchen als Auslöser und locken sie an. Gleichzeitig dient der Gesang dazu, andere Männchen von diesem fernzuhalten. Ein Haussperlingspärchen brütet bis zum Herbst 2- bis 3-mal und zieht jeweils etwa 4 bis 6 Junge auf. Danach schließen sich die Sperlinge wieder zu Schwärmen zusammen.

> Verhalten wird durch eine Handlungsbereitschaft beeinflusst. Liegt die Bereitschaft zum Handeln vor, wirken Schlüsselreize auf einen angeborenen Auslösemechanismus und können eine bestimmte Verhaltensweise hervorrufen.

**1** Betrachte die Abbildung 2.
a) Welche Handlungsbereitschaft könnte bei den jeweiligen Verhaltensweisen der Haussperlinge zugrunde liegen?
b) Durch welche Schlüsselreize könnten die jeweiligen Verhaltensweisen ausgelöst werden?

Füttern

Nestbau

Nistplatzsuche

Balzen

Wasserbaden

Zanken

## Entstehung der Artenvielfalt

1 Fütterung junger Blaumeisen

3 Blaumeise entfernt Kotballen

### 4.2 Wie Jungvögel aufgezogen werden

Die Jungen der meisten einheimischen Vogelarten schlüpfen in einem hilflosen Zustand aus dem Ei. Unmittelbar nach dem Schlüpfen sind die Vogeljungen schwach und nass. Sie haben keine Federn, sind blind und ihre Feinmotorik ist schlecht entwickelt. Die Elterntiere wärmen sie mit ihrem Körper. Erst wenn die Nestlinge trocken und etwas kräftiger sind, lassen die Alttiere sie für eine Weile allein. Doch nachts und bei Kälte werden die Nestlinge immer wieder gewärmt. Die Jungvögel bleiben im Nest, bis sie fliegen können. Man bezeichnet sie deshalb als **Nesthocker.**

Die meisten Jungvögel werden mit tierischer Nahrung wie Insekten, Spinnen, Würmern und Schnecken gefüttert. Diese Nahrung enthält so viel Flüssigkeit, dass die Jungen nicht trinken müssen. Sobald ein Elternteil mit Nahrung angeflogen kommt, sperren die Nestlinge ihre Schnäbel auf. Die gelben Innenseiten der Schnäbel sind für die Elterntiere ein Signal zum Füttern. Die Aufzucht der Jungen ist ein angeborenes Verhalten.

Für manche Vogelarten ist es schwierig, alle geschlüpften Jungen zu füttern. Adler zum Beispiel haben oft zwei Junge. Wenn die Nahrung knapp wird, tötet der stärkere den schwächeren Nestling. So überlebt zumindest ein Nachkomme und die Fortpflanzung war erfolgreich. Dieses Verhalten dient also der Fitnessmaximierung.

Bei Greifvögeln drängt sich der Stärkste beim Betteln um Nahrung in den Vordergrund. Wird die Nahrung knapp, stirbt meist der Schwächere.

Nicht nur das Füttern ist eine Aufgabe der Vogeleltern, sondern auch die *Säuberung* des Nestes von Eischalen und Kot.

> Aufzucht und Pflege der Jungvögel gehören zu den angeborenen, erbbedingten Verhaltensweisen des Brut- und Aufzuchtverhaltens der Vögel.

**1** Erkläre, wann es notwendig ist, dass ein Adlerjunges den anderen Nestling tötet.

2 Fütterung junger Weißkopfadler

4 Steinadler mit Küken

# UNGEWÖHNLICHES BRUTVERHALTEN

**Pinnwand**

## Kaiserpinguine

Die Kaiserpinguine sind mit 1,20 Metern Körperhöhe die größte Pinguinart. Sie leben an der Küste der Antarktis und sind damit die am weitesten südlich lebenden Vögel. Die Tiere bilden auf dem Packeis sowie auf der vergletscherten Felsenküste große Brutkolonien. Dort bebrüten sie ein einziges Ei, das eine Masse von 550 Gramm haben kann. Sofort nach der Eiablage nehmen die männlichen Pinguine das Ei auf ihre Füße und stülpen eine weite Hautfalte darüber. Dabei stehen sie auf den Fersen und nutzen ihren Stummelschwanz als drittes Bein. Wenn das Ei bei den Umgebungstemperaturen von –40 °C auch nur eine Minute ungeschützt bliebe, würde der Embryo sterben.

## Thermometerhuhn

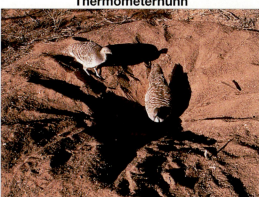

Das etwa 55 Zentimeter große Thermometerhuhn aus der Familie der Großfußhühner lebt im Süden Australiens und bewohnt trockene Buschgebiete. Dort kommt es zu starken Temperaturschwankungen innerhalb eines Tages. Deshalb gräbt der Hahn ein etwa einen Meter tiefes Loch, dass er mit Laub und Pflanzenteilen füllt. Diese erzeugen beim Verrotten die zum Ausbrüten der Eier notwendige Wärme. Der Bruthaufen misst etwa fünf Meter im Durchmesser, wird mit Sand abgedeckt und vom Hahn bewacht. Im Frühjahr legt die Henne etwa 20 bis 30 Eier in das Loch, von dem der Hahn vorher den Sand weggescharrt hat. Für die Entwicklung der Küken ist eine exakte Temperatur von 33,5 °C erforderlich. Deshalb kontrolliert der Hahn die Temperatur im Bruthaufen während der gesamten Brutzeit. Ist sie zu hoch, entfernt er Sand, ist sie zu niedrig wird mehr Sand auf den Bruthaufen gescharrt. Über zehn Monate im Jahr ist der Hahn so mit seinem Bruthügel beschäftigt. Wie es möglich ist, als Tier so genau die Temperatur messen zu können, weiß man noch nicht. Vermutlich besitzt der Hahn ein Wärmesinnesorgan im Schnabelbereich.

## Kuckuck

Der Kuckuck wird 33 bis 35 cm groß und ist der wohl bekannteste Brutparasit. Er baut kein eigenes Nest, sondern legt seine Eier bevorzugt in das Nest der Wirtsvögel. Schon nach 12,5 Tagen schlüpft ein Kuckuck. Bereits wenige Stunden nach dem Schlüpfen zeigt der Kuckuck ein erbbedingtes Verhalten, das erst nach vier bis fünf Tagen wieder erlischt: Um überleben zu können, wirft er seine Stiefgeschwister aus dem Nest. Später wird der junge Kuckuck dann sogar noch eine Weile von den fremden Eltern außerhalb des Nestes gefüttert.

**1** Nenne Gründe dafür, warum manche Vogelarten kein gewöhnliches Nest bauen.

**2** Suche weitere Beispiele für ungewöhnliches Brutverhalten. Nutze Fachbücher oder das Internet.

**3** Wende das Erschließungsfeld „Angepasstheit" auf das Thermometerhuhn an.

# Entstehung der Artenvielfalt

## 4.3 Das Fortpflanzungsverhalten der Stichlinge

Stichlinge leben in Bächen, Gräben und Teichen. Im Herbst und Winter durchziehen sie in Schwärmen die Gewässer. Im Frühjahr, wenn die Tage länger werden und die Temperatur ansteigt, nimmt die Handlungsbereitschaft zur Paarung zu. Die Fortpflanzungszeit der Stichlinge beginnt. Dies ist besonders bei den Stichlingsmännchen zu beobachten.

Nach und nach sondern sich Männchen von ihrem Schwarm ab und suchen flache und warme Gewässerabschnitte mit Pflanzenbewuchs auf. Gleichzeitig verändert sich allmählich ihr Aussehen. Der ansonsten unscheinbar olivgrün gefärbte Rücken beginnt hellgrün-bläulich zu glänzen. Kehle und Brust färben sich leuchtend rot. Hat ein Männchen eine geeignete Stelle gefunden, gründet es dort sein **Revier**. Es sammelt Pflanzenteile und verbaut sie zu einer kugeligen Nesthöhle.

Erscheint ein anderes Männchen in der Nähe des Reviers, wird es meist vom Revierbesitzer vertrieben. Erscheint dagegen ein fortpflanzungsbereites Weibchen in einem Revier, kann man das in der Abbildung 2 dargestellte Fortpflanzungsverhalten der Stichlinge beobachten. Wie bei einer Kettenreaktion folgen die einzelnen Verhaltensweisen von Weibchen und Männchen aufeinander. Bei einer solchen **Handlungskette** ist die vorherige Verhaltensweise des einen Geschlechtspartners jeweils der **Auslöser** für eine Verhaltensreaktion des anderen. Handlungsketten sind idealisiert, das heißt sie können in der Natur auch unterbrochen werden. Auch eine Wiederholung bestimmter Teilhandlungen wäre möglich.

*1 Stichlinge*

> Bei einer Handlungskette folgen einzelne Verhaltensweisen aufeinander. Dabei ist jede Verhaltensweise Auslöser für die folgende Verhaltensreaktion.

**1** Beschreibe die Handlungskette beim Fortpflanzungsverhalten des Stichlings anhand der Abbildung 2.

**2** Nenne Einflüsse, die auf die Handlungsbereitschaft der Stichlinge zur Fortpflanzung einwirken können.

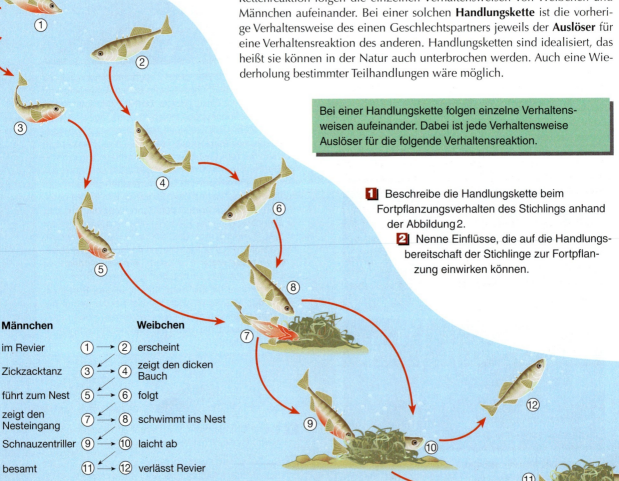

*2 Fortpflanzungsverhalten der Stichlinge*

# Entstehung der Artenvielfalt

## 4.4 Angeborenes und erlerntes Verhalten

Eichhörnchen sind geschickte „Nussknacker". Sie benötigen meist weniger als eine Minute, um an den Nusskern zu gelangen. Beim Öffnen der harten Nussschale zeigt jedes Eichhörnchen seine eigene Nagetechnik. Manche Eichhörnchen nagen an einer Stelle der Schale ein Loch, andere nagen eine Rille und sprengen die Schale in zwei Hälften. Wie kommt es zu solch unterschiedlichem Verhalten beim Öffnen der Nüsse?

Um dies herauszufinden, zog der Verhaltensforscher Irenäus EIBL-EIBESFELDT gerade geborene Eichhörnchen so auf, dass sie nichts von Artgenossen hören oder sehen konnten. Er fütterte diese isolierten Eichhörnchen in den ersten neun Wochen nur mit Milch und breiiger Nahrung.

Anschließend gab er den Eichhörnchen Nüsse, Steine und nussgroße Gegenstände wie Kugeln und Würfel aus Holz oder Ton in den Käfig. Die Eichhörnchen nahmen alle Gegenstände zwischen die Vorderpfoten und begannen sie zu benagen. Sie reagierten auf diese Reize, ohne sie vorher kennen gelernt zu haben. Das Benagen von Gegenständen, die etwa Nussgröße haben, scheint Eichhörnchen **angeboren** zu sein. Eine solche Reaktion wird als **instinktives Verhalten** bezeichnet.

Bei weiteren Beobachtungen der Eichhörnchen zeigte sich, dass sie nach kurzer Zeit nur noch Haselnüsse benagten. Je mehr Nüsse sie geöffnet hatten, desto geschickter und schneller gelangten sie an den Nusskern. Dabei entwickelte jedes Eichhörnchen durch seine Erfahrungen beim Nüsseöffnen eine eigene Technik. Die Eichhörnchen hatten ihr Verhalten verändert und **erlernt,** auf welche Weise sie schnell an den Kern einer Haselnuss gelangen konnten. Einen nussähnlichen Gegenstand zu benagen ist den Eichhörnchen also angeboren. Die Fertigkeit, eine Nuss zu öffnen, ist dagegen erlernt.

> Das Verhalten der Tiere setzt sich aus angeborenen und erlernten Anteilen zusammen.

**1** Beschreibe, welche Techniken die Eichhörnchen zum Nüsseöffnen anwenden.
**2** Erkläre, warum die Eichhörnchen im Verlauf des Versuchs nur noch die Nüsse und nicht andere nussähnliche Gegenstände benagen.
**3** Um in Versuchen zu erforschen, welche Verhaltensanteile angeboren und welche erlernt sind, müssen die Tiere isoliert von Artgenossen aufgezogen werden. Begründe.

*1 Eichhörnchen beim Nüsseöffnen*

*2 Beobachtungsprotokolle zum „Nussknackerversuch" bei Eichhörnchen*

# Entstehung der Artenvielfalt

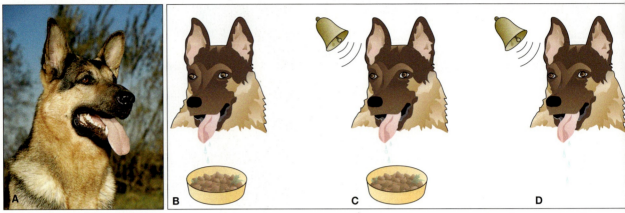

1 PAWLOWs Versuch zur Entstehung bedingter Reflexe

## 4.5 Wie Tiere lernen

Sehen oder riechen Hunde Futter, fließt verstärkt Speichel im Maul zusammen. Diese Körperreaktion der Hunde ist *angeboren* und wird als **unbedingter Reflex** bezeichnet. Der russische Forscher Iwan PAWLOW beobachtete um 1900 Hunde bei der Fütterung. Er untersuchte, ob sich dieser unbedingte Reflex anders als durch Futter auslösen lässt. Einige Tage ließ er während der Fütterung der Hunde eine Glocke ertönen. Als die Hunde nach diesen Versuchen nur noch den Glockenton ohne Futter hörten, reagierten sie ebenfalls mit verstärktem Speichelfluss. Sie hatten gelernt, den Reiz „Futter" durch den Reiz „Glocke" zu ersetzen. Der verstärkte Speichelfluss, der durch den Glockenton ausgelöst worden war, war zu einem *erworbenen* oder **bedingten Reflex** geworden. Auch die Verhaltensweisen der Hunde hatten sich in den Versuchen verändert. Hörten sie den Glockenton, begannen sie um Futter zu betteln. – Die Hunde hatten durch **Erfahrung** gelernt.

Dieses Lernen durch Erfahrung ist nur eine von mehreren Möglichkeiten, wie Tiere lernen können. Nach dem Schlüpfen von Entenküken kann man zum Beispiel

> **Fachbegriff**
> **Reflex**
> Ein Reflex ist eine unbewusste angeborene Reaktion, die auf einen bestimmten Reiz hin stets in gleicher Weise abläuft.

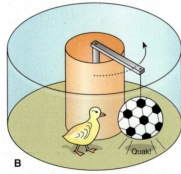

2 **Entenküken. A** sie folgen ihrer Mutter; **B** sie folgen einem Ball in einem Prägungsversuch

beobachten, dass sie stets ihrer Mutter nachfolgen. Den Entenküken ist *angeboren*, kurz nach dem Schlüpfen allem zu folgen, was sich in ihrer Nähe bewegt und Laute ähnlich denen einer Ente von sich gibt. Wie das dazugehörige Lebewesen aussieht, müssen sie *lernen*. Ist es nicht das Muttertier, sondern zum Beispiel ein Mensch oder ein Ball, der entsprechende Laute von sich gibt, folgen die Küken diesem „Muttertier" nach. Diese **Prägung** zum Nachfolgen ist ein spezieller Lernvorgang, der nur innerhalb einer kurzen Entwicklungsphase nach dem Schlüpfen stattfindet.

Durch Prägung lernen jedoch nicht nur Jungtiere ihre Eltern, sondern auch Eltern ihre Jungen kennen. Bei vielen Vogelarten wie Möwen oder Säugetieren wie Antilopen werden die Elterntiere auf ihren Nachwuchs geprägt. So können sie innerhalb einer Brutkolonie oder Herde ihr Junges sofort von den vielen anderen Jungtieren unterscheiden.

Wenn Entenküken dem Muttertier folgen, beobachten sie zum Beispiel, was ihre Mutter frisst. Anschließend fressen sie die gleiche Nahrung. So lernen sie durch **Nachahmung** geeignetes Futter von ungeeignetem zu unterscheiden. Durch Nachahmung werden

# Entstehung der Artenvielfalt

bestimmte Verhaltensweisen an die jeweiligen Nachkommen weitergegeben. So entstehen Traditionen im Verhalten der Tierarten. Auf diese Weise lernen zum Beispiel die meisten Singvögel ihren typischen Gesang oder lernen Schimpansen in bestimmten Gegenden den Gebrauch von Ästchen, um damit nach Termiten zu angeln.

Nicht nur Jungtiere, sondern auch viele ausgewachsene Tiere erkunden und untersuchen die Gegenstände in ihrer Umgebung. Neugierig und scheinbar furchtlos betrachten, beriechen oder untersuchen sie unbekannte Gegenstände und versuchen, sie zu berühren. Dieses *Erkundungs- und Neugierverhalten* der Tiere führt dazu, dass die Tiere durch *Versuch und Irrtum* in ihrem Lebensraum Erfahrungen sammeln. Wird zum Beispiel ein Reh an bestimmten Stellen seines Lebensraumes gestört oder bedroht, macht es an dieser Stelle negative Erfahrungen. Es lernt, solche Stellen zu meiden. Findet ein Reh bei seiner Nahrungssuche eine besonders ergiebige Stelle und wird dort mit ausreichendem Futter belohnt, hat es eine positive Erfahrung gemacht.

Durch dieses **Lernen am Erfolg** wird sich das hungrige Tier zukünftig an dieser Stelle bevorzugt aufhalten, um nach Nahrung zu suchen. Solche Belohnungen verstärken ein bestimmtes Verhalten. Durch Bestrafungen dagegen kann ein bestimmtes Verhalten der Tiere gehemmt werden.

Besonders bei jungen Säugetieren kann man beobachten, dass sie miteinander spielen. Hierbei sammeln sie scheinbar spielerisch Erfahrungen. So lernen junge Katzen bewegliche Gegenstände kennen, die sie nach einiger Zeit mit angeborenen Bewegungsabläufen „erbeuten". Bei solchem *Spielverhalten* werden angeborene Ver-

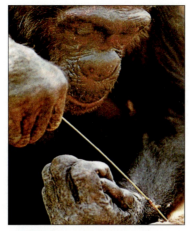

**3 Schimpansen lernen durch Nachahmung das Termitenangeln**

**4 Spielverhalten**

**5 Ein Turmfalke hat sich an Straßenlärm gewöhnt**

haltensweisen eingeübt, miteinander kombiniert und mit Erlerntem verbunden. Die Tiere erlernen Bewegungsabläufe und somit Verhaltensweisen, die später für ihren Nahrungserwerb, die Verständigung mit Artgenossen, den Angriff oder die Flucht notwendig sein können.

Bestimmte Reize lösen bei Tieren eine angeborene Fluchtreaktion aus. Viele Tiere flüchten vor Menschen. Doch kann man beobachten, dass zum Beispiel sonst menschenscheue Greifvögel sich in Städten oder an Autobahnen aufhalten. Diese Tiere haben gelernt, dass das Auftreten des Menschen für sie keine Folgen hat und sie gewöhnten sich an den Menschen. Diese Tiere haben durch **Gewöhnung** ihr Verhalten geändert und gelernt, dass Reize, die ansonsten Gefahr bedeuten, für sie keine Bedeutung mehr haben.

> Tiere können durch Prägung, Erfolg, Nachahmung und Gewöhnung lernen. Diese Lernformen werden auch miteinander kombiniert und dadurch erreichen die Tiere eine größere Unabhängigkeit von den Umweltbedingungen.

**1** Für das Lernen der meisten Tiere ist es notwendig, dass sie von Eltern aufgezogen werden oder mit Artgenossen aufwachsen. Nenne Beispiele und erläutere die Bedeutung dieser Lernerfolge für die Tiere.

**2** Nenne aus deiner Erfahrung Beispiele für das Lernen bei Tieren. Erkläre, auf welche Art diese Tiere gelernt haben könnten.

**3** Bei der Dressur werden gewünschte Verhaltensweisen von Tieren belohnt. Tiere lernen so, diese Verhaltensweisen auf ein bestimmtes Signal hin auszuführen. Nenne eine Lernform, die hier eine Rolle spielt. Erläutere.

## Entstehung der Artenvielfalt

1 Orang-Utan klettert auf Kisten, die er aufgestapelt hat

### 4.6 Tiere können einsichtig handeln

Wie verhält sich ein hungriger Schimpanse, wenn er zum Beispiel über sich eine Banane hängen sieht, sie aber nicht erreichen kann? Dieser Frage ging der Forscher Wolfgang KÖHLER nach. In einem Käfig mit mehreren Kisten stellte er einen Schimpansen vor dieses Problem. Der Schimpanse hatte vorher spielerische Erfahrungen im Umgang mit nur einer Kiste gemacht. Bei diesem Versuch schob er sofort eine der Kisten unter die Banane, kletterte auf die Kiste und streckte sich nach der Banane, die er jedoch noch nicht erreichen konnte. Der Schimpanse setzte sich hin und schaute eine Weile zwischen der Banane, der Kiste unter der Banane und den übrigen Kisten hin und her. Dann ging er zielstrebig zu den anderen Kisten, rückte sie unter der Banane zusammen, stapelte sie aufeinander, kletterte auf den Stapel und ergriff die Banane.

Der Schimpanse hatte ohne vorheriges Ausprobieren die Lösung des Problems geplant. Erst danach hat er einzelne Handlungen ausgeführt, um zu seinem Ziel zu gelangen. Solches Verhalten wird als **einsichtiges Verhalten** bezeichnet.

KÖHLERs Versuche zum einsichtigen Handeln hat man mit anderen Menschenaffen wie Orang-Utans und Gorillas durchgeführt. Auch hier zeigten die Tiere, dass sie Kisten aufstapeln können, um an Futter zu gelangen, das über ihnen hängt. Zur Lösung von Problemen können sie **Werkzeuge** herstellen und gebrauchen. So gelingt es ihnen, hohle Stöcke mit unterschiedlichen Durchmessern ineinander zu stecken, um entfernte Futterbrocken zu angeln, Äste als Kletterhilfen abzubrechen und zu entlauben oder Zweige mit den Zähnen anzuspitzen, um Nahrung aufzuspießen.

Solche Nachweise einsichtigen Verhaltens von Tieren sind nur in Gefangenschaft durchzuführen. Im natürlichen Lebensraum ist nicht zu unterscheiden, ob ein bestimmtes Verhalten durch Einsicht oder Nachahmung zu Stande gekommen ist.

> Einsichtiges Verhalten liegt vor, wenn ein Tier die Lösung eines Problems ohne vorherige Übung plant und anschließend zielgerichtet ausführt.

**1** Betrachte Abbildung 2 A bis E. Beschreibe den Versuchsverlauf. Woran erkennt man das einsichtige Handeln des Orang-Utan?

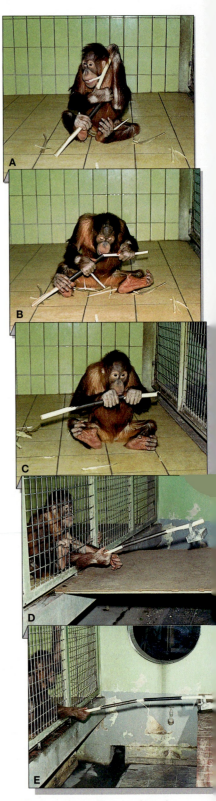

2 Werkzeugherstellung und Werkzeuggebrauch beim Orang-Utan

**Entstehung der Artenvielfalt**

## 4.7 Die Frage nach dem Warum

Betrachtet man die Abbildung der afrikanischen Erdmännchen, so lassen sich verschiedene Verhaltensweisen erkennen, die man auf den ersten Blick als „putzig" beschreiben würde. Ein Teil, der in großen Gruppen zusammenlebenden Tiere, steht aufrecht auf Hügeln in der direkten Umgebung des Baus, während die anderen Tiere spielen, sich putzen oder Futter suchen. Die Wächter suchen die Umgebung nach Feinden ab. Sobald sie zum Beispiel einen Raubvogel entdecken, geben sie ein lautes Pfeifsignal. Daraufhin flüchtet die ganze Gruppe in den unterirdischen Bau und ist vor dem Fressfeind sicher. Die Rolle des Wächters wird regelmäßig gewechselt. Die Frage, warum sich Erdmännchen so und nicht anders verhalten, ist nicht einfach zu klären. Sie setzen sich dem Feind immerhin stärker aus als der Rest der Gruppe.

Zunächst kann man untersuchen, welche *inneren und äußeren Faktoren* auf diese Tiere einwirken. Dazu gehören unter anderem Tageszeit, Klima, Feinde oder auch der Hormonspiegel im Blut. Diese Faktoren bedingen, dass *bestimmte Verhaltenselemente* gezeigt werden. Dazu gehören unter anderem das Fressverhalten, das Warnen und die Flucht. Die typischen Verhaltensweise wie das „Männchen machen" wird nur am Tag gezeigt. Nachts schlafen die Tiere im Bau und sind kaum Feinden ausgesetzt. Fasst man alle einzelnen Verhaltenselemente zusammen, ergibt sich das *artspezifische Gesamtverhalten*. Diese Betrachtungsweise klärt also, wie ein bestimmtes Verhalten entsteht. Man stellt sich die **„Frage nach dem wie"**.

Damit wird jedoch noch nichts darüber ausgesagt, wozu ein bestimmtes Verhalten gezeigt wird. Mit dieser **„Frage nach dem wozu"** sucht man nach der Bedeutung oder der *Funktion eines Verhaltens*. Das auf dem Foto gezeigte Verhalten der Wächter dient dem Erkennen von Gefahren und dem Schutz vor Feinden. Dieses Verhalten sichert das eigene Überleben ebenso wie das verwandter Gruppenmitglieder. So wirkt das Verhalten der Tiere direkt auf den *Fortpflanzungserfolg*, und damit auf die eigene **Fitness**. Unter der eigenen Fitness versteht man den Beitrag eines Einzellebewesens zum gesamten Erbgut der Population. Aber selbst wenn der Wächter getötet wird, wird ein Teil seines Erbgutes bei der Fortpflanzung der überlebenden Verwandten weitergegeben.

Für den Fortpflanzungserfolg der Erdmännchen sind aber auch Partnersuche, Brutpflege und Ernährung wichtig. Es muss also die gesamte Umwelt der Tiere erforscht werden. Mit diesem Teil der Verhaltensbiologie beschäftigt sich die **Soziobiologie**. Sie untersucht das Sozialverhalten von Tieren und Menschen und versucht, die Frage nach dem wozu zu beantworten.

**1** Erdmännchen am Bau

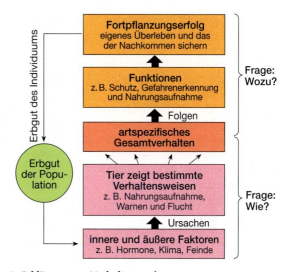

**2** Erklärung von Verhaltensweisen

> Bestimmte innere und äußere Faktoren bedingen artspezifische Verhaltensweisen. Das Verhalten selbst hat wiederum bestimmte Funktionen, die die eigene Fitness steigern. Auch Verhaltensweisen unterliegen deshalb einem Ausleseprozess.

**1** Beschreibe und erläutere die evolutionsbiologischen Aspekte der Verhaltensweisen der Erdmännchen mithilfe der Abbildungen 1 und 2.

**2** Warum ist es notwendig, dass die „Wächter" bei den Erdmännchen regelmäßig wechseln?

# Entstehung der Artenvielfalt

## 4.8 Kommunikation zwischen Artgenossen

In warmen Juninächten sind die Leuchtkäfer, auch Glühwürmchen genannt, auf Partnersuche. In Zellen ihres Hinterleibs entsteht grünliches Licht, wenn ein Leuchtstoff mit Sauerstoff reagiert. Die männlichen Tiere sind mit Flügeln ausgestattet. Durch eine typische Abfolge von Lichtblitzen geben sie sich den flugunfähigen Weibchen, die am Boden sitzen, zu erkennen. Die Weibchen antworten ihrerseits mit genau festgelegten „Morsezeichen" aus Licht. Das veranlasst die fliegenden Männchen zu landen und es kommt zur Paarung. Das Aussenden von **Lichtsignalen** ist eine Form der Kommunikation zwischen Tieren.

Häufig findet die Verständigung über **Duftstoffe** statt. Fuchs, Seidenspinner, Dachs und Huftiere verwenden chemische Lockstoffe, um das andere Geschlecht anzulocken und ihre Paarungsbereitschaft anzuzeigen. Andere Funktionen der Duftmarken sind die Reviermarkierung und das Imponieren. So können Wölfe und Hunde die Stärke ihres Gegners aus dem Urin „erschnüffeln".

Insekten wie die Grille, Vögel und Säugetiere verständigen sich oft mit **akustischen Signalen.** Sie zirpen, singen oder klopfen zum Beispiel. Dabei geht es nicht nur um die Werbung der Weibchen. Der laute Schrei des Eichelhäher warnt vor Räubern, der Schlag eines Bibers auf das Wasser teilt der Familie ebenfalls mit, dass Gefahr droht.

Kommunikation trägt auch zu einem gut abgestimmten Verhältnis zwischen Nachwuchs und Eltern bei. Bei jungen Enten und Graugänsen beobachtet man zum Beispiel Kontaktrufe.

**1** Formen innerartlicher Verständigung. **A** Lichtsignale; **B** akustische Signale; **C** ritualisiertes Verhalten; **D** Zeichensprache

Andere Formen der innerartlichen Verständigung sind noch komplexer aufgebaut. So gibt es beim **ritualisierten Verhalten** ganze Verhaltensfolgen, die aus optischen und akustischen Signalen sowie Bewegungen bestehen. Der männliche Pfau balzt zum Beispiel mehrere Stunden um eine Henne. Neben Lauten setzt er dabei auf die optischen Signale seines Gefieders. Außerdem trippelt er, schlägt ein Rad und zeigt mit dem Schnabel zum Boden.

Die **Zeichensprache** zählt ebenfalls zu den komplexeren Signalen. Sie vermittelt zum Beispiel bei Bienen Informationen über Art und Lage der Futterstellen.
Die Mimik und Gestik des Gorillamännchens hat dagegen eine Appellfunktion. Er teilt durch seine Gesichtszüge, das Brüllen und das Trommeln auf die Brust mit, dass er seine Gruppe verteidigen wird und der Ranghöchste ist. Der Feind oder Gegner wird so zum Rückzug oder zur Unterwerfungsgeste aufgefordert.
Der Übergang zwischen Mimik und Gestik und ritualisiertem Verhalten ist fließend.

> Bei der innerartlichen Kommunikation unterscheidet man chemische, akustische und optische Signale sowie Zeichensprache und ritualisiertes Verhalten voneinander.

**1** Finde zu allen Formen der innerartlichen Kommunikation zwei Beispiele.
**2** Wende das Erschließungsfeld „Information" auf den Leuchtkäfer an.
**3** Nenne drei Funktionen der Kommunikation zwischen Artgenossen.
**4** Welche Verständigungsformen gibt es beim Menschen? Berichte.

# Entstehung der Artenvielfalt

## Verhaltensbeobachtung bei Tieren

**Übung**

### V1 Fortbewegung und Reizbarkeit einer Gehäuseschnecke

**Material:** Glasplatte (20 × 20 cm); Schnecke; Deostift
**Durchführung:** Lass eine Schnecke über die Glasplatte kriechen. Miss den Weg, den sie in drei Minuten zurücklegt. Ziehe dann vor der Schnecke einen Halbkreis mit dem Deostift.
**Aufgaben:** a) Beschreibe die Fortbewegung einer Schnecke.
b) Protokolliere deine Beobachtungen beim zweiten Teilversuch. Erkläre das Ergebnis.

### V2 Wie frisst eine Schnecke?

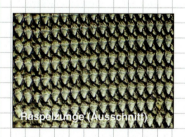
Raspelzunge (Ausschnitt)

**Material:** Schnecke; frisches Salatblatt
**Durchführung:** Setze die Schnecke auf das Salatblatt. Beobachte den Mundbereich der Schnecke.
**Aufgabe:** Protokolliere das Verhalten und die Fraßspuren. Werte aus. Nutze die Abbildung.

### V3 Aussehen bei Guppys

**Material:** Aquarium mit Guppys
**Durchführung:** Beobachte einen Schwarm Guppys. Achte dabei besonders auf ein geschlechtsreifes Männchen und Weibchen.
**Aufgaben:** a) Beschreibe das Aussehen eines männlichen und eines weiblichen Guppys. Man bezeichnet das unterschiedliche Erscheinungsbild auch als *Sexualdimorphismus*. Erkläre diesen Begriff.
b) Notiere für einen bestimmten Guppy fünf Minuten lang alle gezeigten Verhaltensweisen.

### V4 Balzverhalten bei Guppys

Das Männchen schwimmt vor das Weibchen.
Das Männchen spreizt die Schwanzflosse.
Das Männchen zeigt eine S-förmige Krümmung des Körpers.
Begattung

**Material:** erwachsenes Männchen und nicht trächtiges Weibchen
**Durchführung:** Halte beide Fische eine Woche lang getrennt. Setze sie dann gemeinsam in ein Aquarium. Arbeite mit einem Partner. Ihr beobachtet nun für zehn Minuten das Verhalten der Guppys. Dabei protokolliert der eine das Verhalten des Weibchens und der andere das des Männchens.
**Aufgabe:** Beschreibe das gezeigte Verhalten. Nutze deine Aufzeichnungen und die Abbildung zum Balzverhalten.

### V5 Angeborene Verhaltensweisen bei Rennmäusen

**Material:** Rennmauspärchen aus einer Gruppe; Beobachtungskäfig mit Sand, Heu, frischen Zweigen, Papprohre, großem Stein und verstecktem Futter
**Durchführung:** Setze die Rennmäuse in den unbekannten Käfig und beobachte das Erkundungsverhalten etwa zehn Minuten lang.
**Aufgaben:** a) Lege ein Protokoll mit den gezeigten Verhaltensweisen an. Versuche sie zu deuten.
b) Wie würde sich eine hungrige Rennmaus verhalten?

# Entstehung der Artenvielfalt

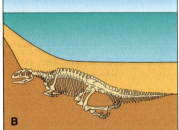

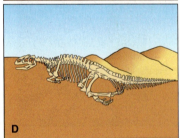

**1** Entstehung eines Fossils

**2** Fund und Freilegung des Skeletts eines Raubsauriers

## 5 Belege für die Evolution

### 5.1 Fossilien – Zeugen der Vorzeit

1971 – Mongolei – Wüste Gobi: Unter großen Mühen hat sich eine Expedition in dieses abgelegene Gebiet vorgekämpft. Es gilt Berichte über Funde von Dinosaurierknochen zu überprüfen, denn vor 100 Millionen Jahren lebten hier Saurier. Damals herrschte hier tropisches Klima, in dem diese Reptilien ideale Lebensbedingungen vorfanden.

Die Funde übertrafen die Erwartungen bei weitem! So fand man das Skelett eines riesigen Raubsauriers, der am Ufer eines Gewässers gestorben war. Sand und Schlick hatten den Körper schnell bedeckt. Die Weichteile zersetzten sich bald. Immer mächtiger werdende Sand- und Schlammschichten, das *Sediment,* wandelten die Knochen des Skeletts langsam in Gestein um. Dabei wurden die Knochen durch Sickerwässer im Gestein aufgelöst und durch Mineralsalze ersetzt. So entstand ein naturgetreuer *Abdruck*. Bewegungen der Erdkruste sorgten später dafür, dass derart versteinerte Reste wieder an die Erdoberfläche kamen, sodass sie von Regen und Wind freigelegt werden konnten.

Derartige Überreste vergangener Lebewesen bezeichnet man als **Fossilien.** Dies können z. B. der Abdruck einer Muschel im Gestein, versteinerte Hartteile wie Panzer, Schalen oder Knochen oder auch im Schlamm zu Stein gewordene Fußspuren sein. Je feiner das Sediment ist, desto mehr Einzelheiten kann man an den Fossilien erkennen. Auf allen Erdteilen wurden solche Funde gemacht.

---

**Erschließungsfeld**

**Zeit**

Zeit ist eine Dimension, in der alle biologischen Phänomene ablaufen. Alle lebenden Systeme unterliegen zeitlichen Veränderungen.

---

Überreste und Spuren ausgestorbener Lebewesen nennt man Fossilien. Sie geben Auskunft über das Leben in vorgeschichtlicher Zeit.

---

**1** Erkläre anhand der Abbildung 1 die Entstehung eines Fossils. Nutze auch das entsprechende Erschließungsfeld.

**2** Stelle in einer Tabelle fünf Fossilienformen, ihre Entstehung und Beispiele zusammen. Nutze die Pinnwand auf Seite 87 und die folgenden Seiten.

# FOSSILIEN

**Pinnwand**

## Inkohlung

Vor 340 Mio. Jahren wuchsen auf der Nordhalbkugel der Erde riesige Sumpfwälder. Blätter und abgestorbene Pflanzen versanken im wassergetränkten Grund und wurden zu Torf. Durch den Druck aufgelagerter Gesteine wandelten sie sich langsam zu Kohle um.

## Abdruck eines Trilobiten

**Trilobiten** hatten vor 600 bis 500 Mio. Jahren ihre größte Verbreitung. Der Panzer dieser Tiere versteinerte und blieb als Abdruck erhalten. Trilobiten gehören zu den häufigsten Versteinerungen.

## Steinkern eines Ammoniten

**Ammoniten** waren mit den Tintenfischen verwandt, hatten aber ein schneckenähnliches Gehäuse. Wurde ein solches Gehäuse mit Ablagerungen ausgefüllt, entstand ein innerer Abdruck. Ammoniten lebten vor 360 bis 100 Mio. Jahren.

**1** Begründe, zu welcher Fossilienform das gefundene Mammut gehört.

## Einschluss in Bernstein

Bernstein ist das gehärtete Harz von Nadelbäumen. Setzte sich ein Kleintier, z. B. eine Fliege, auf das frische Harz, so wurde diese manchmal luftdicht eingeschlossen. Solche Einschlüsse können auch Mücken oder Ameisen enthalten.

## Sensationeller Fund – Mammutbaby

**Moskau 6/1977.** Bei Straßenbauarbeiten wurde ein bemerkenswerter Fund gemacht. In einem Wasserlauf wurde ein totes Mammutkalb gefunden. Es hat vermutlich vor 40 000 Jahren gelebt, war etwa 6 bis 12 Monate alt, wog zu seinen Lebzeiten rund 100 Kilogramm und war 90 Zentimeter groß. Das männliche Mammutbaby Dima starb vermutlich, weil es in einen Tümpel mit weichem Schlamm gefallen war und dort erstickte.
Dima ist das vollständigste Mammut, das je gefunden wurde.

## Spuren

Die **Fußspuren** von ausgestorbenen Lebewesen liefern uns Informationen über Fortbewegung und Zusammenleben. Diese Abdrücke stammen von großen Pflanzen fressenden Sauriern, die vor über 100 Mio. Jahren in Herden lebten.

## Entstehung der Artenvielfalt

**Methode** — **Eine Exkursion steht an**

Naturwissenschaft wird immer dann besonders spannend, wenn man vor Ort etwas ansehen, erkunden und selbst entdecken kann. Solche Orte können beispielsweise ein Kalksteinbruch, ein Museum, ein nahe gelegener See oder Wald oder auch eine Biotechnikfirma sein. Wie eine Wanderung in den Bergen will auch eine naturwissenschaftliche Exkursion gut vorbereitet sein.

**Exkursionsziel**
Einige interessante Exkursionsziele zum Thema Evolution sind das Naturkundemuseum in Leipzig oder der Saurierpark in Kleinwelka. Im Zoo oder im Botanischen Garten können Beispiele für Spezialisierung, Rückbildung, lebende Fossilien oder Primaten gefunden werden.

**Organisation**
Wo befindet sich das Museum und wie erreichen wir es? Welche Kosten fallen an? Welche Öffnungszeiten hat das Museum? Welche Themenschwerpunkte bietet das Museum? Gibt es Führungen? Ist ein Freigelände, zum Beispiel ein Steinbruch angegliedert, in dem ihr beispielsweise „Steine klopfen" und nach Fossilien suchen könnt?

**Ausrüstung**
Welche Materialien und Ausrüstungsgegenstände, beispielsweise Hammer, Meißel, Schutzbrille, Fotoapparat, Schreibzeug, trittfeste Schuhe, Gummistiefel oder Arbeitshandschuhe, müssen mitgebracht werden?

**Thematische Vorbereitung**
Informiert euch vor der Exkursion auf der Homepage des Museums oder mithilfe von Lexika über Themenbereiche, zu denen ihr etwas wissen wollt, zum Beispiel zu „Erdzeitalter und ihre Fossilien". Bereitet kurze Vorträge zur Einführung in diese Themen vor. Erarbeitet mögliche Fragestellungen und verteilt Arbeitsaufträge. Überlegt euch im Vorfeld, wie die Ergebnisse der Exkursion vor Ort protokolliert und später zusammengestellt und präsentiert werden können.

**1** Übertragt das Beispiel der Planung des Museumsbesuchs auf eine andere Exkursion, zum Beispiel in einen Zoo, eine Recyclingfirma oder eine Biogasanlage.

Entstehung der Artenvielfalt

# Auf Fossilienjagd

**Übung**

*Ammonit, versteinert*

Wenn du bei einer Exkursion in eine Kiesgrube, in einen Steinbruch oder zu Kreidefelsen z. B. Steine und andere Gebilde näher betrachtest, kannst du gelegentlich Spuren und Überreste von Pflanzen und Tieren früherer Zeiten finden.

**Material:** Für unterwegs: Arbeitshandschuhe; Hammer; Meißel; Plastetüten; Zellstoff; Lupe; Schreibzeug; feste Schuhe; möglichst Helm und Schutzbrille

Fürs Präparieren: harte und weiche Pinsel; wasserlöslicher Leim oder Alleskleber; Klarlack; Kärtchen für eine Beschriftung; Nachschlagewerke, z. B. aus der Bücherei

*Seeigel, versteinert*

**Durchführung:**

*A Vorbereitung*

Bei einer Exkursion in einen Steinbruch ist eine Kontaktaufnahme mit dem Betreiber notwendig. Dieser ermöglicht oft auch eine Führung und zeigt Orte, wo gesucht werden darf.

*B Fossilsuche und Fossilbergung*

Die persönliche Sicherheit ist immer wichtiger als jedes Fossil! Sei also vorsichtig bei wackelnden und rutschenden Steinen und erst recht an Steilwänden!

*Bernstein mit Einschlüssen*

Achte beim Losschlagen von Funden immer darauf, dass du vom Fossil wegarbeitest und dich selbst und andere nicht durch Hammerschläge und Steinsplitter verletzt. Bewahre jedes Fundstück in Zellstoff gehüllt jeweils in einer Plastetüte auf und lege ein Kärtchen mit Ort, Datum, Fundskizze und Name des Finders bei.

*Donnerkeile*

*C Präparation*

Entferne in der Schule vorsichtig störende Teile des Gesteins, pinsele den Staub weg und klebe lose Teile vorsichtig wieder an. Gut ist es, wenn du die Fossilien mit Klarlack überziehst und so vor Beschädigungen sicherst. Jetzt kannst du den Fund in Ruhe durch die Suche in Nachschlagewerken genauer bestimmen und das Fundkärtchen ergänzen. Am besten versiehst du Fossil und Kärtchen an einer unsichtbaren Stelle mit der gleichen Nummer, um spätere Verwechselungen zu vermeiden.

*Muschel, Abdruck*

*Korallen, versteinert*

*D Ausstellung*

Zu jeder erfolgreichen Exkursion gehört eine Ausstellung. Hier zeigt ihr euren Mitschülern, Eltern und eventuellen Sponsoren der Exkursion die Fundstücke. Reizvoll ist es auch, die Geschichte der gefundenen Lebewesen darzustellen oder Beziehungen zu heute lebenden Verwandten zu finden.

*E Aufbewahrung*

Zuletzt ist es an der Zeit, die „Schätze" Platz sparend und schonend zu verstauen. Am besten eignen sich dafür verschließbare, mit Zellstoff ausgepolsterte Kunststoffschachteln für kleinere Stücke. Größere Funde bewahrt man in offenen Pappschachteln auf, die gut in eine Schublade eingeordnet werden können.

*Seestern, Abdruck*

*Trilobit, versteinert*

*Schnecke, versteinert*

*Armfüßer, versteinert*

*Seeigelstachel*

*Seelilien*
a) Stielstücke
b) Stielglieder

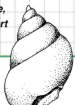
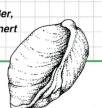

89

## Entstehung der Artenvielfalt

*1 Archaeopteryx.*
**A** *Rekonstruktion;*
**B** *Fossilfund*

### 5.2 Archaeopteryx – ein Brückentier

1877 entdeckte man in der Nähe von Eichstätt in Bayern in Gesteinsschichten des Jurakalkes das Skelett eines elsterngroßen Tieres. Federn waren zu erkennen, Flügel und ein Vogelkopf mit großen Augen. Es besaß aber auch einen langen, knöchernen Reptilienschwanz, Krallen an den Flügeln und Zähne im Schnabel.

Nähere Untersuchungen zeigten dann noch einen vogelähnlichen Schultergürtel und zu einem *Gabelbein* verwachsene Schlüsselbeine. Dies findet man heute nur bei den Vögeln. Außerdem hatte das Tier eine Wirbelsäule mit Wirbeln, die nicht verwachsen sind, und *Bauchrippen.* Dies sind typische Reptilienmerkmale. Das seltsame Tier schien wie ein Puzzle aus Einzelteilen der Vögel und der Reptilien zusammengesetzt zu sein. Man hatte eine **Übergangsform** zwischen beiden Gruppen gefunden, den **Archaeopteryx.** Dieser Name bedeutet auf Deutsch **Urvogel.**

Der Fund war deshalb von großer Bedeutung, weil er einen Beleg für die allmähliche Entwicklung der Arten darstellt. Funde von Tieren, die Merkmale von zwei Tiergruppen zeigen, sind sehr selten. Solche Tiere werden **Brückentiere** oder Zwischenformen genannt. Paläontologen sind heute davon überzeugt, dass die Vögel aus kleinen Fleisch fressenden Dinosauriern hervorgingen, die aufrecht laufen konnten.

> Der Archaeopteryx zeigt Merkmale der Reptilien und Merkmale der heutigen Vögel. Er ist ein Brückentier zwischen beiden Gruppen.

**1** Betrachte die Abbildung 2. Nenne jeweils die Merkmale des Archaeopteryx, die auf eine Verwandtschaft mit den Vögeln, und diejenigen, die auf eine Verwandtschaft mit den Reptilien hindeuten.

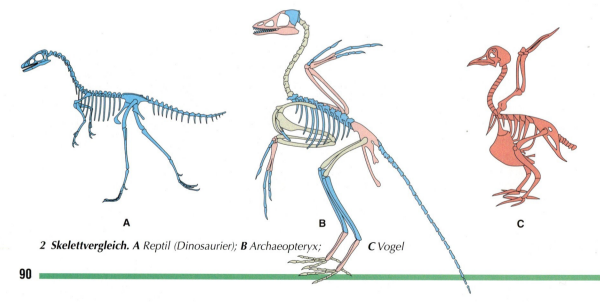

*2 Skelettvergleich.* **A** *Reptil (Dinosaurier);* **B** *Archaeopteryx;* **C** *Vogel*

**Entstehung der Artenvielfalt**

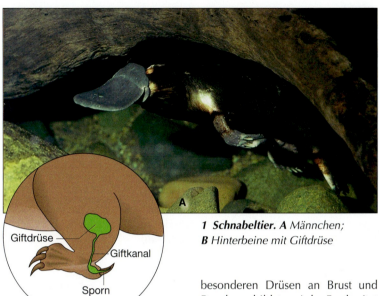

**1 Schnabeltier. A** Männchen;
**B** Hinterbeine mit Giftdrüse

## 5.3 Lebende Übergangsformen

Als im 19. Jahrhundert das erste ausgestopfte **Schnabeltier** nach Europa gebracht wurde, dachte man zunächst an einen Scherz: Jemand schien einen Entenschnabel an einen fellüberzogenen Körper geklebt zu haben. Doch ein solches Tier gibt es tatsächlich. Es hat Merkmale von Reptilien und von Säugetieren.

Genauere Untersuchungen von Schnabeltieren brachten erstaunliche Ergebnisse: Das Schnabeltier, ist warmblütig, kann seine Körpertemperatur aber nur mit großen Schwankungen auf etwa 30 °C halten. Es hat nur eine hintere Körperöffnung, die Kloake, die gleichzeitig Ausscheidungs- und Geschlechtsöffnung ist wie bei Reptilien. Außerdem besitzen die Männchen einen Giftsporn an den Hinterfüßen, der mit Giftzähnen bei Schlangen vergleichbar ist. Es legt Eier mit weicher lediger Schale wie ein Reptil, seine Jungen ernährt es aber wie ein Säugetier mit einer milchartigen Flüssigkeit, die von besonderen Drüsen an Brust und Bauch gebildet wird. Es besitzt keine Zitzen, sondern die „Milch" sickert in das Fell, wo sie von den Jungen aufgeleckt wird. Wegen dieser Kombination von Merkmalen betrachtet man das Schnabeltier deshalb als eine **Übergangsform** zwischen Reptilien und Säugern.

1938 kamen dann sensationelle Meldungen aus Südafrika. Fischern der Komoren-Inseln war ein seltener Fang gelungen: In großer Tiefe fingen sie einen 1,5 m langen Fisch mit stielförmigen Brustflossen. Der Fang wurde der südafrikanischen Zoologin COURTNEY-LATIMER übergeben. Sie erkannte die Einzigartigkeit des Fundes und zog den Fischexperte Prof. SMITH zu Rate. Dieser erkannte in dem Tier sofort einen **Quastenflosser** – der seit 400 Millionen Jahren als ausgestorben galt, aber durch Fossilien gut bekannt war. Er nannte den Fisch zu Ehren der Zoologin *Latimeria*.

Diese Fische leben in großer Tiefe vor den Komoren und einigen indonesischen Inseln. Sie benutzen ihre gestielten Flossen zum Steuern und Balancieren.

Die Quastenflosser haben in ihren Flossen schon ein Gliedmaßenskelett, das dem der Lurche ähnelt. Ein Vorfahre der heute noch lebenden Quastenflosser lebte in flachen Gewässern. Er benutzte die Flossen vielleicht, um kurze Strecken über das Land zu kriechen. Bei diesem Vorfahren handelt es sich wiederum um eine Übergangsform, diesmal zwischen Fisch und Lurch.

> Schnabeltier und Quastenflosser zeigen Merkmale von jeweils zwei verschiedenen Tiergruppen. Man bezeichnet sie deshalb als lebende Übergangsformen.

**1** Schnabeltier und Quastenflosser sind Brückentiere. Erläutere diese Aussage.

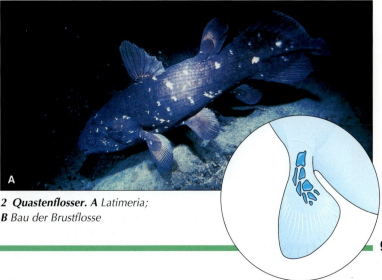

**2 Quastenflosser. A** *Latimeria*;
**B** Bau der Brustflosse

# Entstehung der Artenvielfalt

## 5.4 Vom Urpferd zum heutigen Pferd – eine lückenlose Ahnenreihe

Pferde stehen dem Menschen als Reittiere heute besonders nahe. Trotzdem würde keiner die Urahnen der Pferde als deren Verwandte erkennen, wenn ihm ein solches hasengroßes Tier begegnen würde, dessen Skelett in der Abbildung 1 dargestellt ist.

Die Entwicklungsgeschichte der Pferde ist anhand von Fossilfunden gut bekannt. So fand man in Messel bei Darmstadt und in Nordamerika nicht nur Fossilien erwachsener Tiere, sondern auch von Fohlen und trächtigen Stuten. Bei einzelnen Exemplaren sind die Körperumrisse und sogar der Mageninhalt noch zu erkennen. Man kennt deshalb nicht nur die Gestalt vieler Vorfahren der Pferde, sondern weiß auch einiges über ihre Lebensweise.

Das Urpferd **Hyracotherium** (Eohippus) zum Beispiel lebte im Unterholz dichter Wälder. Seine Vorderfüße mit vier Zehen und die Hinterfüße mit drei Zehen waren für das Laufen auf den weichen Waldböden gut geeignet. Es fraß weiche Blätter und Früchte, die es mit seinen spitzhöckerigen Zähnen zerkleinerte.

*1 Skelett eines Urpferdes aus der Grube Messel (etwa 50 Millionen Jahre alt)*

Im Laufe der Zeit veränderte sich das Klima, die warmen Wälder verschwanden und Grassteppe breitete sich aus. Die Pferdefossilien aus dieser Zeit sehen unseren Pferden schon ähnlicher. So haben sich beim ponygroßen, noch Laub fressenden **Merychippus** die Gliedmaßen gestreckt. Auch der Hals und der Schnau-

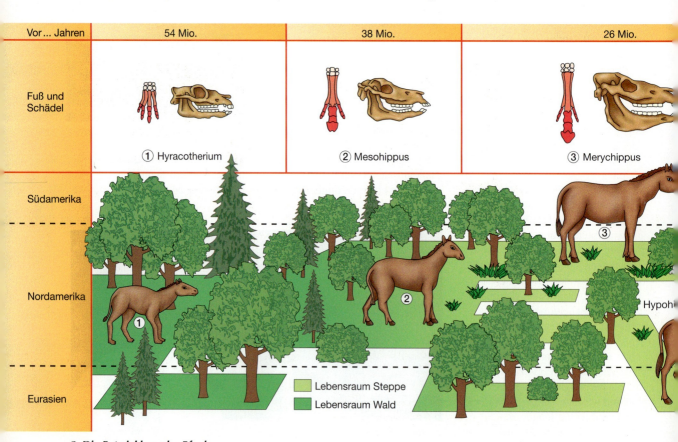

*2 Die Entwicklung des Pferdes*

## Entstehung der Artenvielfalt

zenteil des Schädels sind länger geworden. Man findet bei ihnen Zähne, deren Oberflächen flacher als die von Eohippus waren. Sie sind besser zum Zermahlen der härteren Gräser geeignet. Es traten erste **Spezialisierungen** auf.

Mit **Pliohippus** hatte sich das Pferd zu einem schnellen Steppentier entwickelt. Es war jetzt ein Zehengänger auf nur einer Zehe, die von einem Huf geschützt wurde. Die Eiszeiten führten fast zu seinem Aussterben, doch überlebten in den Steppen im Süden Eurasiens die direkten Vorfahren von **Equus**, dem heutigen Pferd. Vor etwa 10 000 Jahren gelang es dann dort den Menschen, das Pferd zu zähmen und als Reit- und Zugtier zu benutzen.

Man darf sich die Entwicklung des Pferdes nicht gradlinig vorstellen. Immer wieder entstanden Formen, die aufgrund von Klimaveränderungen später ausstarben, wie z. B. **Hypohippus** vor fünf Millionen Jahren.

In Nordamerika, ihrer Urheimat, verschwanden die Pferde mit der letzten Eiszeit. Dorthin gelangte das Pferd erst wieder im 16. Jahrhundert – mit dem Schiff. Die Spanier brachten es aus Europa mit. Ihnen entliefen bald die ersten Tiere. Diese verwilderten schnell und fanden in den großen Steppengebieten des Westens ideale Lebensbedingungen. Hier trafen sie dann auf die Indianer, die seit dem 18. Jahrhundert die „Mustangs" erneut zähmten.

> Die Entwicklung des Pferdes vom hasengroßen Waldtier über Gras fressende Steppentiere zum heutigen Pferd lässt sich über 54 Millionen Jahre zurückverfolgen. Diese Entwicklung verlief nicht geradlinig und zielgerichtet.

**1** Verfolge die Entwicklung des Pferdes in Abbildung 2. Welches der abgebildeten Tiere gehört nicht zu den Vorfahren des heutigen Pferdes?
**2** Nenne Gründe, warum die Vorfahren der Pferde im Laufe der Entwicklung immer größer wurden. Denke dabei an das Erschließungsfeld „Angepasstheit".
**3** Vergleiche Abbildungen und Text. Trage dazu für jede Form der Pferdeahnenreihe Aussehen, Umwelt und Nahrung in eine Tabelle ein. Achte auf die Zeitleiste. Welche Spezialisierungen traten auf?
**4** Beschreibe, wann die Vorfahren der Pferde welche Erdteile besiedelten.

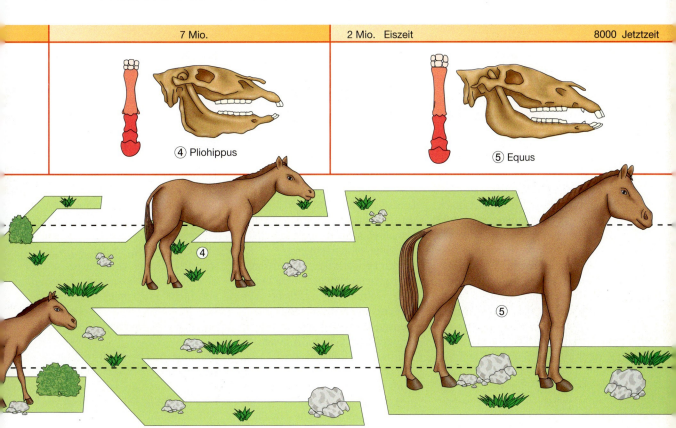

④ Pliohippus   ⑤ Equus

# Entstehung der Artenvielfalt

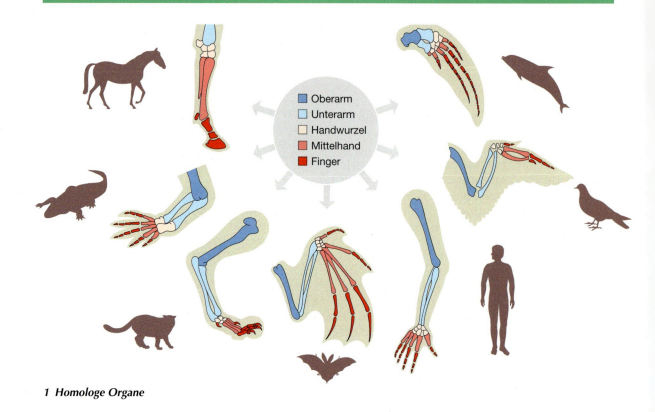

*1 Homologe Organe*

## 5.5 Verwandt oder nur ähnlich?

Beim Betrachten der Vorderbeine eines Vogels, einer Katze und eines Maulwurfs fallen einem zuerst die Unterschiede und nicht die Gemeinsamkeiten auf. Und doch weisen die Vordergliedmaßen auch aller anderen Wirbeltiere den gleichen *Grundbauplan* auf. Sie setzen sich aus Oberarmknochen, Elle und Speiche, sowie Handwurzel-, Mittelhand- und Fingerknochen zusammen. Obwohl die Funktionen wie Fliegen, Laufen, Graben oder Greifen unterschiedlich sind, ist der Aufbau dieser Gliedmaßen doch ähnlich. Solche Organe, die trotz unterschiedlicher Funktion im Grundbauplan übereinstimmen, nennt man **homologe Organe**. Sie sind ein Hinweis auf die stammesgeschichtliche Verwandtschaft.

Ähnliche Homologien gibt es auch bei anderen Gruppen von Lebewesen. So sind z. B. das Sprungbein einer Heuschrecke, das Laufbein eines Käfers und das Sammelbein einer Biene homolog. Sie stimmen jeweils im Grundbauplan überein, auch wenn sie verschieden aussehen. Selbst so unterschiedliche Gebilde wie die Flügel eines Schmetterlings und die einer Biene sind homolog. Wenn verschiedene Lebewesen homologe Organe aufweisen, lässt dies auf gemeinsame Vorfahren schließen, die vor vielen Millionen Jahren lebten.

Jedoch bedeutet gleiches Aussehen oder gleiche Funktion nicht immer eine stammesgeschichtliche Verwandtschaft. So graben Maulwurfsgrille und Maulwurf beide unterirdische Gänge, in denen sie Würmer und Insekten jagen. Dabei dienen die *Grabbeine* des Maulwurfs und der Maulwurfsgrille dem gleichen Zweck, doch ist ihr Aufbau vollkommen unterschiedlich. Beim Maulwurf sind es typische Wirbeltiergliedmaßen mit einem Knochenskelett und bei der Maulwurfsgrille ein abgewandeltes Insektenbein mit einem Außenskelett aus Chitin. Organe, die eine ähnliche Funktion, aber eine unterschiedliche Herkunft haben, bezeichnet man als **analoge Organe**.

Ein gleicher Lebensraum mit gleichen Bedingungen führte für Hai, Delfin und auch für den ausgestorbenen Fischsaurier zu auffälligen körperlichen Übereinstimmungen. So zeigen diese schnell schwimmenden Räuber des Meeres alle eine ähnliche Körperform, obwohl sie nicht eng miteinander verwandt sind. Diese Erscheinung nennt man **Konvergenz**.

Bei einigen Lebewesen sind Organe so weit zurückgebildet, dass sie keine erkennbare Funktion mehr erfüllen. Sie lassen sich jedoch von gebrauchsfähigen Organen ihrer stammesgeschichtlichen Vorfahren ableiten. So findet man bei Barten-

# Entstehung der Artenvielfalt

walen noch Reste vom Becken und vom Oberschenkel, obwohl längst keine Hinterbeine mehr ausgebildet werden. Diese Organreste nennt man **rudimentäre Organe.** Sie belegen die Verwandtschaft der Wale mit vierbeinigen Säugetieren. Die hinteren Gliedmaßen wurden im Laufe der stammesgeschichtlichen Entwicklung bei der Anpassung an das Leben im Wasser zurückgebildet.

> Homologe Organe und rudimentäre Organe geben Hinweise auf eine stammesgeschichtlich nahe Verwandtschaft von Lebewesen. Analoge Organe und Konvergenz sind nur eine Anpassung an eine gleiche Funktion, sie weisen nicht auf eine Verwandtschaft hin.

*2 Analoge Organe (Grabbeine). A Maulwurf; B Maulwurfsgrille*

**1** Vergleiche die Vordergliedmaßen in Abbildung 1. Beschreibe und erkläre Bau und Funktion.

**2** Die Flügel eines Schmetterlings sind Ausstülpungen der Haut, die mit Chitin überzogen sind. Vergleiche sie mit Vogelflügeln.

**3** Bei Seelöwen und Walrossen findet man auf den Flossen Reste von Fuß- bzw. Fingernägeln. Was kann man daraus über deren Entwicklung schließen?

**4** Betrachte die Vorderflosse des Wals in Abbildung 4 und vergleiche sie mit den Vordergliedmaßen in Abbildung 1. Entscheide, ob es sich um ein homologes oder analoges Organ handelt. Begründe.

**5** Männer haben eine mehr oder weniger starke Brust- und Rückenbehaarung. Die Körperbehaarung zählt zu den rudimentären Erscheinungen beim Menschen. Worauf ist sie zurückzuführen? Berichte.

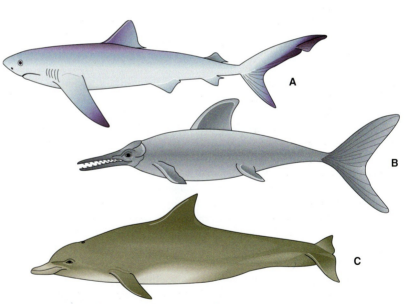

*3 Konvergenz. A Hai; B Fischsaurier; C Delfin*

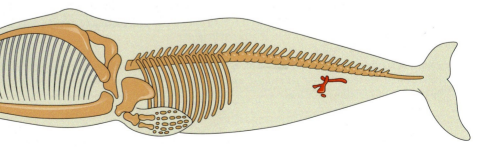

*4 Bartenwal mit rudimentärem Becken und Oberschenkel*

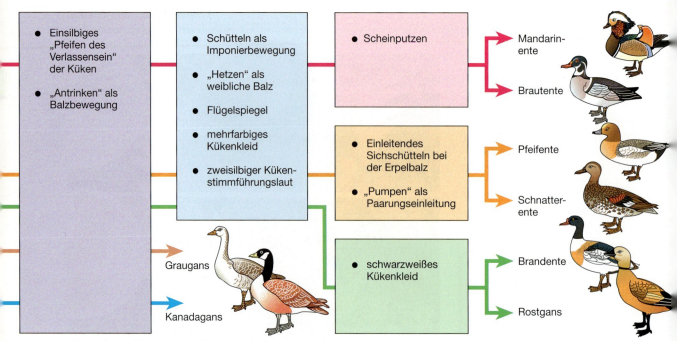

**1 Stammbaum der Entenvögel** *(nach Verhaltensmerkmalen)*

## 5.6 Das Verhalten verrät stammesgeschichtliche Verwandtschaft

In der *Verhaltensforschung* werden unter anderem angeborene Verhaltensweisen nahestehender Tiergruppen untersucht. Aus den gewonnenen Erkenntnissen können Forscher Rückschlüsse auf die stammesgeschichtliche Entwicklung der Tiere ziehen.

Zu den am gründlichsten erforschten Tierarten gehören die *Entenvögel*. So fällt z. B. auf, dass die Küken aller Entenvögel einen einsilbigen Pfeiflaut ausstoßen, wenn sie sich verlassen fühlen. Dieses *„Pfeifen des Verlassenseins"* ist angeboren. Während der Balz sind besonders viele charakteristische Verhaltensweisen zu beobachten. Es gibt beispielsweise zwei Arten von Balzverhalten: die gesellige *Turnierbalz,* die viele Erpel gemeinsam aufführen und die *Einzelbalz* vor der Ente. Die Turnierbalz beginnt mit einer Begrüßungsbewegung, dem *Antrinken*. Die Erpel nehmen etwas Wasser auf und schleudern es nach oben. Im Augenblick der größten Spannung des Körpers ertönt ein lauter Pfiff, dem sofort ein tiefer Grunzton folgt. Weitere Bestandteile der Turnierbalz sind z. B. das *Schnabelschütteln,* das *Schüttelstrecken,* wobei der Körper schräg nach vorn aus dem Wassers gehoben wird, sowie das *Schwanzschütteln.* Dieser Gesellschaftsbalz folgt die *Einzelbalz.* Sie dient der Paarfindung und ist auf ein bestimmtes Weibchen gerichtet.

Das *„Hetzen"* als weibliche Balz zeigen alle Entenvögel bis auf Graugans und Kanadagans. Dabei schwimmt die Ente kopfnickend ihrem umworbenen Erpel hinterher und droht gleichzeitig über ihre Schulter hinweg den anderen artgleichen Männchen.

Alle Verhaltensweisen lassen sich auf bestimmte Grundformen wie Baden und Putzen zurückführen. Sie werden auch als **homologe Verhaltensweisen** bezeichnet, da sie einen gemeinsamen Ursprung – die Körperpflege – haben und vererbbar sind.

Verhaltensforscher haben festgestellt: Je mehr übereinstimmende Verhaltensweisen zwei Entenarten zeigen, desto näher sind sie vermutlich miteinander verwandt. Damit kann das angeborene Verhalten der Tiere ebenso Hinweise auf die stammesgeschichtliche Verwandtschaft geben wie das bei körperlichen Merkmalen der Fall ist.

> Das angeborene Verhalten der Tiere gibt Hinweise auf ihre stammesgeschichtliche Verwandtschaft. Tierarten, die nahe miteinander verwandt sind, zeigen häufig homologe Verhaltensweisen.

**1** Nenne zwei eng verwandte und zwei entfernt verwandte Entenvögel. Begründe deine Entscheidung mithilfe der Abbildung 1.

**2 Turnierbalz des Stockentenerpels**

„Antrinken" — „Grunzpfiff" — Schnabelschütteln — Schüttelstrecken — Schwanzschütteln — Ab - Auf

# Entstehung der Artenvielfalt

## Erschließungsfelder auf die Evolution anwenden — Übung

Die Inhalte der dir bekannten Erschließungsfelder lassen sich auf die Evolution der Organismen anwenden. Mit ihrer Hilfe kann man zum Beispiel auch das Wirken der Evolutionsfaktoren erklären.

### Erschließungsfeld: Angepasstheit

Ständig wechselnde Umweltbedingungen führen zur Selektion von Lebewesen. Sie wählt die Lebewesen aus, die durch ihre baulichen, funktionellen und verhaltensspezifischen Merkmale am besten an die aktuellen Umweltbedingungen angepasst sind. Das ermöglicht den Organismen eine optimale Nutzung der Ressourcen ihres Lebensraumes.

### Erschließungsfeld: Struktur und Funktion

Die Struktur bestimmt die Funktion auf allen Ebenen eines Organismus. Bei der DNA kann eine Veränderung der Basenabfolge eine andere genetische Information bewirken. Es entsteht zum Beispiel ein Strukturprotein mit verändertem Aufbau, dessen Funktion dadurch mehr oder weniger stark abgewandelt wird.

### Erschließungsfeld: Fortpflanzung

Fortpflanzung ist ein Merkmal aller Lebewesen. Sie dient der Erzeugung fruchtbarer und artgleicher Nachkommen. Rekombination findet nur bei geschlechtlicher Fortpflanzung statt, daher zeigen die Nachkommen hier eine viel größere Variabilität als bei der ungeschlechtlichen Fortpflanzung.

Die Blüte der Hummelragwurz ähnelt in ihrem Aussehen und Geruch einer weiblichen Hummel. Die Männchen der Insekten versuchen vergeblich diese „Weibchen" zu begatten. Dabei bleiben Pollenpakete an ihrem Körper haften. Sie fliegen mit den Pollen zur nächsten Blüte und fallen erneut auf die falschen „Weibchen" rein. So wird die Blüte bestäubt.

### Erschließungsfeld: Vielfalt

Die Individuen einer Art zeigen mehr oder weniger große Unterschiede in der phänotypischen Merkmalsausprägung. Dabei kann es sich um umweltbedingte Modifikationen handeln. Für die Evolution sind jedoch nur die genetischen Unterschiede bedeutend, sie entstehen durch das zufällige Wirken von Mutation und Rekombination. Aus den so entstandenen Varianten trifft die Selektion eine gerichtete Auswahl.

### Erschließungsfeld: Wechselwirkung

Wechselwirkungen sind Ursache-Wirkungs-Beziehungen, die auf verschiedenen Ebenen stattfinden. Für die Evolution sind die Wechselwirkungen auf der Ebene des Ökosystems von besonderer Bedeutung. Das Verhältnis zwischen Organismen kann dabei durch Räuber-Beute-Beziehungen, Parasitismus oder Symbiose gekennzeichnet sein. Pflanzen besitzen zum Beispiel Dornen gegen Fressfeinde oder locken tierische Pollenüberträger an.

### Erschließungsfeld: Zeit

Alle lebenden Systeme unterliegen zeitlichen Veränderungen. Mutation und Rekombination verursachen genetische Veränderungen, die an die Nachkommen weitergegeben werden und dadurch über die Lebensspanne eines Individuums hinaus wirken. Im Verlauf von langen Zeiträumen können sie unter Mitwirkung der Selektion zu einer Veränderung in Populationen und Arten führen.

**1** Wende drei Erschließungsfelder auf das oben abgebildete Beispiel an.

Entstehung der Artenvielfalt

**Vernetze dein Wissen**

# Entstehung der Artenvielfalt

**A1** Sowohl Jean Baptiste de LA-MARCK als auch Charles DARWIN waren der Meinung, dass die heutigen, in den Savannen Afrikas lebenden Giraffen von Tieren mit kurzen Hälsen abstammen. Diese Tiere könnten so ähnlich ausgesehen haben wie das Okapi – eine Art „Waldgiraffe" aus dem zentralafrikanischen Regenwald, die erst 1901 entdeckt wurde. LAMARCK und DARWIN schlugen allerdings unterschiedliche Erklärungen dafür vor, warum die Giraffen im Laufe der Evolution lange Hälse bekommen hätten.
a) Beschreibe die beiden Evolutionstheorien. Nenne Unterschiede und Gemeinsamkeiten.
b) Ordne die abgebildeten Diagramme LAMARCK und DARWIN zu. Begründe.

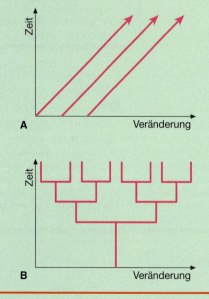

**A2**

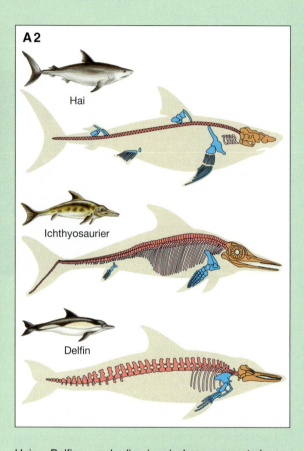

Haie, Delfine und die inzwischen ausgestorbenen Fischsaurier besitzen eine Wirbelsäule – ein Hinweis dafür, dass die drei Tierarten nahe miteinander verwandt sind. Auch in zahlreichen anderen Merkmalen ähneln sich die drei Tierarten: Alle drei leben (bzw. lebten) im Meer, ernähr(t)en sich hauptsächlich von Fischen, zeichne(te)n sich durch eine auffallend ähnliche Körpergestalt aus und vermehr(t)en sich durch innere Befruchtung. Von den Fischsauriern weiß man auch, dass sie – ebenso wie die Delfine und die Mehrzahl der Haie – lebende Junge zur Welt brachten (nur einige Haiarten, wie der in der Nordsee verbreitete Katzenhai, legen Eier). Dennoch werden alle drei Arten innerhalb der Gruppe der Wirbeltiere unterschiedlichen Tierklassen zugerechnet.
a) Nenne die Klassen, zu denen die drei Tierarten gehören.
b) Nenne Gründe, warum die drei Arten unterschiedlichen Tierklassen zugeordnet werden.
c) Nenne Gründe, warum sich die drei Arten so stark ähneln. Nutze das Erschließungsfeld „Angepasstheit".

# Entstehung der Artenvielfalt

**A 3** Erläutere, was man unter dem Begriff Fossilien versteht. Gib verschiedene Entstehungsmöglichkeiten von Fossilien an.

**A 4** Brückentiere zeigen Merkmale von zwei verschiedenen Tierklassen.
a) Urvogel: Nenne je drei Merkmale der entsprechenden Tierklassen.
b) fossiler Quastenflosser: Nenne je zwei Merkmale der entsprechenden Tierklassen.
c) Schnabeltier: Nenne je zwei Merkmale der entsprechenden Tierklassen.

**A 5** Wähle aus den folgenden genannten Begriffen die aus, die als Ursache für die Bildung neuer Arten in Betracht kommen.
Auslese, Gentransfer, Isolation, Klimawechsel, Klonen, Modifikation, Mutation, Selektion, Vererbung, Züchtung.

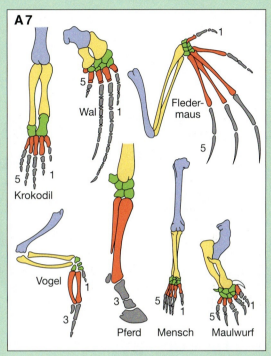

A 7

A 6

Der Grottenolm ist ein in den Karst-Höhlen Dalmatiens lebender Molch. Wie viele andere unterirdisch oder in Höhlen lebende Tiere ist er blind, besitzt aber noch Reste von Augen. Solche Reste einst funktionstüchtiger Organe werden auch **Rudimente** genannt. Rudimente waren schon für DARWIN ein wichtiger Indizienbeweis für seine Evolutionstheorie.
a) Erkläre diesen Sachverhalt unter Verwendung der Erschließungsfelder „Wechselwirkung" und „Zeit".
b) Nenne drei weitere Beispiele für Rudimente und erläutere sie kurz.

a) Vergleiche die abgebildeten Vordergliedmaßen der unterschiedlichen Wirbeltiere. Mit 1 bis 5 sind die Fingerknochen bezeichnet (① Daumen, ③ Mittelfinger, ⑤ kleiner Finger). Erstelle eine Tabelle mit der Beschreibung der verschiedenen Vordergliedmaßen.
b) Erkläre die Unterschiede als Angepasstheit an die Lebensweise.

**A 8** Seeotter öffnen Muscheln, ihre Hauptnahrung, indem sie sich einen Stein auf den Bauch legen und die Muscheln daraufschlagen. Dieses Verhalten ist nicht angeboren. Pfleger müssen jungen elternlosen Seeottern in Gefangenschaft zeigen, wie sie die Muscheln öffnen können. Auf dem Rücken schwimmend machen die Pfleger den Ottern mehrmals vor, wie ein Stein auf dem Bauch als Amboss benutzt werden kann. Anschließend werden die Seeotter jeweils mit dem Muschelfleisch gefüttert.
a) Auf welche Weise lernen Seeotter Muscheln öffnen?
b) Warum werden die Seeotter bei den Lernversuchen mit Muschelfleisch gefüttert?
c) Nenne weitere Beispiele für Lernverhalten, das eine bessere Umweltunabhängigkeit zur Folge hat.

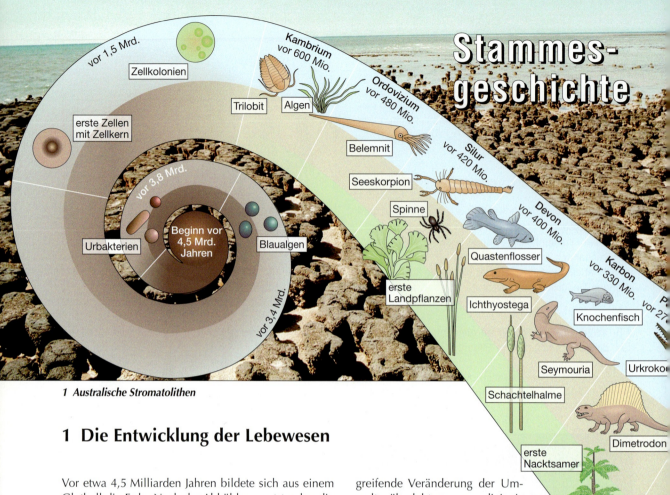

1 Australische Stromatolithen

# 1 Die Entwicklung der Lebewesen

Vor etwa 4,5 Milliarden Jahren bildete sich aus einem Glutball die Erde. Nach der Abkühlung entstanden die verschiedenen Gesteine. Im Laufe der Jahrmillionen verwitterten sie wieder und lagerten sich abwechselnd mit neu gebildetem vulkanischem Gestein in mächtigen Schichten übereinander ab.

Untersuchungen unterschiedlich alter Gesteinsschichten zeigen, dass jede Schicht unterschiedliche Fossilien enthält. Das bedeutet, dass in vielen Millionen Jahren eine Entwicklung der Lebewesen, die **Evolution,** abgelaufen sein muss. In denselben Schichten findet man überall auf der Erde aber ähnliche Fossilien. In einem bestimmten Erdzeitalter muss es also überall ähnlich weit entwickelte Lebewesen gegeben haben.

Fossilien erster Lebensformen findet man schon in 3,8 Milliarden Jahre alten Gesteinen. Diese Lebewesen ernährten sich durch *Gärung* von organischen Substanzen. Energiegewinnung durch Gärung findet man heute noch bei vielen Bakterien und Hefepilzen.

600 Millionen Jahre später begannen spezialisierte Bakterien, die *Cyanobakterien* oder „Blaualgen", sich ihre Nährstoffe mithilfe der Fotosynthese selbst herzustellen. Bei diesem Prozess tauchte zum ersten Mal Sauerstoff in der Atmosphäre auf. Freier Sauerstoff wirkte auf die damaligen Lebewesen giftig. Diese tief greifende Veränderung der Umwelt überlebten nur diejenigen Organismen, die sich mithilfe von „Entgiftungsenzymen" vor Sauerstoff schützen konnten.

Vor 1,5 Milliarden Jahren entstanden die ersten Zellen mit einem Zellkern. Sie benötigten den Sauerstoff für einen Vorgang, mit dem deutlich mehr Energie gewonnen werden kann als durch Gärung: die Zellatmung. Fast alle heutigen Lebewesen gewinnen die lebensnotwendige Energie durch diesen Prozess. Der Sauerstoff hatte noch eine weitere Bedeutung für die Entwicklung des Lebens. Er bildete vor etwa 500 Millionen Jahren die Ozonschicht, die einen großen Teil des UV-Lichtes der Sonne abfängt. Diese energiereiche, kurzwellige Strahlung verursacht Mutationen und schädigt das Chlorophyll. Zunächst bot nur das Wasser einen wirkungsvollen Schutz vor der UV-Strahlung. Erst die Ozonschicht ermöglichte die Existenz von Lebewesen außerhalb des Wassers.

Im **Kambrium** erschienen Vertreter fast aller Tierstämme, die wir heute kenne. Die Ursache dieser „Faunenexplosion" ist immer noch unbekannt. Unter den Lebewesen des Kambriums waren viele Gliedertiere, die

## Stammesgeschichte

schon über einen festen Panzer verfügten. Dieser Panzer war als Verdunstungsschutz eine Voraussetzung für die Besiedlung des Landes durch Gliedertiere im **Silur**. Dabei handelte es sich zunächst um kurze Aufenthalte, erzwungen durch die Flucht vor Feinden oder das Austrocknen von Gewässerteilen. Erst die Entwicklung von Landpflanzen, die ebenfalls im Silur stattfand, schuf neue Lebensräume außerhalb des Wassers.

Auch die Pflanzen mussten zahlreiche Anpassungen aufweisen, um den Lebensraum Land erobern zu können. Dazu gehörten ein Stützgewebe, ein Verdunstungsschutz in Form fester Abschlussgewebe und Wasserleitungsbahnen. Daneben ermöglichen Spaltöffnungen eine kontrollierte Aufnahme und Abgabe von Gasen und es entwickelten sich Fortpflanzungsmechanismen, die unabhängig vom Wasser waren.

Im **Silur** und **Devon** lebten die Vorfahren der Landwirbeltiere, die *Quastenflosser*. Sie hatten muskulöse Brust- und Bauchflossen mit einem handähnlichen Skelett, verfügten über Kiemen und konnten die Schwimmblase zur Luftatmung nutzen. Im Devon erschienen auch die ersten *Amphibien*, wie zum Beispiel der Urlurch *Ichthyostega*. Diese Tiergruppe verbrachte zwar einen großen Teil ihres Lebens an Land, war aber mit ihrer feuchten Haut ohne Verdunstungsschutz und den Eiern ohne Schale weiterhin auf das Wasser angewiesen. Erst die Reptilien mit ihrer verhornten, wasserundurchlässigen Haut und den durch eine pergamentartige Schale geschützten Eiern konnten auch trockene Lebensräume erobern. Erste Vertreter dieser Gruppe, wie das Urreptil *Seymouria,* gab es im **Karbon**. Dieses System war geprägt durch riesige Sumpfwälder aus Baumfarnen, die gewaltige Mengen an Sauerstoff produzierten. Im sumpfigen Untergrund gelangten umgestürzte Bäume unter Luftabschluss und konnten nicht durch sauerstoffverbrauchende Mikroorganismen abgebaut werden, sie wurden allmählich in Steinkohle umgewandelt. Außerdem reicherte sich der Sauerstoff in der Atmosphäre an und der Sauerstoffgehalt näherte sich dem heutigen Wert von etwa 20 Prozent.

Im **Perm** kam es zu einer allmählichen Vereinigung aller Kontinente zur einheitlichen Landmasse Pangäa. Die Anzahl der Feuchtgebiete nahm ab und das gesamte Klima wurde trockener. Die Reptilien waren an diese Umweltbedingungen hervorragend angepasst und wurden deshalb zur vorherrschenden Tiergruppe. In der Pflanzenwelt setzten sich die Nacktsamer durch. Während bei den Farnen der Transport der Samenzelle zur Eizelle nur mithilfe

**Trias** vor 220 Mio.
**Jura** vor 180 Mio.
**Kreide** vor 135 Mio.
**Tertiär** vor 65 Mio.
**Quartär** vor 2 Mio. Jahren bis heute

Riesenschildkröte, Cynognathus, erste Säuger, Urvogel, Plesiosaurus, Brachiosaurus, Mosasaurus, Hai, Delfin, Styracosaurus, Urpferdchen, Mensch, Mammut, Palmfarne, vermehrt Laubholzwälder, Sumpfzypresse, Stendelwurz

2 Die Entwicklung der Lebewesen im Lauf der Erdgeschichte

## Stammesgeschichte

von Wasser möglich ist, wird die Samenzelle bei den Nacktsamern im „Pollenkern" verpackt. So ist sie gut gegen Austrocknung geschützt und kann mit dem Wind transportiert werden.

Die Systeme von **Trias** bis **Kreide** wurden von den Sauriern beherrscht. Diese Reptilien besiedelten mit fliegenden, laufenden und schwimmenden Formen alle Lebensräume der Erde mit Ausnahme der Polargebiete. Am Ende des **Jura** entwickelten sich unter den Dinosauriern die größten und schwersten Landwirbeltiere aller Zeiten wie der über 50 Tonnen schwere *Brachiosaurus*. Gegen Ende der Kreidezeit starben die Saurier in erdgeschichtlich kurzer Zeit aus. Als Ursache vermutet man den Einschlag eines riesigen Meteoriten. Dadurch kam es zu zahlreichen Vulkanausbrüchen, das Klima änderte sich dramatisch. Zur gleichen Zeit wie die Saurier lebten aber auch schon Säugetiere auf der Erde. Ihre Vorfahren gehen auf säugetierähnliche Reptilien wie den *Cynognathus* zurück, der im **Trias** lebte.

Die Entwicklung der Säugetiere ist ein Beispiel dafür, wie nicht nur die Wechselbeziehung zwischen abiotischer Umwelt und Lebewesen die Evolution beeinflusst, sondern auch die Beziehungen der Lebewesen untereinander. Solange die Saurier die Welt beherrschten, bleiben die Säugetiere klein und unscheinbar. Erst nach dem Verschwinden der Saurier konnten sich die Säugetiere im **Tertiär** zu großer Artenfülle entwickeln, wobei sie alle ökologischen Nischen der Saurier besetzten. Ihre Warmblütigkeit ermöglichte ihnen sogar die Besiedlung der Polargebiete.

Diese Anpassungsfähigkeit an ein kaltes Klima verschaffte den Säugetieren im **Quartär** große Vorteile. Der erste Teil dieses Zeitalters, das *Pleistozän*, ist durch einen ständigen Wechsel von Kalt- und Warmzeiten gekennzeichnet. In den Kaltzeiten, auch Eiszeiten genannt, breiteten sich die Gletscher von Norden her über große Teile Mitteleuropas aus. In den Bereichen vor dem Eis starben die Wälder ab und es entwickelte sich eine Trockensteppe, dicht bewachsen mit Gräsern, Büschen und Zwergsträuchern. Pflanzenfresser wie der Riesenhirsch, dessen Geweih eine Spannweite von bis zu vier Metern erreichte, fanden hier reichlich Nahrung. Im eiszeitlichen Klima waren große Tiere wie Wollnashorn, Moschusochse und Mammut im Vorteil. Sie hatten im Verhältnis zu ihrem Körpervolumen eine relativ kleine Oberfläche und damit eine relativ geringe Wärmeabgabe. Riesige Höhlenbären, Höhlenlöwen und Höhlenhyänen streiften durch die eiszeitliche Landschaft. Der Name weist daraufhin, dass die ersten Knochenreste von diesen Tieren in Höhlen gefunden wurden. Im Laufe des Pleistozäns gab es mindestens 16 Eiszeiten. Dazwischen lagen Warmzeiten, die etwa 12 000 bis 20 000 Jahre dauerten. Nach dem Ende der letzten Eiszeit vor ca. 11 000 Jahren begann der zweite Abschnitt des Quartärs: das *Ho-*

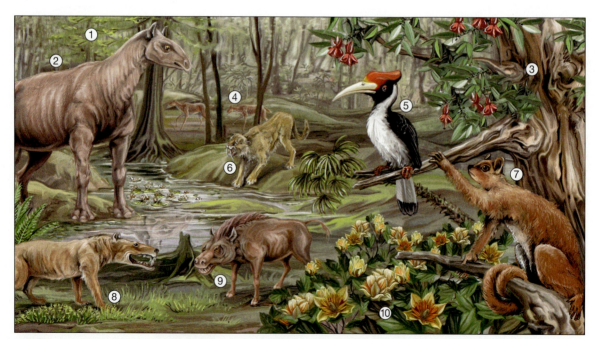

**2 Lebewesen im Tertiär.** ① Sumpfzypresse; ② Indricotherium; ③ Zimtbaum; ④ Urpferd; ⑤ Nashornvogel; ⑥ Säbelzahntiger; ⑦ Lemur; ⑧ Andrewsarchus; ⑨ Entelodon; ⑩ Tulpenbaum

## Stammesgeschichte

*lozän*. Im Laufe dieser, bis heute andauernden, Warmzeit starben viele der großen eiszeitlichen Tiere aus. Möglicherweise spielen dabei ökologische Ursachen wie das Ansteigen des Meeresspiegels eine Rolle. Ehemals zusammenhängendes Festland wurde in kleinere Inseln unterteilt. Hier stand den großen Tieren nicht mehr ausreichend Nahrung zur Verfügung. Diskutiert wird aber auch der Einfluss des Menschen. Durch die verbesserten Jagdwaffen und -methoden konnten immer mehr Tiere erlegt werden. So wurde der ökologisch bedingte Rückgang von bestimmten Tierarten eventuell noch verstärkt.

Die Entwicklung des Menschen hatte schon am Ende des Tertiär begonnen und war durch eine starke Zunahme des Gehirnvolumens gekennzeichnet. Dabei vergrößerten sich vor allem das Volumen und die Leistungsfähigkeit des Großhirns. Diese Entwicklung erlaubte es dem Menschen, seine Umwelt wie kein Lebewesen vor ihm zu verändern.

> Die Stammesgeschichte der Lebewesen begann vor etwa 3,8 Milliarden Jahren. Sie vollzog sich zum größten Teil im Wasser: Aus Urbakterien gingen vielzellige Pflanzen und Tiere hervor, welche im Kambrium in großer Vielfalt die Ozeane besiedelten. Im Silur entwickelten sich die ersten Landlebewesen und eroberten im Laufe der folgenden 400 Millionen Jahre alle Lebensräume.

---

**Erschließungsfeld**

### Wechselwirkung

Die Evolution vollzieht sich als Ergebnis der Wechselwirkung zwischen Organismen und ihrer belebten und unbelebten Umwelt. Dabei lässt sich zwischen Ursache, Wirkung und Rückwirkung unterscheiden. So förderte die geringer werdende Menge an organischen Nährstoffen im Urozean die Entwicklung von Fotosynthese betreibenden Organismen. Diese wirkten durch die Produktion von Sauerstoff auf die Bedingungen im Urozean zurück.

---

**1** Stell dir vor, du müsstest ein Regal bauen, das für je 100 Millionen Jahren seit der Entstehung der Erde ein Regalbrett hat.
a) Wie viele Regalböden wären das?
b) Wie viele Regalböden davon wären mit Lebewesen bzw. Fossilien besetzt?
c) Ordne in dieses Regal folgende Lebewesen ein: Trilobiten, erste Landpflanzen, Mammut, Urvogel.

**2** Beschreibe die Einflüsse, die das Auftreten von Sauerstoff auf die Evolution der Lebewesen hatte.

**3** Wende das Erschließungsfeld „Wechselwirkung" auf die Besiedlung des Landes durch Pflanzen an.

**4** Erläutere, warum im Perm der Anteil der Amphibien und Farne an der Tier- und Pflanzenwelt zurückging. Nutze das Erschließungsfeld „Angepasstheit".

**3 Lebewesen im Quartär.** ① Mammut; ② Rentier; ③ Moschusochse; ④ Mensch; ⑤ Zwergbirke; ⑥ Wollnashorn; ⑦ Steinbrech; ⑧ Silberwurz; ⑨ Wollgras; ⑩ Netzweide

Wahlpflichtbereich: Entstehung des Lebens auf der Erde

## 1 Die Geschichte der Erde

Unser Universum ist wahrscheinlich vor etwa 14 Milliarden Jahren entstanden. Nach der *Urknalltheorie* gab es damals eine unvorstellbar dichte und heiße Gaswolke. In dieser bildeten sich im Plasma Atomkerne und Atome.

Erst etwa eine Million Jahre nach der Entstehung der ersten Materie fanden sich die Atome zu größeren Strukturen zusammen, zu kosmischen Nebeln, Sternen und Galaxien. Vor etwa fünf Milliarden Jahren entstand unser Planetensystem. Die damaligen Planeten zeigten eine Besonderheit. Sie waren durch Gravitationsenergie, Kompressionsenergie und radioaktive Zerfallsenergie sehr heiß. Die daraus folgende Aufschmelzung ermöglichte eine Auftrennung der Bestandteile. Auf der Erde wanderten schwere Substanzen wie Eisen und Nickel ins Innere und leichtere Substanzen wie die Silikate schwammen oben auf. Sie bildeten später die Erdkruste.

In dieser Phase befand sich die Erde vor etwa 5 bis 4,6 Milliarden Jahren. Man bezeichnet diesen Abschnitt der Erdgeschichte als *Erdurzeit*. Die Erdkruste war dünn und noch nicht vollständig geschlossen. Die Uratmosphäre enthielt keinen Sauerstoff. In diesem **Erdzeitalter** bildeten sich erste organische Moleküle und später einfache Zellen. Der Erdurzeit folgt die *Erdfrühzeit*, die auch als *Präkambrium* bezeichnet wird. Sie dauerte von vor 4,6 Milliarden Jahren bis vor 544 Millionen Jahren. Die Erdkruste bildete sich, starker Vulkanismus trat auf und große Meeresbecken entstanden. Hier lebten die ersten fotosynthetisch aktiven Algen und tierischen Einzeller. Am Ende des Präkambriums gab es bereits einfache thallophytische, aquatische Pflanzen und die ersten mehrzelligen Tierstämme wie Schwämme und Weichtiere.

Der Erdfrühzeit folgten noch drei weitere Erdzeitalter: das *Erdaltertum* vor 544 bis 245 Millionen Jahren, das *Erdmittelalter* vor 245 bis 65 Millionen Jahren und die *Erdneuzeit*, in der wir uns immer noch befinden.

> Die Erdgeschichte unterteilt man in fünf verschiedene Erdzeitalter: Erdurzeit, Erdfrühzeit, Erdaltertum, Erdmittelalter und Erdneuzeit.

**1** Charakterisiere die Umweltbedingungen in der Erdurzeit. Nutze dazu auch die Seite 105.

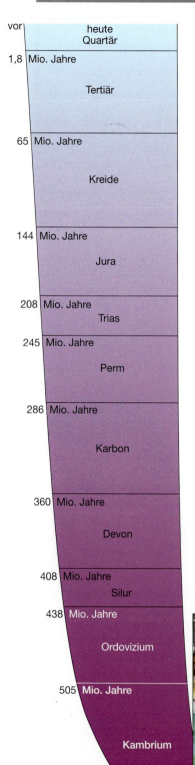

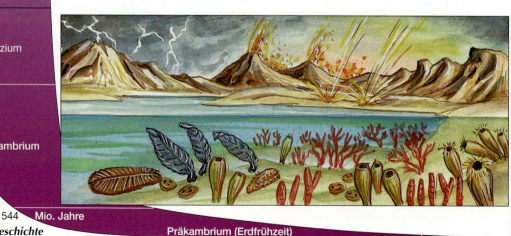

1 Zeittafel der Erdgeschichte

Wahlpflichtbereich: Entstehung des Lebens auf der Erde

## 2 So könnten die Bausteine des Lebens entstanden sein

Blitze, Regen, Vulkanausbrüche, dampfende Lagunen und Erdspalten – dies ist das Bild, das Geologen von der Frühzeit der Erde zeichnen. Zu dieser bedrohlichen Umgebung kam noch eine Atmosphäre, die aus Wasserdampf ($H_2O$), Wasserstoff ($H_2$), Schwefelwasserstoff ($H_2S$), Methan ($CH_4$) und Ammoniak ($NH_3$) bestand, jedoch noch keinen Sauerstoff ($O_2$) enthielt.

Für uns ein lebensfeindliches Bild – und doch sollen in dieser Umgebung die Grundbausteine des Lebens entstanden sein: Aminosäuren als Bausteine der Eiweiße sowie Zucker und stickstoffhaltige Basen als Bausteine für die RNA und DNA.

1953 gelang es einem jungen amerikanischen Studenten in einem einfachen Versuch die Bedingungen auf der Urerde nachzuahmen. Stanley MILLER mischte aus den bekannten Ausgangssubstanzen eine „Uratmosphäre". Er erhitzte das Wasser, erzeugte künstliche Blitze durch Elektroden und bestrahlte seine „Uratmosphäre" mit UV-Licht. Zu seiner Überraschung erhielt er schon nach wenigen Stunden in seiner „Ursuppe" die Substanzen, die als Grundbausteine für das Leben angesehen werden: Aminosäuren, Zucker und Basen der RNA.

Dies beweist, dass die Bildung von einfachen organischen Substanzen schon vor 4,5 Milliarden Jahren möglich war. Niemand weiß, ob dies tatsächlich so geschehen ist, doch die Ergebnisse von Gesteinsuntersuchungen stützen diese Vorstellungen. Eine solche Entstehung von organischen Stoffen aus anorganischen Substanzen bezeichnet man als **chemische Evolution.**

Wie es weiterging und wie mit Bakterien und Blaualgen die **biologische Evolution** begann, ist unbekannt. Nach einem Modell des Nobelpreisträgers Manfred EIGEN organisieren Ketten von RNA-Bausteinen die Herstellung bestimmter Eiweiße. Darunter könnten in den vielen Millionen Jahren auch einige gewesen sein, die sich zu kleinen Kügelchen zusammenschlossen. Ein solches Gebilde aus Eiweißhülle und RNA-Kern könnte sich zur „Urzelle" weiterentwickelt haben.

Die Wahrscheinlichkeit, dass sich die Bausteine der Eiweiße und RNA bzw. DNA in der „Ursuppe" zufällig so zusammenfügten, dass dann die Urformen des Lebens entstanden, erscheint klein. Doch darf man nicht vergessen, dass die Natur Hunderte von Millionen Jahre Zeit hatte und unendlich viele chemische Verbindungen entstanden und sich auch wieder lösten.

> Der amerikanische Wissenschaftler Stanley MILLER wies mit seinem Experiment nach, dass unter den Bedingungen der Uratmosphäre spontan aus anorganischen Stoffen organische Stoffe entstehen konnten. Diesen Prozess bezeichnet man als chemische Evolution.

1 Schema einer Urlandschaft

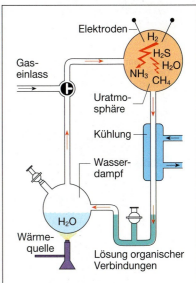

2 MILLER-Apparatur

Wahlpflichtbereich: Entstehung des Lebens auf der Erde

**Methode**

## Screenshots anlegen

### So machst du einen Screenshot:
Screen nennt man den Bildschirm des Monitors. Ein Screenshot ist der Ausdruck dessen, was sich auf dem Bildschirm befindet, zum Beispiel eine Internetseite. Möchtest du eine Internetseite in ein Word-Dokument einfügen, so geht du folgendermaßen vor:
1. Drücke die Tasten **Alt** und **Druck** gemeinsam. Die Internetseite ist nun in der Zwischenablage gespeichert.
2. Öffne ein Word-Dokument.
3. Gehe in der Symbolleiste unter **Bearbeiten** auf **Einfügen**. Die Abbildung wird in das Word-Dokument eingefügt und lässt sich ausdrucken.

### So überträgst du ein Bild aus einer Internetseite:
1. Klicke das Bild mit der rechten Maustaste an. Es öffnet sich ein Feld, auf dem du mit der linken Maustaste das Wort **Kopieren** anklickst. Nun ist das Bild gespeichert.
2. Öffne dein Word-Dokument und gehe unter **Bearbeiten** auf **Einfügen.** Das Bild wird in das Word-Dokument eingefügt.
3. Klicke das Bild durch einen Doppelklick an. Es öffnet sich ein Feld zum Bearbeiten des Bildes. Wähle unter **Layout** das Feld „**Hinter dem Text**" und klicke auf **OK.** Jetzt kannst du das Bild auf der Word-Seite verschieben und die Größe ändern.

**1** Die Menschheit versucht seit langer Zeit herauszufinden, ob auf dem Mars Leben möglich ist. Raumsonden erkundeten die Zusammensetzung der Atmosphäre und der Marsoberfläche. Informiere dich im Internet über das Vorkommen von Sauerstoff in der Mars-Atmosphäre. Lege einen Screenshot von einer passenden Internetseite an.

**2** Die Raumsonden lieferten auch Bilder von der Marsoberfläche. Kopiere einige dieser Bilder in ein Word-Dokument und erkläre, was auf ihnen dargestellt ist.

Wahlpflichtbereich: Entstehung des Lebens auf der Erde

## Evolution durch Symbiose

**Streifzug durch die Forschung**

*Pantoffeltierchen* leben in verschmutzten Gewässern. Mit ihren Wimpern strudeln sie Bakterien und andere Kleinlebewesen in den Zellmund. Von ihnen ernähren sie sich.

Ihre Verwandten, die *grünen Pantoffeltierchen,* bevorzugen sauberere, nahrungsärmere Gewässer. Junge grüne Pantoffeltierchen fressen zwar einzellige Algen, verdauen sie jedoch nicht, sondern gehen mit ihnen eine **Symbiose** ein. Die Algen erhalten vom Pantoffeltierchen Kohlenstoffdioxid für ihre Fotosynthese und versorgen sie gleichzeitig mit einem Teil der von ihnen erzeugten Nährstoffe.

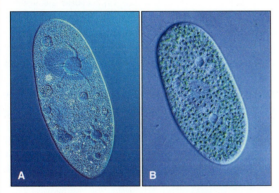

**1 A** *Pantoffeltierchen;* **B** *Grünes Pantoffeltierchen*

Auch weitere Beispiele zeigen, dass eine symbiotische Lebensweise Selektionsvorteile gegenüber anderen Lebewesen mit sich bringt. Ob im Verlauf langer Zeiträume auf diesem Wege sogar neue Arten entstanden sind? Ein Beispiel dafür sind *Flechten*. Sie sind Lebewesen aus Pilzen und Algen. Das Zusammenwirken ermöglicht den Flechten das Überleben unter extremen Bedingungen.

Die moderne Evolutionsforschung ist weiteren Symbiosen auf der Spur. Vollständige Zellen mit Zellkern und Zellorganellen, wie sie in allen höher entwickelten Lebewesen anzutreffen sind, entstanden wahrscheinlich durch den Zusammenschluss von „Urzellen" mit Bakterien. Diese **Endosymbionten-Theorie** stützt sich auf folgende Tatsachen:

1. Die ältesten fossilen Überreste von Lebewesen ähneln heute lebenden Bakterien.
2. Mitochondrien und Chloroplasten können sich nur durch Teilung vermehren. Bei Verlust kann sie die Zelle nicht neu bilden.
3. Die DNA liegt bei Mitochondrien und Chloroplasten ringförmig vor, wie das auch bei Bakterien der Fall ist.
4. Die inneren Membranen von Mitochondrien und Chloroplasten weisen einen ähnlichen chemischen Aufbau wie die Membran von Bakterien auf.

Man nimmt an, dass es in einem sehr frühen Erdzeitalter amöbenähnliche „Ur-Zellen" gab. Sie nahmen Sauerstoff atmende Bakterien in ihren Zellleib auf. Diese „Zellgäste" wurden aber nicht verdaut, sondern lebten im Plasma der Wirtszelle als Symbionten weiter. Im Laufe der Zeit entwickelten sich die aufgenommenen Bakterien zu Mitochondrien. Aus dem Zusammenschluss entstand auf diesem Weg vermutlich die **tierische Zelle** mit Mitochondrien. In diesen Organellen findet die Zellatmung statt.

**Pflanzliche Zellen** sind nach der Endosymbionten-Theorie ähnlich entstanden. In die „Ur-Zellen" wurden Cyanobakterien aufgenommen, die Fotosynthese betreiben konnten. Auch sie gingen eine Symbiose mit der Wirtszelle ein. Aus den Bakterien entstanden so die Chloroplasten, in denen die Fotosynthese stattfindet.

Im Laufe der Zeit wurden aus diesen Einzellern mehrzellige Pflanzen und Tiere, deren älteste Überreste in 600 bis 700 Millionen Jahre alte Schichten gefunden wurden.

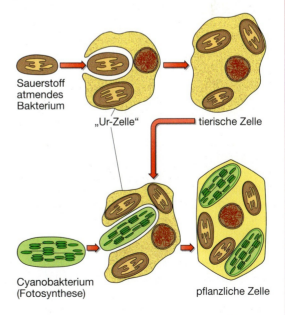

**2** *Entstehung tierischer und pflanzlicher Zellen*

### Stammesgeschichte

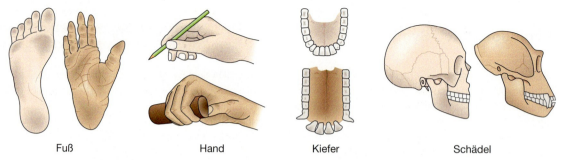

Fuß　　　　Hand　　　　Kiefer　　　　Schädel

*1 Vergleich von Mensch (hellbraun) und Bonobo (dunkelbraun)*

## 2 Abstammung des Menschen

### 2.1 Vergleich von Menschenaffen und Menschen

Die Anlage für Menschenaffen im Leipziger Zoo ist für alle Besucher ein besonderer Anziehungspunkt. Sind die Gehege deshalb so attraktiv, weil die Besucher im Hinblick auf Gestalt und Verhalten der Tiere eine gewisse Ähnlichkeit mit sich selbst beobachten?

Tatsächlich weisen keine anderen Lebewesen so viele Gemeinsamkeiten mit uns auf wie die Menschenaffen. Untersuchungen des Erbgutes haben gezeigt, dass der Mensch und der erst in diesem Jahrhundert entdeckte *Bonobo* (Zwergschimpanse) eine genetische Übereinstimmung von mehr als 95% aufweisen. Auch der Körperbau der Menschenaffen ähnelt sehr dem der Menschen.

Es gibt aber auch deutliche Unterschiede: Wer von uns kann schon mit den Füßen eine Banane schälen? Die *Füße* des Bonobos sind sehr beweglich und so gebaut, dass die großen Zehen allen anderen Zehen des Fußes gegenübergestellt werden können. Diese Greiffüße sind eine Angepasstheit an ihren natürlichen Lebensraum. Bonobos bewegen sich mit allen Vieren kletternd und schwingend durch die Baumkronen.

Die Füße des Menschen sind als Standfüße ausgebildet und ermöglichen uns den aufrechten Gang. Das vom Fußskelett ausgebildete Gewölbe mindert die bei jedem Schritt auftretenden Erschütterungen.

Auch die *Wirbelsäule* des Menschen fängt Stöße gut auf. Sie ist doppelt-s-förmig gebogen und somit optimal an den aufrechten Gang angepasst. Die c-förmige Wirbelsäule des Bonobos führt dazu, dass der Schwerpunkt des Tieres außerhalb der Wirbelsäule liegt. Sie erlaubt nur für kurze Strecken, auf den Hinterbeinen aufgerichtet zu laufen.

Beim *Schädel* des Menschen fällt der Hirnschädel auf, der ausreichend Platz für das große Gehirn bietet. Der Gesichtsschädel ist flach, Kiefer und Gebiss sind wenig ausgeprägt. Am Bonoboschädel hingegen werden die vorspringende Schnauze und große Wülste über den Augen deutlich. Das Gebiss ist durch kräftige Eckzähne gekennzeichnet, deshalb sieht man im U-förmigen Unterkiefer die so genannte „Affenlücke". Der Hirnschädel bleibt viel kleiner als der des Menschen.

Die *Hände* des Bonobos ermöglichen das Ergreifen von Gegenständen, geschicktes Klettern und den Vierfüßergang auf dem Erdboden. Doch nur der Mensch kann seinen Daumen den übrigen vier Fingern genau gegenüberstellen und Materialien und Werkzeuge mit einzigartiger Präzision handhaben.

Aus solchen Vergleichen zwischen Menschen und Menschenaffen schließen die Wissenschaftler heute, dass beide einen gemeinsamen Vorfahren hatten.

> Vergleichende Untersuchungen an Menschenaffen und Menschen deuten darauf hin, dass sie entwicklungsgeschichtlich gemeinsame Vorfahren haben.

**1** Vergleiche Körperhaltung, Schädel, Kiefer, Hände, Füße und Wirbelsäulen eines Menschen und eines Bonobos anhand der Abbildungen. Stelle die Unterschiede in einer Tabelle zusammen.

*2 Skelette. A Mensch; B Bonobo*

# MENSCHENAFFEN

**Pinnwand**

**Name:** *Gorilla*
**Größe:** 1,20 m; Männchen aufgerichtet bis 2,30 m
**Gewicht:** ♂ 135 bis 275 kg; ♀ 70 bis 140 kg
**Lebensraum:** Regenwald von Westzentralafrika bzw. am Rand des zentralafrikanischen Grabens
**Nahrung:** saftige Pflanzenteile, Blätter
**Lebensweise:** tagaktiv; lebt im Familienverband

**Name:** *Orang Utan*
**Größe:** ♂ 1 bis 1,50 m; ♀ 0,80 bis 1,20 m
**Gewicht:** ♂ 80 bis 90 kg; ♀ 40 bis 50 kg
**Lebensraum:** tropische Tieflandregenwälder auf den ostasiatischen Inseln Sumatra und Borneo
**Nahrung:** Früchte, Blätter; Insekten; Eier
**Lebensweise:** tagaktiv; Einzelgänger; Baumbewohner

**Name:** *Schimpanse*
**Größe:** 0,70 bis 1 m; Männchen aufgerichtet 1,70 m
**Gewicht:** ♂ 40 bis 60 kg; ♀ 30 bis 50 kg
**Lebensraum:** Regen- und Galeriewälder sowie angrenzende Savannen im tropischen West- und Zentralafrika
**Nahrung:** Früchte, Blätter, Knospen, Rinde; Termiten, gelegentlich auch Säuger, z. B. Paviane
**Lebensweise:** tagaktiv; lebt in lockeren Gruppen in festen Territorien

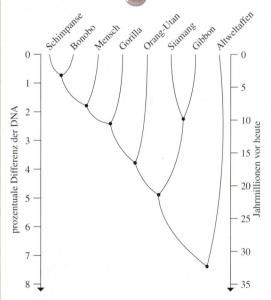

Die Abbildung zeigt die Verwandtschaftsbeziehungen zwischen Menschenaffen und Menschen nach der Methode der DNA-Hybridisierung.
Ablesebeispiel: Schimpanse und Bonobo unterscheiden sich in etwa 0,7 % der DNA, sie entwickelten sich vor etwa drei Millionen Jahren auseinander. Der Knotenpunkt zeigt also den Zeitpunkt des letzten gemeinsamen Vorfahrs an.

**1** Werte den Stammbaum aus.

**Stammesgeschichte**

## 2.2 Viele Verhaltensweisen des Menschen sind angeboren

„Ein Lächeln verbindet alle Menschen miteinander." Unter diesem Motto könnte man eine Verhaltensweise beschreiben, mit der Menschen Freude oder Glück zum Ausdruck bringen und freundlichen Kontakt zu Mitmenschen aufnehmen wollen. Beim **Lächeln** verändert sich der Gesichtsausdruck im Bereich des Mundes und der Wangen so, dass sich der Mund verbreitert und öffnet, die Augen schmaler werden und sich in den äußeren Augenwinkeln meist Falten bilden. Diese *Mimik* beim Lächeln kann man bei Menschen in allen Kulturen der Welt beobachten. Selbst bei Naturvölkern, die völlig abgeschieden von anderen Kulturen leben, gleicht diese Mimik der aller anderen Völker.

Auch taubblind geborene Kinder, die nie etwas gehört oder gesehen haben, lächeln, wenn sie zum Beispiel Freude und Glück empfinden. Das Lächeln ist also angeboren, das heißt, die Information für dieses Verhalten ist in den Genen gespeichert.

Vergleicht man die Mimik verschiedener Menschen miteinander, kann man weitere angeborene Verhaltensweisen beobachten, die von allen Menschen verstanden werden. So zieht man bei Trauer die Mundwinkel herab oder stülpt beim Schmollen Ober- und Unterlippe vor. Ein Herabziehen der Augenbrauen zeigt Ärger an, ein Rümpfen der Nase drückt Ablehnung aus, während das Zwinkern mit einem Auge oder das Anheben der Augenbrauen Freundlichkeit, Aufmerksamkeit und Interesse bedeuten.

Warum sind gerade diese Verhaltensweisen angeboren?
Der Mensch ist ein soziales Wesen, schon die Urmenschen lebten in Gruppen zusammen, sie gingen gemeinsam auf die Jagd, errichteten Behausungen und pflegten ihre Kranken. Verhaltensweisen, wie Lächeln und Weinen dienten der Verständigung mit den Artgenossen, sie sicherten die Einbindung in die Gruppe und damit das Überleben. Da schon Säuglinge dieses Verhalten beherrschen mussten, konnte es nicht durch Lernen erworben werden, sondern die Information für ihre Ausführung musste in den Genen gespeichert sein.

Säuglinge äußern mit dem Lächeln ihren Wunsch nach Aufmerksamkeit der Erwachsenen. Aber auch durch Weinen will der Säugling Kontakt aufnehmen. Hat ein Säugling Hunger oder fühlt er sich nicht wohl, schreit und weint er. Dieses **Schreiweinen** kann aber auch dadurch ausgelöst werden, dass der Säugling sich verlassen fühlt. Mit diesem **Kontaktverhalten** möchte er dann die Aufmerksamkeit seiner Umgebung wecken.

Wenn eine vertraute Person wie Vater oder Mutter einen schreienden Säugling in die Arme nimmt, ihn

**1 Lächeln. A** *Säugling;*
**B** *Mädchen eines Naturvolkes;*
**C** *taubblind geborenes Mädchen;*
**D** *Smiley als internationales Zeichen*

# Stammesgeschichte

streichelt und liebkost oder ihn anlächelt und mit ihm spricht, beruhigt er sich meist wieder. In seiner vertrauten Umgebung und in der Nähe seiner *Bezugspersonen* fühlt er sich offensichtlich wohl. Durch den *Hautkontakt* und den *Blickkontakt* mit seinen Bezugspersonen festigt sich die Bindung zwischen Säugling und Bezugsperson. So entsteht ein *Vertrauensverhältnis*.

Werden Säuglinge oder Kleinkinder längere Zeit in einem Heim untergebracht, kann dem Kontaktbedürfnis der Kinder nicht immer ausreichend entsprochen werden. In solchen Fällen kann das Kind körperliche und seelische Schäden erleiden. Kinder, die unter „Liebesentzug" aufwachsen, neigen zu verstärktem Schwermut und Interessenlosigkeit. Ihre körperliche und geistige Entwicklung ist meist verlangsamt und sie sind anfälliger für Krankheiten. Zeigt ein Kind solche Erscheinungen, leidet es unter *Hospitalismus*.

Auch viele Körperbewegungen des Säuglings sind angeboren. Wird der Säugling an die Brust der Mutter gelegt, bewegt er den Kopf hin und her. Er tastet mit Mund und Wangen über die Brust. Hat er die Brustwarze berührt, umschließt er sie mit den Lippen und macht mit Mund und Zunge Saugbewegungen. Dieser angeborene **Saugreflex** kann aber auch ausgelöst werden, wenn man die Wangen oder den Mund des Säuglings berührt.

Berühren die Handinnenflächen des Säuglings einen Gegenstand, wird er sofort von seinen Fingern umschlossen. So lässt der Säugling den umklammerten Gegenstand erst wieder los, wenn man seine Finger vorsichtig einzeln aus der Umklammerung löst.

Dieser Handgreifreflex wird auch bei Berührung durch Haare ausgelöst. Bei den Vorfahren des Menschen wurden die Säuglinge nicht passiv getragen, sondern mussten sich aktiv im Fell der Mutter festklammern. Erst mit der Entwicklung des aufrechten Ganges konnten Säuglinge auf den Armen getragen werden.

Meist liegt der Säugling auf dem Rücken. Legt man ihn auf den Bauch, macht er mit den Beinen und Händen Ruder- und Kriechbewegungen, ohne sich jedoch von der Stelle bewegen zu können. Hält man den Säugling so aufrecht, dass seine Füße den Boden berühren können, beginnt er mit Schreitbewegungen. Diese angeborenen Verhaltensweisen werden in der weiteren Entwicklung des Säuglings durch erlernte Körperbewegungen ergänzt und miteinander verknüpft.

**2 Angeborene Verhaltensweisen.**
A *Schreiweinen;* B *Saugreflex;*
C *Handgreifreflex*

> Das Lächeln und viele andere Verhaltensweisen des Menschen sind angeboren. Schreiweinen, Handgreifreflex und Saugreflex sind angeborene Verhaltensweisen von Säuglingen.

**1** Auf welche Weise kann man feststellen, ob eine Verhaltensweise beim Menschen angeboren ist? Begründe die Untersuchungsmethoden und nenne Beispiele.

**2** Welche Bedeutung haben Bezugspersonen und eine vertraute Umwelt für den Säugling?

**3** Auf welche Weise kann man dem Neugierverhalten und dem Kontaktbedürfnis des Säuglings entgegenkommen?

**4** Nicht nur durch die Sprache, sondern auch durch Mimik und Körperhaltung kann man sich untereinander verständigen.
Versuche ein bestimmtes Gefühl, z. B. Angst, Freude, Ärger, Überheblichkeit auszudrücken.

**5** Erkläre die Entstehung von angeborenen Verhaltensweisen am Beispiel von Lächeln und Weinen. Nutze das Erschließungsfeld „Vielfalt".

# Stammesgeschichte

1 Mann- und Frauschema

## 2.3 Unbewusste Beeinflussung des Verhaltens

„Hey – toller Typ!" Solche oder ähnliche wertende Bemerkungen werden oft spontan geäußert, wenn man einen Menschen zum ersten Mal sieht. Manchmal erregen auch nur bestimmte Teile des Körpers die Aufmerksamkeit. Was veranlasst Menschen dazu, beim Anblick des Körpers einer Frau oder eines Mannes so zu reagieren?

Betrachten wir den weiblichen Körper. Die typischen Formen werden durch die sekundären Geschlechtsmerkmale wie die schmale Taille, die Hüften oder die Brüste geprägt. Daneben fallen aber auch die roten Lippen, die Augen und die Haare auf. Der männliche Körper wird durch andere sekundäre Geschlechtsmerkmale wie breite Schultern und schmale Hüften bestimmt. Ebenso wirken aber auch markante Gesichtszüge und ein kraftvolles Auftreten. Alle diese Merkmale wecken Interesse und Aufmerksamkeit. Sie üben unbewusst eine sexuelle Anziehung auf den Betrachter aus. Wahrscheinlich ist es den Menschen angeboren, auf solche **sexuellen Reize** zu reagieren. Häufig werden sie noch durch die Kleidung hervorgehoben. So können zum Beispiel taillierte Kleidung oder Schulterpolster die Merkmale des Mann- und Frauschemas betonen.

Auch der Anblick von Säuglingen ruft meist spontan Aufmerksamkeit hervor. Mit Ausrufen wie „ach wie süß" drücken Erwachsene ihre Zuneigung aus und zeigen den Wunsch an, einen Säugling in den Arm zu nehmen und ihn zu liebkosen. Beim Anblick eines Säuglings fallen besonders die großen Augen, die hohe Stirn, der im Vergleich zum Körper große Kopf und die Pausbacken auf. Zusammen mit den meist noch unbeholfenen Bewegungen des Säuglings entsprechen die Merkmale dem **Kindchenschema,** auf das besonders Erwachsene unbewusst mit Fürsorgegefühlen und Zärtlichkeit reagieren.

Auch Tiere zeigen oft solche Merkmale. Nicht nur der Ausdruck der Jungtiere, sondern auch der vieler ausgewachsener Tiere wie Hamster, Kaninchen oder Koalas entspricht dem Kindchenschema. Weiches und flauschiges Fell verstärken das Gefühl der Zuneigung und den Wunsch zum „Liebhaben". Aber auch Puppen mit kindlichem Gesicht oder Stofftiere wie Teddys mit großem Kopf und kurzer Schnauze empfinden wir als sympathisch und liebenswert. Das Kindchenschema findet auch im Comic Anwendung. Besonders bei „guten" Comic-Figuren werden mehrere Merkmale des Kindchenschemas gleichzeitig und überzeichnet hervorgehoben.

Die Werbung nutzt solche Möglichkeiten, die Menschen zu beeinflussen. Die Beeinflussung wird uns meist nicht bewusst. Durch Reklame versuchen die Hersteller auf ihre Produkte aufmerksam zu machen. So werben zum Beispiel knapp bekleidete junge Frauen verführerisch für Motorräder oder attraktive Männer flirten mit Frauen, die eine bestimmte Kosmetik benutzen. Niedliche Säuglinge werben z. B. für besondere Sicherheitssysteme in einem Auto. Auf diese Weise soll der Kunde zum Kauf des angepriesenen Produktes veranlasst werden.

> Auf sexuelle Reize von Frau oder Mann und Merkmale des Kindchenschemas reagiert der Mensch unbewusst mit Aufmerksamkeit und Zuwendung.

**1** Nenne sekundäre Geschlechtsmerkmale von Frau und Mann.
**2** Welche Merkmale kennzeichnen das Kindchenschema? Nimm Abbildung 2 zu Hilfe.

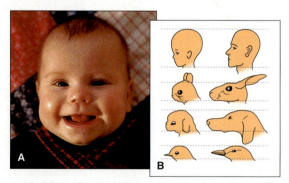

2 **Kindchenschema. A** Säugling; **B** Vergleich der Kopfformen von jungen und erwachsenen Tieren und dem Menschen

# COMICS UND WERBUNG

**Pinnwand**

### Entwicklung der Mickey Mouse in 50 Jahren

### Werbung

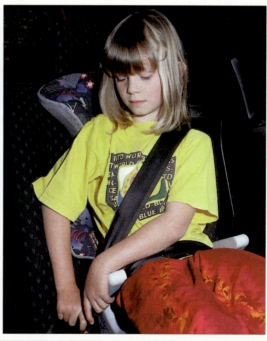

1. Im Verlauf von 50 Jahren wurde das Aussehen von „Mickey Mouse" immer wieder verändert. Beschreibe. Nenne mögliche Gründe.
2. Auf welche Weise wird versucht, auf den abgebildeten Fotos die Aufmerksamkeit der Betrachter zu wecken?
3. Welche Stimmungen und Wünsche versuchen die Darstellungen auf den Fotos bei Betrachtern anzusprechen?
4. Für welche Art von Produkt könnten die Darstellungen auf den Fotos werben? An welche Personengruppe könnten sich solche Werbeanzeigen richten? Begründe.

### Stammesgeschichte

1  Territorialverhalten

## 2.4 Wie Menschen zusammen leben

In der Schule kommen täglich viele Kinder und Jugendliche zusammen. Jeder Einzelne ist eine Persönlichkeit mit eigenem Charakter, eigenen Fähigkeiten und Erfahrungen. Alle verbringen einen Teil des Tages gemeinsam beim Lernen. Deshalb kann man hier eine Vielzahl von Verhaltensweisen beobachten. Ihr Ursprung liegt jedoch fast immer in der frühen Menschheitsgeschichte und ist in unseren Genen verwurzelt.

### Wandkontaktverhalten

Betreten Schülerinnen und Schüler einen ihnen unbekannten Klassen- oder Fachraum, ohne dass eine Sitzordnung vorgegeben ist, besetzen sie meist zuerst die hinteren Sitzplätze. Danach kommen die Plätze an der Fensterseite und in Wandnähe an die Reihe. Dieses *Wandkontaktverhalten* verleiht Sicherheit, da man keine „Blicke im Rücken" hat. Wandkontaktverhalten lässt sich auch bei Schulfeten, bei der Belegung von Sitz- oder Stehplätzen in Straßenbahnen, Bussen, Fahrstühlen oder Lokalen beobachten.

### Besitzverhalten

In nahezu allen Klassen besteht eine feste Sitzordnung. Hierbei beansprucht jeder seinen Stuhl und seinen Platz an einem bestimmten Arbeitstisch. Werden Stuhl oder Arbeitstisch vertauscht, kommt oft der spontane Ausruf: „Der gehört mir!". Solche oder ähnliche Äußerungen zeigen, dass Menschen bestimmte Gegenstände als ihr „Eigentum" betrachten. Sie unterscheiden zwischen „mein" und „dein". Solche Besitzansprüche gehören zum *Besitzverhalten* des Menschen.

### Territorialverhalten

Häufig kann man auch beobachten, dass einige Schülerinnen und Schüler ein Etui, ein Lineal, ein Buch oder andere Gegenstände in die Mitte des Arbeitstisches legen. Manche markieren sogar die Tischmitte mit einem Bleistiftstrich. Auf diese Weise grenzen sie ihren Arbeitsbereich ab. Sie beanspruchen ein bestimmtes Territorium oder Revier.

Solches *Territorialverhalten* zeigt sich ebenfalls auf dem Schulhof, wenn Gruppen oder Klassenstufen ein bestimmtes Gebiet als Spiel- und Aufenthaltsgebiet einnehmen.

Auch in anderen Situationen kann man Territorialverhalten zwischen Gruppen beobachten. An Badeplätzen zum Beispiel halten einzelne Gruppen räumlichen Abstand voneinander. Gleichzeitig markieren viele ihr Revier durch Handtücher, Sonnenschirme oder Sandburgen. Auch Abgrenzungen von Grundstücken durch Zäune, Hecken oder Mauern sind Zeichen für das Territorialverhalten des Menschen.

### Individualdistanz

Wenn Jugendliche, die sich nicht gut kennen, vor Schulbeginn oder in den Pausen auf einer Bank oder Mauer sitzen, halten sie meist einen bestimmten Abstand voneinander. Jeder scheint einen Raum um sich zu beanspruchen, in dem er keinen „Fremden" duldet. Man achtet darauf, dass der Abstand eingehalten wird. Diese *Individualdistanz* zwischen Personen, die einander fremd sind, kann man auch beobachten, wenn man sich in einer wartenden Menge befindet, an einer Haltestelle wartet oder einen Sitzplatz in einem Wartezimmer auswählt.

2  Individualdistanz

# Stammesgeschichte

Treffen jedoch Jugendliche zusammen, die befreundet und miteinander vertraut sind, suchen sie oftmals die Nähe zueinander. Beim geselligen Umgang zwischen vertrauten Personen werden meist die Grenzen bei Verhaltensweisen hinsichtlich des Besitzes, des Territoriums und der Individualdistanz aufgehoben.

## Rangordnung

Innerhalb einer Klassengemeinschaft versuchen häufig einzelne Mitglieder, das Interesse der anderen auf sich zu ziehen. Sie heben sich durch interessante oder auch freche Äußerungen, durch Wissen und Leistungen oder durch besondere Verhaltensweisen aus der Gemeinschaft hervor. Da gibt es diejenigen, die von vielen in der Klasse geachtet werden, und solche, die weniger Beachtung finden. So nimmt jedes Mitglied in der Klassengemeinschaft eine bestimmte soziale Stellung ein. Die *Rangordnung* gibt ihnen einen entsprechenden Platz innerhalb der Gemeinschaft.

Oft bewirken auch Geschlecht, körperliche Erscheinung und Alter eine Rangstellung. Die Abfolge der Rangstellungen ist nicht starr.

Durch seine individuellen Fähigkeiten muss jedes Mitglied der Gemeinschaft seine Rangstellung immer wieder beweisen. Gleichzeitig kann es in der Rangstellung auf- oder auch absteigen. Dabei kommt es oft zu Auseinandersetzungen zwischen den Mitgliedern. Solche Verhaltensweisen bezeichnet man als *Aggressionsverhalten*.

## Imponierverhalten

Manche Jugendliche versuchen sich durch besondere Kleidung, neueste Trends oder „cooles" Verhalten von

**4 Imponierverhalten**

anderen abzuheben. Sie wollen so die Aufmerksamkeit auf sich lenken. Durch solches *Imponierverhalten* will man meist seine Rangstellung demonstrieren oder aber eine hohe Rangposition vortäuschen.

## Gruppenbildung

Haben Jugendliche in bestimmten Bereichen gleiche Interessen, schließen sie sich oft zu Gruppen oder Cliquen zusammen. In Interessen- oder Fangemeinschaften versuchen sie häufig durch Fan- oder Statussymbole, Parolen oder Verhaltensweisen ihre Zusammengehörigkeit zu zeigen. Eine solche *Gruppenbildung* kann auf Außenstehende einschüchternd und bedrohlich wirken. Dies ist besonders dann der Fall, wenn einzelne Gruppenmitglieder oder die ganze Gruppe Personen aufgrund eines bestimmten Merkmals wie Hautfarbe oder Religionszugehörigkeit immer wieder hänselt oder auslacht.

**3 Gruppenbildung**

> Im Zusammenleben kann man Verhaltensweisen wie Wandkontaktverhalten, Besitzverhalten, Territorialverhalten und Individualdistanz beobachten. Die Rangordnung innerhalb einer Gemeinschaft weist jedem Mitglied einen bestimmten Platz zu.

**1** Beschreibe Beispiele für Wandkontaktverhalten, Besitzverhalten, Territorialverhalten und Individualdistanz bei Menschen. Führe hierzu Beobachtungen zum Beispiel auf Kinderspielplätzen, in der Schule, in Parkanlagen, Schwimmbädern oder Einkaufszentren durch.

**2** Vergleiche tierisches und menschliches Territorialverhalten.

**Stammesgeschichte**

1 Streit auf dem Pausenhof

## 2.5 Ursachen und Abbau von Aggressionen

Noah ist sauer: Die Mathematikarbeit verhauen, Streit mit der Mutter wegen der neuen Hose, Zank mit seinem Freund Leon wegen Nina und jetzt noch ein Eintrag im Klassenbuch wegen einer frechen Bemerkung. Wütend packt er seinen Rucksack, beschimpft den Lehrer und verlässt das Klassenzimmer. Dabei knallt er die Tür lautstark hinter sich zu.

Aus Ärger und Enttäuschung reagiert Noah *aggressiv*. Aggressive Verhaltensweisen kann man besonders gut in Konfliktsituationen beobachten. Dabei geht es meist darum, sich zu behaupten oder seine Ansprüche auf Besitz oder Recht geltend zu machen. Streiten sich zwei Schülerinnen oder Schüler auf dem Schulhof, stehen sich die Rivalen meist hoch aufgerichtet gegenüber und *drohen* sich laut schreiend mit zornig verzerrten Gesichtern. Erst wenn einer von beiden seine Unterlegenheit anzeigt, indem er sich beispielsweise abwendet oder „klein" macht, entspannt sich die Situation. Auch ein Händereichen oder eine Entschuldigung können als *Beschwichtigung* wirken.

Bei der Frage nach den Ursachen von Aggressionen haben Psychologen und Verhaltensforscher herausgefunden, dass jedem Menschen eine gewisse Bereitschaft zu aggressivem Verhalten angeboren ist. Gleichzeitig ist es aber auch von den persönlichen Lebenserfahrungen abhängig, wie stark sich Aggressionen äußern. Das Aggressionsverhalten wird außerdem von vielen Faktoren beeinflusst. Dazu zählen z. B. Hormone, kulturelle Bedingungen und die Umweltbedingungen. Bei knappen Ressourcen wie Nahrungs- oder Wassermangel steigt die Aggressionsbereitschaft.

Menschen können lernen, mit Aggressionen umzugehen. Verständnis für andere aufzubringen und tolerant zu sein, wie es in jeder Gemeinschaft von Menschen selbstverständlich sein sollte, ist erlernbar. Manche Menschen bauen Aggressionen durch Meditation, körperliche Betätigung, rhythmisches Laufen oder Tanzen ab. Auch feste Regeln z. B. beim Streitgespräch helfen Aggressionen abzubauen. Deshalb sind Streitschlichterprogramme an Schulen sinnvoll und notwendig.

> Man kann lernen, mit Aggressionen umzugehen und sie ohne den Einsatz körperlicher Gewalt abzubauen.

**1** Betrachte die Abbildung 1. Wie würdest du dich als „Zuschauer" verhalten? Beschreibe.

**2** Wie versuchst du, mit Wut oder „Frust" umzugehen? Nenne Beispiele und berichte.

2 Inline skaten

3 Breakdance

# Stammesgeschichte

## Verhaltensbeobachtungen in der Schule

**Übung**

### A1 Reviere auf dem Schulhof

Meist halten sich Schülerinnen und Schüler einzelner Klassen oder Klassenstufen während der Pausen in Kleingruppen stets an den gleichen Stellen des Schulhofes auf.

**Aufgaben:** a) Beobachte in mehreren Pausen, welche Gruppen welche Plätze des Schulhofes bevorzugen.
b) Fertige eine Skizze über solche „Reviere" auf dem Schulhof an.
c) Halte dich bewusst in einem „Revier" auf, das ansonsten von anderen Schülerinnen und Schülern während der Pausen oder auch im Klassenraum eingenommen wird. Lass dich dabei von Mitschülerinnen oder Mitschülern beobachten. Brich den Versuch ab, bevor Streit entsteht.
d) Auf welche Weise haben die „Revierinhaber" auf dein Eindringen reagiert?

### A2 Körpersprache bei Streit

Achte auf Auseinandersetzungen auf dem Schulhof.
**Aufgaben:** a) Beobachte die beiden Rivalen.
b) Mit welchen Verhaltensweisen versuchen sich die Rivalen einzuschüchtern und zu drohen? Achte besonders auf Mimik, Körperhaltung und Stimme der Rivalen während des Streites.
c) Kannst du während der Auseinandersetzung bei den Rivalen Zeichen von Beschwichtigung erkennen? Beschreibe.
d) Beschreibe die unterschiedlichen Reaktionen der anderen Zuschauer im Verlauf der Auseinandersetzung.

### A3 Mimik und Gestik

**Durchführung:** Teilt euch in 4er-Gruppen auf. Setzt euch so hin, dass ihr die anderen Gruppenmitglieder nicht sehen könnt, also mit dem Rücken zueinander. Beginnt nun ein Gespräch über ein beliebiges Thema.
**Aufgaben:** a) Stelle fest, was anders ist als bei einem normalen Gespräch.
b) Beschreibe die Gestik und Mimik der Personen auf den Abbildungen 1 bis 4.
c) Wählt fünf Schülerinnen oder Schüler aus. Sie sollen versuchen, unterschiedliche Körperhaltungen darzustellen. Gelingt es dir, die dargestellten Gefühle zu deuten?

### A4 Situationsspiel

**Durchführung:** Wählt drei Schülerinnen oder Schüler aus der Klasse aus. Sie sollen sich ein Gesprächsthema aussuchen, das zu einer Streitsituation führt. Der Rest der Klasse beobachtet, wie sich das Verhalten und die Körpersprache der Schauspielerinnen und Schauspieler verändert.
**Aufgaben:** a) Versucht festzustellen, wie und warum es zum Streit gekommen ist.
b) Diskutiert, wie man den Streit hätte vermildern können.
c) Stellt eine Situation nach und bestimmt einzelne Schüler, die schlichten. Diskutiert ihre Schlichtungsversuche.

2

3

4

Wahlpflichtbereich: Lernen und Gedächtnis

**1 Formen des Lernens. A** Versuch und Irrtum; **B** Nachahmung

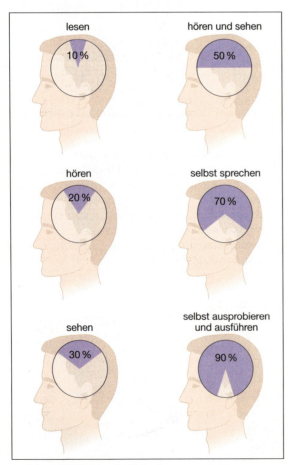

**2 Wie viel bleibt im Gedächtnis, wenn wir etwas ...**

# 1 Lernen – ein Leben lang

Lernen verbinden viele nur mit Schule. Doch Lernen findet nicht nur dort statt. Bevor ein Kind eine Schule besucht, hat es bereits vieles gelernt und auch nach der Schulzeit lernen wir ständig weiter. Lernen findet in jeder Situation im Leben eines Menschen statt. Dadurch können wir unsere Verhaltensweisen jederzeit den Veränderungen unserer Umwelt anpassen und entsprechend reagieren. Auf welche Weise kann der Mensch lernen?

Bereits Säuglinge und Kleinkinder erforschen ihre Umgebung und probieren den Umgang mit den verschiedensten Gegenständen und Spielzeugen aus. Mit diesem angeborenen *Neugier- und Spielverhalten* lernen sie viel über ihre Umwelt.

Gehört zu ihrem Spielzeug zum Beispiel ein Puzzle, dann werden sie versuchen, einzelne Puzzleteile in die zugehörigen Aussparungen zu legen. Dazu machen sie anfangs mehrere Versuche. Haben sie durch *Versuch und Irrtum* das passende Puzzleteil gelegt, empfinden die Kinder Freude darüber, das Problem erfolgreich gelöst zu haben. Dieses **Lernen am Erfolg** wird häufig durch Lob der Erwachsenen belohnt.

Kinder beobachten die Personen in ihrer Umgebung genau. Anschließend versuchen zum Beispiel Kleinkinder wie ihre erwachsenen „Vorbilder" ein Musikinstrument zu spielen, mit Werkzeugen umzugehen oder zu schreiben. **Lernen durch Nachahmung** ist bei Kindern besonders häufig. Oft ahmen besonders Kinder auch typische Verhaltensweisen, Ansichten oder „Sprüche" von Erwachsenen oder Gleichaltrigen nach.

In vielen Problemsituationen können Lernen am Erfolg oder Lernen durch Nachahmung nicht zum Ergebnis führen. Zum Beispiel bei vielen mathematischen Aufgabenstellungen muss man sich zur Lösung vorher Strategien überlegen, das Problem gezielt aufgliedern und Zusammenhänge herstellen. Bei diesem **Lernen durch Einsicht** zeigt der Mensch seine Fähigkeit, vorausschauend zu planen und zu handeln.

Zum Lernen gehört auch, dass das, was man lernen will, ins Gedächtnis gelangt und dort gespeichert wird. Beim Lernen werden hauptsächlich Augen, Ohren und Hand als *Eingangskanäle* zum Gehirn benutzt. Lernt man zum Beispiel Vokabeln, kann man sie lesen, sich vorlesen lassen oder schreiben. Dabei bevorzugen viele Menschen einen dieser Eingangskanäle. Je nach *Lerntyp* können sie die Vokabeln besser im Gedächtnis behalten, die sie gelesen oder gehört oder selbst geschrieben haben. Man kann aber auch die Vokabeln auf einer Kassette aufnehmen, das Band abspielen und die Vokabeln zusätzlich abschreiben. Dabei nutzt man zum Lernen mehrere Eingangskanäle. Durch dieses

*3 Was bleibt im Gedächtnis A nach wenigen Sekunden; B nach 15 Minuten; C nach einem Jahr?*

*mehrkanalige Lernen* gelangen Informationen auf verschiedenen Wegen ins Gedächtnis. Mehrkanaliges Lernen steigert oft den Lernerfolg.

Alle aufgenommenen Informationen bleiben für etwa 10 bis 20 Sekunden im Bewusstsein erhalten. In diesem **Kurzzeitspeicher** werden die Informationen nach ihrer Bedeutung ausgefiltert. Informationen, die für das Lernen keine besondere Bedeutung haben, werden ausgesondert und gehen verloren. Informationen, die für das Lernen von Bedeutung sind oder sich mit bereits Gelerntem verknüpfen lassen, gelangen in den **mittelfristigen Gedächtnisspeicher.** Dort bleiben die aufgenommenen Informationen für einige Stunden bis Tage erhalten.

Doch diese Informationen sind erst endgültig und lebenslang gespeichert, wenn sie in den **Langzeitspeicher** übergegangen sind. Um diesen Übergang zu erleichtern, müssen zum Beispiel die mittelfristigen gespeicherten Vokabeln regelmäßig wiederholt, eingeübt und angewendet werden. Nur an die im Langzeitspeicher gespeicherten Vokabeln kann man sich auch später noch erinnern.

Im Gehirn werden neu gelernte Erfahrungen und Lerninhalte mit gespeichertem Wissen verknüpft und wiederum gespeichert. So lernt der Mensch ständig dazu und erweitert seinen Wissensstand. Durch diese *Wissenszunahme* ist man in der Lage, neue Problemstellungen zu bewältigen, um sich in seiner Umwelt zurechtzufinden. Entwicklungen und Veränderungen auf den Gebieten der Wissenschaft, Technik, Wirtschaft, Natur und Kultur machen es notwendig, dass man ständig Neues dazulernen muss, um sich orientieren zu können. Man muss also lebenslang lernen.

> Der Mensch lernt sein Leben lang durch Lernen am Erfolg, durch Nachahmung und besonders durch Einsicht. Mehrkanaliges Lernen erleichtert das Behalten des Gelernten im Langzeitspeicher und die ständige Wissenszunahme.

**1** Nenne Situationen, in denen Menschen durch Erfolg, Nachahmung oder Einsicht lernen. Erkläre.
**2** Berichte, auf welche Weise du erfolgreich Vokabeln lernst.
**3** Welche Lernbedingungen können deinen Lernerfolg stören, welche können ihn fördern? Erkläre.
**4** Erläutere anhand der Abbildung 3 die drei Stufen der Informationsspeicherung im Gedächtnis.

Was kann den Lernerfolg stören?

Unruhe durch Lärm, Gespräche, Fernsehen, ...
Stress
Gedanken an Freizeit, ...
Unwohlsein
Sorgen
Lustlosigkeit
Zeitdruck

*4 Lernbedingungen*

Was kann den Lernerfolg fördern?

Ruhe
Lust am Lernen
Konzentration
Wohlbefinden
Entspanntsein
Zeiteinteilung
Üben, Wiederholen, Anwenden von Gelerntem

Wahlpflichtbereich: Lernen und Gedächtnis

**Übung** — **Lern- und Gedächtnisleistungen des Menschen**

## V 1 Eingangskanäle für das Lernen

**Material:** Stoppuhr, Folien, Folienstifte, Overheadprojektor, Zettel, Stift, je Schüler 12 kleine Gegenstände wie Radiergummi…, Tuch zum Verbinden der Augen, Tuch zum Abdecken der Gegenstände
**Vorbereitung:** Mit den folgenden vier Versuchen kannst du testen, welche **Eingangskanäle** für dein Lernen besonders wichtig sind. Der Lehrer bzw. die Lehrerin bereiten dafür zwei Folien vor. Auf die erste Folie werden 12 Begriffe zum Lesen geschrieben. Auf die zweite Folie werden 12 einfache Bilder gezeichnet. Die vorzulesenden 12 Begriffe für das Hören stehen dagegen auf einem Zettel, den die Schüler nicht gezeigt bekommen. Außerdem werden verdeckt für jeden Schüler 12 kleine Gegenstände für den vierten Teilversuch bereitgelegt.
**Durchführung:** Teilversuch I „Lesen": Für exakt 20 Sekunden werden die 12 zu lesenden Begriffe von Folie 1 aufgedeckt. Ein „Mitmurmeln" beim Lesen ist verboten. Danach stellst du deinem Nachbarn für eine Minute Kopfrechenaufgaben. Erst dann schreibt sich jeder alle Begriffe auf, an die er sich erinnern kann.
Teilversuch II „Hören": Hier werden vom Zettel 12 neue Begriffe langsam und deutlich vom Lehrer bzw. der Lehrerin vorgelesen. Die Zeit beträgt auch hier wieder 20 Sekunden. Es folgen die Rechenaufgaben und das Aufschreiben der erinnerten Begriffe.
Teilversuch III „Bilder merken": Es werden die 12 auf Folie 2 gezeichneten Begriffe gezeigt. Zum Einprägen sind wieder 20 Sekunden Zeit. Nach einer weiteren Minute mit Rechenaufgaben werden die Begriffe notiert, die du dir merken konntest.
Teilversuch IV „Tasten": Diesmal arbeitet ihr zu zweit. Du verbindest deinem Partner die Augen. Dann gibst du ihm jeweils einen kleinen Gegenstand zum Tasten. Auch bei diesem Versuch wird nicht gesprochen. Sind alle 12 Gegenstände ertastet, wird eine Minute gerechnet. Dann notiert sich dein Partner die Gegenstände, an die er sich erinnert. Anschließend wird der vierte Teilversuch mit neuen Gegenständen und getauschten Rollen wiederholt.
**Aufgaben:** a) Vergleiche deine Aufzeichnungen mit den insgesamt 48 zu erinnernden Begriffen und stelle fest, wie viele Begriffe du dir bei jedem Teilversuch merken konntest.
b) Zeichne ein Diagramm wie rechts gezeigt, trage deine Ergebnisse in dieses ein, werte aus.

**Teilversuch I: Lesen**

Teller   Blume   Radiergummi   Löffel
Fenster   Blumentopf   Orange   Schokolade
Gebirge   Baumstamm   Wasser   Fingerhut

*Beispiel für Folie 1*

**Teilversuch III: Bilder merken**

*Beispiel für Folie 2*

Rechenaufgaben: 20 x 10; 6 x 9; 12 x 12; 9 x 4; 7 x 8; …
23 + 45; 36 + 69; 90 + 103; 32 + 188; 24 + 98;
76 + 31; …
109 – 32; 43 – 18; 88 – 45; 45 – 16; 120 – 38; 13 – 18; …

*Mögliche Kopfrechenaufgaben*

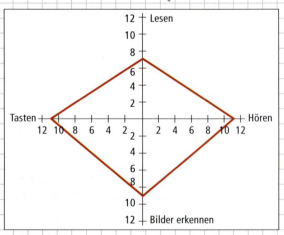

*Diagramm zur Auswertung (Schüler einer 10. Klasse, Musikschule)*

## V 2 Lernen mit und ohne Störungen

**Material:** Stoppuhr; Kassettenrekorder (oder Walkman/Discman)
**Durchführung:** Löse die Aufgabe 1 und notiere, wie viel Zeit du zur richtigen Lösung benötigst.
Spiele ein Musikstück sehr laut (mit Kopfhörer). Löse während der Musik die Aufgabe 2 und notiere wie viel Zeit du zur richtigen Lösung benötigst.
**Aufgaben:** a) Vergleiche deine beiden Messwerte.
b) Vergleiche deine Messwerte mit den Ergebnissen deiner Mitschülerinnen und Mitschüler.
c) Welche Folgerungen ziehst du aus den Ergebnissen für dein persönliches Lernen?

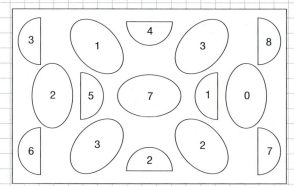

Aufgabe 1: Verdopple die Summe der Zahlen in den Halbkreisen und teile diese durch die Summe der Zahlen in den Ellipsen.

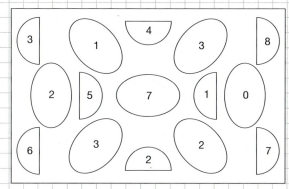

Aufgabe 2: Ziehe die Wurzel aus der Summe der Zahlen in den Halbkreisen und multipliziere das Ergebnis mit der Summe der Zahlen in den Ellipsen.

## V 3 Emotionen beeinflussen das Lernen

**Material:** zwei Geschichten, die gleich lang sind, aber unterschiedlich beginnen: Der eine Anfang ist emotional neutral, der andere verbirgt starke Emotionen; beide Geschichten beinhalten die selbe Aufzählung von Dingen oder Tätigkeiten (siehe Beispiel unten)

> *Geschichte 1:* Meine Mutter arbeitet als Krankenschwester in einem Krankenhaus. Als ich sie letzten Donnerstag abholte, trank sie gerade einen Kaffee. Ich habe mich zu ihr gesetzt. Wir hatten noch 15 Minuten Zeit bis zum nächsten Bus. Deshalb hat mir meine Mutti mal erzählt wie eine Patientenaufnahme im Krankenhaus abläuft.
> Zuerst wird nach dem <u>Namen</u> gefragt und die <u>Ansprechbarkeit</u> geprüft. Dann werden <u>Atmung</u> und <u>Puls</u> kontrolliert. Manchmal wird zusätzlich die <u>Herztätigkeit</u> aufgezeichnet. Die Schwester nimmt eine Kanüle und legt einen <u>Zugang in die Vene</u>. Dann entnimmt sie eine <u>Blutprobe</u>. Die Probe wird ins <u>Labor</u> geschickt. Der behandelnde Arzt <u>tastet den Körper ab</u> und überprüft mit <u>Ultraschall den inneren Bauchraum</u>.
>
> *Geschichte 2:* Letztes Jahr war Weihnachten die Hölle. Meiner kleinen Schwester ging es plötzlich ganz schlecht, sie war blass wie eine Kalkwand und fürchterlich müde. Unser Hausarzt musste kommen und sie sich anschauen. Verdacht auf Blutkrebs!!! Noch am 24. Dezember ging es mit Blaulicht ins Krankenhaus. Ich durfte mit und habe die gesamte Aufnahme live erlebt.
> Zuerst wird nach dem <u>Namen</u> gefragt...

**Durchführung:** Wähle zwei Versuchspersonen aus deinem Bekanntenkreis aus. Sie dürfen deine Geschichten vorher natürlich nicht kennen. Bei diesem Versuch wird mit beiden Personen getrennt gearbeitet. Du liest der ersten Versuchsperson langsam und deutlich die erste Geschichte vor. Ein genauer Zweck wird nicht angegeben. Dann wird mitgeteilt, dass du dich mit dieser Person in genau einer Woche wieder triffst. Der zweiten Testperson liest du die andere Geschichte vor.
Nach einer Woche fragst du beide Versuchsteilnehmer nach den 10 verschiedenen Dingen oder Tätigkeiten, die in deiner Geschichte auftauchen. Sie sollen diese in möglichst richtiger Reihenfolge nennen. Notiere jeweils die Anzahl der richtig erinnerten Begriffe.
**Aufgaben:** a) Führe den Versuch mit verschiedenen Testpersonen durch. Werte die Ergebnisse aus.
b) Ziehe Schlussfolgerungen für dein Lernen.

# Stammesgeschichte

**1 Der Weg zum Menschen. A** Olduvai-Schlucht; **B** Australopithecus afarensis; **C** Homo rudolfensis (Schädel unvollständig); **D** Homo habilis (Schädel unvollständig); **E** Homo erectus; **F** Homo sapiens

## 2.6 Der Ursprung des Menschen

Durch Ostafrika verläuft ein gigantischer Grabenbruch, das Afrikanische Rift Valley. An dieser Nahtstelle bricht der Kontinent langsam auseinander. Aktive und erloschene Vulkane säumen die Ränder des Grabenbruchs. Steil eingeschnittene Seitentäler ziehen sich viele Kilometer weit in das umliegende Hochland hinein. Eines dieser Täler ist die Olduvai-Schlucht in Tansania. An den Wänden ist eine deutliche Schichtung der Gesteine zu erkennen. Die ältesten Schichten liegen ganz unten, jüngere darüber. Fossilien, die man in diesen Schichten findet, können zeitlich gut eingeordnet werden.

Die Forscher Mary und Louis LEAKEY suchten 1931 erstmals in dieser Schlucht nach Fossilien. Außer großen Mengen an versteinerten Tierknochen entdeckten sie auch eine Anzahl einfacher Steinwerkzeuge. Wer hatte diese Werkzeuge hergestellt? Konnte man in dieser Schlucht vielleicht sogar Fossilien von ausgestorbenen Vorfahren des Menschen finden?

Nach fast 30 Jahren intensiver Suche gelang Mary LEAKEY 1959 der sensationelle Fund eines Schädels, der sowohl menschliche als auch affenähnliche Merkmale aufwies. Das Alter dieses Fundes wurde auf etwa 1,8 Millionen Jahre bestimmt.

Die LEAKEYs suchten weiter. Schon 1960 gelang ihnen ein weiterer Aufsehen erregender Fund. Es stellte sich heraus, dass die neue Versteinerung zu einer Art gehörte, die ein viel größeres Gehirn hatte als der Fund von 1959. Das neue Fossil, dessen Alter auf ebenfalls 1,8 Millionen Jahre geschätzt wurde, ordnete man der Gattung

## Stammesgeschichte

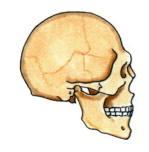
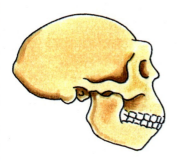
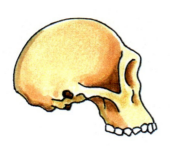
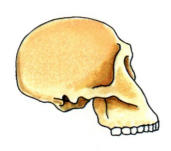
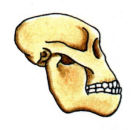

Homo, also *Mensch*, zu, obwohl der Körperbau deutliche Unterschiede zum heute lebenden Menschen aufweist. Weil die *Urmenschen* von Olduvai wahrscheinlich die Steinwerkzeuge hergestellt hatten, erhielten sie den Artnamen **Homo habilis**, *geschickter Mensch*. Der erste Fund aus der Olduvai-Schlucht gehörte dagegen zu einem Lebewesen, das zwar gleichzeitig mit Homo habilis lebte, aber noch viele Merkmale eines Affen hatte. Diese Gattung erhielt den Namen **Australopithecus**, *Südaffe*. Weitere Funde von ausgestorbenen Vorfahren des Menschen zeigten, dass die Wiege des Menschen wahrscheinlich in Ostafrika stand. Dort vollzogen sich die entscheidenden Schritte in der Entwicklung zum heutigen Menschen.

Heute kennt man eine fast unübersehbar große Fülle an affenähnlichen, menschenähnlichen und menschlichen Fossilien. Oft handelt es sich nur um einzelne Zähne oder um Bruchstücke eines Skeletts. Funde von vollständig erhaltenen Skeletten sind sehr selten. Aus diesen unvollständigen Funden versuchen die *Paläoanthropologen*, die sich mit der Abstammung des Menschen beschäftigen, die einzelnen Funde wie in einem Puzzle zusammenzusetzen.
Das Puzzle ist noch längst nicht vollständig. In groben Zügen lässt sich die Entwicklung zum Menschen aber bereits nachvollziehen.

Die Menschenaffen Orang-Utan, Gorilla und Schimpanse haben gemeinsame Vorfahren mit dem Menschen. Die ältesten Fossilien, die zu dieser gemeinsamen Ursprungsgruppe gehören, sind etwa 30 Millionen Jahre alt. Während sich die Menschenaffen zu Bewohnern des tropischen Regenwaldes entwickelten und bis heute zeitweise oder ganz auf Bäumen leben, vollzog sich die Entwicklung zum Menschen in den locker von Büschen und Bäumen bestandenen Savannen.

Die ältesten Fossilien, die sich eindeutig den Vorfahren des Menschen zuordnen lassen, sind über vier Millionen Jahre alt. Diese *Vormenschen* fasst man zur Gattung Australopithecus zusammen. Zu dieser Gruppe gehört beispielsweise die Art **Australopithecus afarensis**, benannt nach einem Fundgebiet in Äthiopien. Die ältesten Überreste, die zur Gattung Homo gezählt werden, fand man am Rudolfsee (heute Turkanasee) in Kenia. Nach dem Fundort wird dieses nur unvollständig erhaltene Fossil **Homo rudolfensis** genannt. Die weitere Entwicklung ging über den **Homo erectus**, den *aufrecht gehenden Menschen*, bis zum heutigen **Homo sapiens**, dem *vernunftbegabten Menschen*.
Viele der Fossilfunde lassen sich nicht in die direkte Entwicklungslinie zum modernen Menschen einordnen. Sie stellen „Sackgassen" in der Entwicklung dar. Zu einem solchen Seitenzweig gehört wahrscheinlich der Homo habilis.

Die Knochenfunde verraten nur wenig darüber, wie die Vorfahren des Menschen wirklich ausgesehen haben. Rekonstruktionen sind Versuche, diesen Fossilien „ein Gesicht" zu geben.

> Die Entwicklung zum Menschen erfolgte in Afrika. Zu den direkten Vorfahren des heutigen Menschen gehören verschiedene Arten der Gattungen Australopithecus und Homo.

**1** Beschreibe anhand der Abbildung 1 einige Stationen der Entwicklung zum Menschen. Nenne dabei wesentliche Veränderungen im Bau des Schädels.

# Stammesgeschichte

## 2.7 Australopithecus lebte in Afrika

1978 arbeiteten Paläoanthropologen in Laetoli, einer Fundstelle südlich der Olduvai-Schlucht. Dort hatte man schon früher Fossilien von **Australopithecus afarensis** gefunden. Wieder einmal hatten die Forscher Glück: Diesmal stießen sie auf versteinerte Fußabdrücke. Sie beweisen, dass Australopithecus bereits vor 3,6 Millionen Jahren aufrecht ging.

1974 war in Äthiopien ein fast vollständig erhaltenes Skelett eines weiblichen Australopithecus gefunden worden, das man **Lucy** taufte. Lucy war etwas über einen Meter groß und wog etwa 30 Kilogramm. Die Männer wurden größer und schwerer. Wahrscheinlich streiften diese Vorfahren des Menschen in kleinen Gruppen durch die Savannen Ostafrikas. Mit ihren langen Armen und den großen Händen konnten sie noch wie Menschenaffen geschickt auf Bäume klettern. Dort suchten sie einen Teil ihrer Nahrung, die wahrscheinlich vorwiegend aus Blättern und Früchten bestand. Auf dem Boden bewegten sich Lucy und ihre Artgenossen aufrecht gehend fort. Dadurch hatten sie im offenen Gelände eine gute Übersicht. Sie konnten Feinde auf große Entfernungen entdecken und ihnen ausweichen. Außerdem hatten sie die Hände frei zum Tragen von Nahrung oder anderen Gegenständen. Sicher verwendeten sie Stöcke oder Knochen dazu, um im Boden nach essbaren Wurzeln oder Knollen zu suchen. Werkzeuge aus Stein gezielt herstellen konnten sie aber wahrscheinlich noch nicht.

Lucy hatte noch viele Merkmale, die an Menschenaffen erinnern: Das Gehirn war beispielsweise nur etwa so groß wie beim heutigen Schimpansen und der Kiefer stand schnauzenartig vor. Der aufrechte Gang ist allerdings ein eindeutig menschliches Kennzeichen. Lucy kann daher als eine Übergangsform von affenähnlichen Vorfahren zum Menschen angesehen werden.

Aus verschiedenen Gegenden Afrikas sind weitere Funde von Australopithecus bekannt. Manche von ihnen unterscheiden sich so stark von Lucy, dass man ihnen andere Artnamen gegeben hat. Die ältesten Arten von Australopithecus lebten vor etwa fünf Millionen Jahren, die letzten starben vor mehr als einer Million Jahren aus.

> Die Vormenschen der Gattung Australopithecus lebten ausschließlich in Afrika. Sie konnten bereits aufrecht gehen.

**1** Beschreibe anhand von Abbildung 1 den Lebensraum von Australopithecus afarensis.
**2** Stelle mithilfe einer Atlaskarte und der Abbildung 1 B fest, in welchen Gebieten Afrikas Funde von Australopithecus gemacht wurden.
**3** Betrachte die Fußspuren von Laetoli. Wie viele Personen sind hier gegangen?

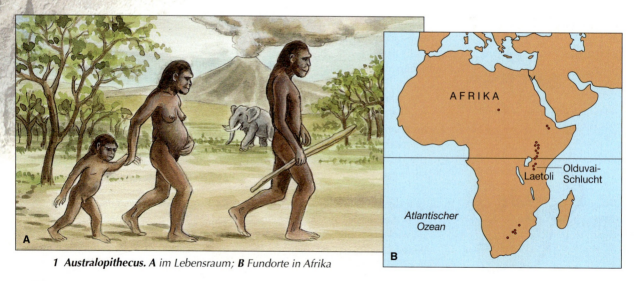

**1 Australopithecus. A** im Lebensraum; **B** Fundorte in Afrika

# Stammesgeschichte

## 2.8 Homo erectus siedelte auch in Asien

Die ersten Schritte der Entwicklung zum heutigen Menschen vollzogen sich in den Savannen Afrikas. Dies wird beispielsweise durch ein fast vollständiges Skelett eines 1,6 Millionen Jahre alten *Frühmenschen* vom Turkanasee in Kenia belegt. Dieser *Turkana-Boy* weist so viele menschenähnliche Merkmale auf, dass man ihn zur Gattung **Homo** zählt. Wegen ihres aufrechten Gangs erhielten die urtümlichen Menschen den Artnamen **Homo erectus.** Von Ostafrika aus breiteten sich diese Frühmenschen dann nach Südafrika und nach Asien aus. Die afrikanische Form des Homo erectus gehört wahrscheinlich zu den direkten Vorfahren des modernen Menschen.

Bereits vor über einer Million Jahren lebte der **Homo erectus** in Asien. Fossilfunde, die schon 1891 auf der zu Indonesien gehörenden Insel Java gemacht wurden, beweisen dies. Der Homo erectus glich in vielen Skelettmerkmalen bereits dem modernen Menschen. Dies gilt vor allem für das Handskelett, das hervorragend zum Greifen, aber weniger gut zum Klettern geeignet war. Die Bein- und Fußknochen waren aber noch viel kräftiger entwickelt als beim heutigen Menschen. Das Gehirn des Homo erectus hatte noch nicht die Größe wie beim modernen Menschen erreicht.

Auch in China lebten vor etwa 500 000 Jahren schon Frühmenschen. Die ersten Funde wurden um 1930 in einem Höhlensystem nahe der Hauptstadt Beijing (Peking) gemacht.

Dieser *Peking-Mensch* konnte schon mit dem Feuer umgehen, denn in der Höhle fanden sich Reste von Lagerfeuern. Außerdem benutzte er Werkzeuge, die vorwiegend aus Steinen angefertigt wurden. Im Gegensatz zu Australopithecus, der noch vorwiegend von pflanzlicher Nahrung lebte, nahmen die Frühmenschen in zunehmendem Maße auch Fleisch als Nahrung zu sich. Wahrscheinlich sammelten sie zunächst verendete Tiere, später gingen sie aber zunehmend zur Jagd über. Es gibt Hinweise darauf, dass sie bereits die Treibjagd auf in Herden lebende Tiere beherrschten.

Auch in Europa gab es vor mehr als 500 000 Jahren schon Frühmenschen. Dies weiß man durch Fossilfunde, die z. B. aus Frankreich, England und der Gegend von Heidelberg stammen. Dieser *Heidelberger Mensch* stimmt zwar in vielen Merkmalen mit dem Homo erectus überein, in anderen unterscheidet er sich jedoch von ihm. Auf jeden Fall waren die ersten Europäer nahe Verwandte des Homo erectus. Kürzlich wurden in Spanien Fossilien einer Frühmenschenart gefunden, die vor etwa 800 000 Jahren lebte. Dieser **Homo antecessor** war möglicherweise ein gemeinsamer Vorfahre des Heidelberger Menschen und des modernen Menschen.

> In Afrika lebende Formen des Homo erectus waren wahrscheinlich direkte Vorfahren des modernen Menschen. Von Afrika aus besiedelte der Homo erectus Teile Asiens und wahrscheinlich auch Europa.

**1** Beschreibe die Lebensweise des Homo erectus, wie sie Abbildung 1 A zeigt.

**2** Benenne die erhaltenen Skelettteile in Abbildung 1 B.

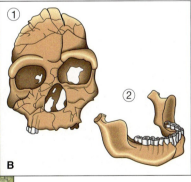

*1 Homo erectus. **A** Höhlenmenschen in China; **B** Funde von Frühmenschen aus Europa: ① Frankreich: 400 000 Jahre alt, ② Heidelberg: 600 000 Jahre alt*

# Stammesgeschichte

*1 Homo habilis bei der Werkzeugherstellung*

## 2.9 Entwicklungstendenzen bei unseren Vorfahren

Bei der Jagd und der Suche nach Nahrung hatten der **aufrechte Gang** und das **zweibeinige Laufen** eine Reihe von Vorteilen. Zunächst gehen diese Eigenschaften mit einer Energieersparnis einher. Vergleicht man den Energieaufwand eines aufrecht gehenden Menschen mit dem eines sich mit vier Füßen fortbewegenden Schimpansen, so stellt man fest, dass der Mensch mit dem gleichen Energieaufwand eine doppelt so lange Strecke zurücklegen kann. Zusätzlich ewärmte sich bei starker Sonneneinstrahlung der aufrecht gehende Mensch nicht so stark, da der Körper weniger von den Sonnenstrahlen und von der abgestrahlten Erdwärme getroffen wurde. Die kurze Körperbehaarung ermöglichte der Gattung Homo ein besseres Schwitzen. Durch die entstehende Verdunstungskälte konnte der Körper zusätzlich gekühlt werden. Der aufrechte Gang ermöglichte es auch, über die hohen Gräser der Savanne Beute und Feinde auszuspähen. Mit den verbesserten **Steinwerkzeugen** konnte die Beute getötet und zerlegt werden. Der Mensch ergänzte mit der Zeit die vegetarische Nahrung mehr und mehr durch tierische. Wissenschaftler vermuten, dass erst durch die gleichmäßigere Zufuhr von eiweiß- und fettreicher Nahrung die Entwicklung und Versorgung eines größeren Gehirns möglich wurde. Waren unsere Vorfahren bei der Jagd erfolgreich, so wurde soviel Nahrung wie möglich aufgenommen. Ein Teil dieser Nahrung wurde in Fettdepots im Körper gespeichert. Durch den aufrechten Gang waren Arme und Hände für weitere Aufgaben frei. Sie konnten zum Beispiel zum Tragen von Materialien und Nahrung zu den Wohnplätzen verwendet werden. Die Hände wurden immer vielseitiger eingesetzt. So konnte man mit ihnen zum Beispiel immer bessere Werkzeuge herstellen.

Viele Forscher nehmen an, dass die Sprache parallel zur Entwicklung der Werkzeugkultur entstanden ist. Es ist jedoch nicht bekannt, ob eine einfache Sprache schon für die Herstellung einfacher Werkzeuge bei *Homo rudolfensis* oder bei *Homo habilis* eine Rolle gespielt hat. Das Abschlagen von Steinen zur Herstellung von handlichen Splittern war wahrscheinlich auch durch einfache Nachahmung möglich. Um aber aufwändig bearbeitete Steinwerkzeuge, wie Faustkeile herzustellen, reichte Nachahmung nicht mehr aus. Faustkeile von *Homo erectus* wurden schon in Werkstätten erzeugt, was ohne Unterweisung und Absprache wohl kaum möglich war.

Ferner musste man oft den Rohstoff für die Faustkeile von weiter entfernten Orten heranschaffen. All dies ist ohne Arbeitsteilung und Sprache kaum vorstellbar. Wenn die dargestellten Vermutungen und Überlegungen richtig sind, so musste zumindest *Homo erectus* eine Sprache benutzt haben. Ob die Entstehung von Sprache bei den ersten Menschen der Gattung Homo vor mehr als 2 Millionen Jahren oder erst bei späteren Menschen vor 1,8 bis 1,5 Millionen Jahren erfolgte, ist umstritten. Manche Forscher setzen die Entstehung der Sprache wesentlich später an. Nach ihrer Auffassung war erst *Homo sapiens* vor etwa 200 000 Jahren in der

## Stammesgeschichte

Lage zu sprechen. Beweise, wie zum Beispiel die richtige Stellung des Kehlkopfes und das Vorhandensein eines sprachmotorischen Zentrums im Gehirn, beides wichtige Voraussetzung für Sprache, fehlen bis heute.

Vergleicht man die Erbsubstanz des Jetztmenschen mit der des heutigen Schimpansen, so stellt man eine etwa 95%ige Übereinstimmung fest. Nur ein Bruchteil unserer Gene ist danach für alles „Menschliche" verantwortlich. Man vermutet, dass sich besonders jene Gene beim Menschen verändert haben, die das Wachstum und die Struktur des Gehirns beeinflussen. Schon geringe Änderungen im genetischen Programm können dramatische Folgen haben. So können zum Beispiel geringe Änderungen in den Genen, die für das Wachstum der Hirnzellen im Fetus verantwortlich sind, zu einer **Gehirnvolumenzunahme** geführt haben. Betrachtet man das Gehirnvolumen der verschiedenen Hominidenarten, so lässt sich ein sprunghaftes Wachstum ablesen. Trotzdem gehen einige Forscher davon aus, dass das Gehirnvolumen allmählich größer wurde. Sie weisen darauf hin, dass bis heute zu wenige Funde vorliegen, um ein allmähliches Wachstum des Gehirns ablesen zu können.

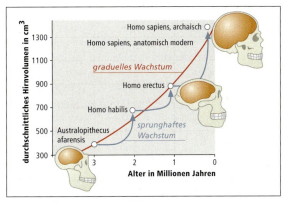

**2 Veränderung des Hirnvolumens**

> Im Laufe der Stammesentwicklung des Menschen kam es zu zahlreichen Veränderung in der Fortbewegung, der Nahrung, der Sprache und im Werkzeuggebrauch.

**1** Wende die Erschließungsfelder „Wechselwirkung" und „Angepasstheit" auf die Abbildung 3 an.

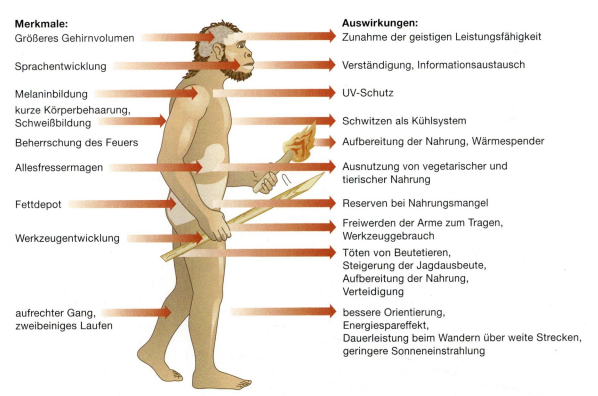

**3 „Neuerungen" bei den ersten Menschen der Gattung Homo**

# Stammesgeschichte

## 2.10 Neandertaler und Homo sapiens

Im Jahre 1856 entdeckten Arbeiter in einem Steinbruch im Neandertal bei Düsseldorf einige urtümliche Knochen. Sie legten sie dem Lehrer Johann Carl FUHLROTT vor. Dieser untersuchte den Fund und stellte fest, dass er die Schädeldecke, einige Gliedmaßenknochen sowie Reste des Beckens eines Menschen vor sich hatte. Von dem Skelett heutiger Menschen unterschieden sich die Knochen aus dem Neandertal allerdings deutlich: Dieser Mensch hatte sehr viel kräftiger gebaute Knochen, eine fliehende Stirn und dicke Wülste über den Augen besessen. FUHLROTT kam schließlich zu der Überzeugung, dass es sich um die Reste eines Menschen aus der Eiszeit handeln müsse. Mit der Entdeckung dieses **Neandertalers** begann die systematische Erforschung der Abstammung des Menschen.

Seit ihrer Entdeckung sorgen die Neandertaler in der Öffentlichkeit und unter den Wissenschaftlern für heftige Kontroversen. Handelte es sich um „primitive Rohlinge", die eher Tieren als Menschen glichen? Oder war ihre Intelligenz der unseren ebenbürtig? Waren sie unsere Vorfahren, oder gehörten sie einer anderen Art an? Wurden sie vom modernen Menschen verdrängt oder gar ausgerottet, oder lebten beide friedlich nebeneinander und pflanzten sich miteinander fort?

Fest steht, dass die Neandertaler, die in der Zeitspanne von vor 200 000 bis vor etwa 30 000 Jahren in weiten Teilen Europas und Westasiens lebten, anders aussahen als heutige Menschen. Sie besaßen einen massigen Körper und verhältnismäßig kurze, aber sehr kräftige Gliedmaßen. Ihr Schädel mit der fliehenden Stirn und den Knochenwülsten über den Augen verlieh ihnen wohl ein nicht übermäßig „intelligentes Aussehen". Ihr Gehirn war allerdings nicht kleiner, sondern im Durchschnitt sogar noch etwas größer als beim heutigen Menschen. Was dies bedeutet, ist aber nicht ganz klar, denn bei heutigen Menschen gibt es keinen erkennbaren Zusammenhang zwischen Gehirngröße und Intelligenz.

Gegen die Annahme, dass die Neandertaler dem modernen Menschen geistig unterlegen waren, sprechen noch andere Befunde: Aus Grabfunden weiß man, dass sie ihre Toten bestatteten; verheilte Verletzungen deuten darauf hin, dass sie für Kranke sorgten, und Steingeräte zeigen, dass sie geschickte Werkzeugmacher waren. Sicher ist auch, dass sie mit Feuer umgehen konnten, Behausungen bauten und sich mit Fellen kleideten.

Mit ihrem stämmigen Körperbau, der wenig Wärme abstrahlte, waren die Neandertaler gut an das Klima im eiszeitlichen Europa angepasst. Dass sie auch erfolgreiche Großwildjäger waren, beweist ein Speer, der zwischen den Rippen eines vor 120 000 Jahren gestorbenen Elefanten steckte. Um so rätselhafter ist es, dass sie vor knapp 30 000 Jahren endgültig ausstarben – etwa 10 000 Jahre nachdem in Europa Menschen aufgetaucht waren, deren Anatomie derjenigen der heutigen Menschen auffallend glich.

Kaum jemand bezweifelt, dass das Aussterben der Neandertaler mit dem Auftauchen des modernen Menschen in Zusammenhang steht.

**1 Neandertaler.**
**A** *Werkzeuge aus der Steinzeit;*
**B** *bei der Herstellung von Speeren*

## Stammesgeschichte

Die genauen Umstände sind allerdings unklar. Manche Wissenschaftler glauben, dass sich die beiden Menschenformen miteinander vermischt haben, sodass auch in heutigen Europäern sozusagen noch „Neandertalerblut" fließt. Als Kronzeugen für ihre Theorie führen sie ein knapp 25 000 Jahre altes Kinderskelett an, das Ende 1998 in Portugal gefunden wurde. Da die Knochen dieses Kindes sowohl neandertalerähnliche als auch moderne Merkmale zeigen, glauben sie, dass es sich um einen Mischling handelt. Nach dieser Theorie gehörten die Neandertaler der gleichen Art an, wie die später in Europa auftauchenden Menschen – der Neandertaler war also lediglich eine Unterart des Homo sapiens. Der wissenschaftlich korrekte Name des Neandertalers lautete demnach *Homo sapiens neanderthalensis*.

Viele andere Wissenschaftler sind hier allerdings skeptisch, unter anderem weil sich die Schädel von Neandertalerkindern von denen zeitgleich lebender, anatomisch moderner Kinder eindeutig auseinanderhalten lassen. Sie halten Neandertaler und die vor 40 000 Jahren in Europa aufgetauchten anatomisch modernen Menschen für zwei verschiedene Arten, die sich nicht miteinander fortgepflanzt und fruchtbare Nachkommen gezeugt haben. Nach dieser Theorie lautet die wissenschaftlich korrekte Bezeichnung des Neandertalers daher *Homo neanderthalensis*, während die Menschen, die vor 40 000 Jahren in Europa auftauchten, ebenso wie wir zur Art **Homo sapiens** gehörten.

Auch über den Ursprung des Homo sapiens streiten sich die Wissenschaftler noch. Manche glauben, der Homo erectus habe sich in verschiedenen Teilen der Welt zum Homo sapiens weiterentwickelt. Nach dieser Ansicht wäre der Peking-Mensch ein direkter Vorfahre der heutigen Ostasiaten und der Neandertaler ein Vorfahre der heutigen Europäer.

Die meisten Fachleute schließen sich aber der **Theorie vom afrikanischen Ursprung des modernen Menschen** an. Nach dieser Theorie stammen alle heutigen Menschen von Vorfahren ab, die vor etwa 150 000 Jahren in Afrika entstanden. Sowohl die Neandertaler als auch die Peking-Menschen repräsentieren nach dieser Theorie blind endende Seitenzweige am Stammbaum des Menschen. Sie sind ausgestorben und haben keine heute noch lebenden Nachfahren.

Gestützt wird die Theorie vom afrikanischen Ursprung des modernen Menschen unter anderem durch die Tatsache, dass die ältesten fossilen Fundstücke anatomisch moderner Menschen – sie sind etwa 100 000 bis 120 000 Jahre alt – aus Afrika stammen.

Warum in Europa schließlich die Neuankömmlinge aus Afrika das Rennen machten und die Neandertaler ausstarben, wird vielleicht immer ein Rätsel bleiben. Da beide ein Leben als Jäger und Sammler führten, konkurrierten sie sicher um dieselbe Nahrung. Vielleicht waren die modernen Menschen besser in der Lage, knapper werdende Ressourcen zu nutzen. Harpunen, mit denen man Fische fangen konnte, kannten jedenfalls offenbar nur sie. Wie wenig „primitiv" diese Menschen waren, beweisen auch die eindrucksvollen Höhlenmalereien, die vor 20 000 bis 30 000 Jahren in Spanien und Frankreich entstanden.

> Die Neandertaler waren Menschen, die bis vor 30 000 Jahren in Europa lebten. Ob sie zur selben Art wie der aus Afrika kommende Homo sapiens gehörten, ist unter Wissenschaftlern umstritten.

**1** Ordne die Vorfahren des Jetztmenschen in einer Skizze in der richtigen zeitlichen Abfolge an.

**2** *Homo sapiens.*
**A** beim Fischfang; **B** Höhlenmalerei

Stammesgeschichte

## Streifzug durch die Geschichte

## Aus der Steinzeit direkt zu uns

*1 Fund der Mumie am Gletscher*

19. September 1991. Die deutschen Bergsteiger Erika und Helmut Simon entdecken in den Ötztaler Alpen eine leblose Gestalt, die in das Gletschereis eingebettet ist. Die schnell verständigte Polizei prüft den Fund und lässt ihn durch Archäologen bergen. Die anfängliche Vermutung bestätigte sich rasch. Bei der Gestalt handelt es sich um die Mumie eines Mannes, deren Alter auf mindestens 5000 Jahre geschätzt wird. Der im Gletschereis konservierte Steinzeitmensch gibt uns einmalige Informationen über unsere Vorfahren aus dieser Epoche. Die ebenfalls erhaltene Ausrüstung sowie weitere Funde ermöglichen uns eine genaue Vorstellung vom Leben in dieser Zeit.

„Ötzi", so wurde der Gletschermann bald nach seinem Fundort benannt, war wahrscheinlich ein Hirte, der seine Schaf- und Ziegenherden auf die Hochweiden des Ötztals trieb. Seine Heimat war ein kleines Dorf in einem Alpental Südtirols. Durch den Anbau von Nutzpflanzen und die Zucht von Nutztieren konnten viele Menschen ernährt werden. In den mit dichten Wäldern bewachsenen Tälern lebten Wildtiere, die von den Dorfbewohnern gejagt wurden. Männer und Frauen wohnten in Holzhäusern, die mit einem Strohdach versehen auf einem Steingerüst standen. Die Menschen konnten schon Kupfer schürfen und bearbeiten. Auf den Äckern wurden Zugtiere und Pflüge eingesetzt und das Rad wurde schon bei allen Transportaufgaben selbstverständlich verwendet.

Der Gletschermann trug zweckmäßige Lederkleidung und einen Regenumhang aus Grasgeflecht. Eine Gürteltasche enthielt viele nützliche Werkzeuge wie eine Knochenahle zum Bohren und Nähen, ein Feuerzeug aus Zunder und Feuerstein sowie Feuersteingeräte zum Schneiden, Schaben und Bohren. Als Waffen dienten mit großer Perfektion gefertigte Pfeile und ein Bogen. „Ötzi" besaß auch ein Beil mit einer Kupferklinge.

Der Mann aus dem Ötztal war optimal ausgerüstet. Er kam in seiner Gebirgsheimat gut zurecht – bis ihn eines Tages am Hauslabjoch ein Schneesturm überraschte. Auf einen kurz zuvor erfolgten Kampf weist eine Pfeilspitze im Rücken hin, die bei Röntgenuntersuchungen entdeckt wurde.

*2 Leben in der Steinzeit. A Dorf vor etwa 5300 Jahren; B Rekonstruktion des Gletschermannes*

# Stammesgeschichte

Als „Ötzi", der Mann aus dem Eis, in 3200 m Höhe gefunden wurde, glaubte die herbeigerufene österreichische Polizei zunächst, es handele sich um einen vor Jahren vermissten Bergsteiger. Wegen der Reste altertümlich wirkender Kleidungsstücke wurde später auf das Mittelalter getippt.

Erst Wissenschaftler von der Universität Innsbruck erkannten an Hand der gefundenen Gegenstände, vor allem an dem Beil mit Kupferklinge, dass der Mann aus der *Kupferzeit* (3350 bis 3100 v.Chr.) stammen müsse.

Heute ist das Alter dieser wohl bestuntersuchten Mumie genau bekannt. Sie ist 5300 Jahre alt. Doch wie kommen die Wissenschaftler zu einer so präzisen Aussage? Früher waren die Forscher vor allem auf ihre Kenntnisse von der Kultur der jeweiligen Zeit angewiesen, etwa von den Formen der Keramikgefäße oder des Goldschmucks. Heute stehen ihnen auch exakte physikalische Messmethoden zur Verfügung.

Eine solche Methode, mit der auch das Alter des Gletschermanns bestimmt werden konnte, ist *die Kohlenstoff 14-Methode*. Sie beruht darauf, dass in der Atmosphäre neben normalem Kohlenstoff in sehr geringer Menge noch eine andere Kohlenstoffart vorkommt, der *Kohlenstoff 14* (C14). C14-Atome entstehen aus Stickstoff-Atomen durch Einwirkung der Strahlung aus dem Weltraum. Sie sind **radioaktiv.** Das bedeutet, dass sie sich nach einiger Zeit unter Aussendung *radioaktiver Strahlung* in andere Stoffe umwandeln, sie zerfallen.

Eine wichtige Eigenschaft radioaktiver Stoffe ist ihre **Halbwertszeit.** Das ist die Zeit, in der von einer bestimmten Menge radioaktiver Atome genau die Hälfte umgewandelt ist. Das dauert bei manchen Stoffen nur wenige Sekunden, bei anderen Tausende von Jahren. Beim Kohlenstoff 14 beträgt die Halbwertszeit 5730 Jahre. Von 1 g C14 sind also nach 5730 Jahren noch 0,5 g übrig. Diese Eigenschaft wird zur Altersbestimmung genutzt.

In der Luft sind beide Kohlenstoffarten im Kohlenstoffdioxid ($CO_2$) gebunden. Es wird bei der Fotosynthese von den Pflanzen aufgenommen. Weil der Gehalt an C14 in der Atmosphäre immer gleich bleibt, enthalten lebende Pflanzen einen stets gleichen Anteil an C14-Atomen. Endet der pflanzliche Stoffwechsel, etwa wenn ein Baum gefällt wird, nimmt der anfängliche Gehalt an Kohlenstoff 14 wegen des radioaktiven Zerfalls ständig ab. Der Anteil an C14-Atomen ist also umso geringer, je älter das Holz wird.

Der Gehalt an Kohlenstoff 14 kann mit empfindlichen Messgeräten bestimmt werden. Damit lässt sich dann das Alter einer Stoffprobe auf wenige Jahre genau berechnen.

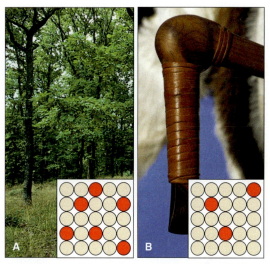

*4 Je älter das Holz, desto weniger Kohlenstoff 14-Atome enthält es*

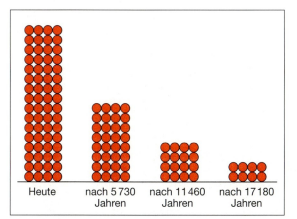

*3 Der radioaktive Zerfall von Kohlenstoff 14*

**1** Wende drei Erschließungsfelder deiner Wahl auf „Ötzi" an.

**2** Informiere dich mit Hilfe eines Lexikons oder aus dem Internet über die Altersbestimmung durch die Jahresringe der Bäume, die Dendrochronologie. Nenne Vor- und Nachteile im Vergleich zur Kohlenstoff 14-Methode.

# Stammesgeschichte

**Methode**

## Mit Stammbäumen zur Entwicklung des Menschen arbeiten

Mit **Stammbäumen** versucht man, mögliche Wege der Evolution aufzuzeigen. Dabei werden verschiedene Arten und deren Verwandtschaftsverhältnis in Abhängigkeit von der Zeit dargestellt. Man sucht nach gemeinsamen Stammformen, die Merkmale von beiden nachfolgenden Arten aufweisen. Dort legt man einen Gabelungspunkt fest. Das bedeutet, dass die Entwicklung der beiden Arten von diesem Punkt an getrennt abgelaufen ist.

Beim Aufstellen von Stammbäumen nutzt man in der Regel **Fossilienfunde.** Möglich sind heute auch ein DNA-Vergleich oder ein Vergleich von bestimmten Eiweißen im Körper der Lebewesen.

Für die Entwicklung des Menschen wirst du zwar die verschiedensten Stammbäume finden, ob sie jedoch genau der Wahrheit entsprechen, weiß niemand. Gerade unser Stammbaum hat besonders viele Lücken und unsichere Verzweigungen. Das liegt daran, dass man nur wenige Fossilien unserer Vorfahren gefunden hat. Die Funde beziehen sich oft auf kleine und unvollständige Skelettteile wie Schädelbruchstücke oder einzelne Zähne. Ganze Skelettfunde waren die Ausnahme. So lassen sich viele Stücke nur schwer in den bisherigen Stammbaum einordnen. Andere Widersprüche traten auf, weil Funde falsch zugeordnet oder datiert wurden. Hier helfen nur Neubewertungen und weitere Untersuchungen. Weitere Funde könnten ebenfalls hilfreich sein.

Wie du dem Stammbaum rechts entnehmen kannst, ist die Entwicklung des Menschen keineswegs gradlinig verlaufen. Viele Menschengattungen und Arten lebten nebeneinander her. Unsere Vorfahren bildeten also eher einen „Busch mit sehr vielen Zweigen". Warum bestimmte Arten später wieder ausstarben, ist ebenfalls nicht immer bekannt.

**1** Vergleiche die beiden Stammbäume auf dieser Doppelseite miteinander. Denke an Gemeinsamkeiten, Unterschiede und Schlussfolgerungen.
Nutze die Hinweise zum Auswerten in Abbildung 2.
**2** Leite für beide Darstellungen je zwei Vorteile und Nachteile ab. Werte.

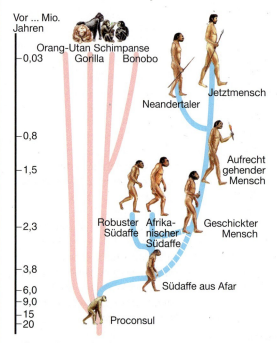

- Gib zuerst das Thema des Stammbaumes an.
- Finde mithilfe der Zeitachse heraus, welchen Zeitraum der Stammbaum darstellt.
- An welchem Punkt beginnt der Stammbaum? Leite daraus den ältesten gemeinsamen Vorfahren ab.
- Ermittle, welche Gruppen (Arten oder Gattungen) dargestellt wurden. Sind sie mit dem deutschen oder lateinischen Namen benannt?
- Schlage unbekannte Bezeichnungen im Lehrbuch oder im Fachbuch nach.
- Wie sind die Gruppen miteinander verknüpft? Beachte: durchgezogene Linien oder Balken entsprechen einigermaßen sicheren Wegen, fossil nicht belegte und vermutete Wege sind gestrichelt dargestellt.
- Gibt es Gruppen, die ausgestorben sind?
- Findest du noch weitere Informationen in dem Stammbaum?

**1 Stammbaum des Menschen und seiner Verwandten**

**2 Hinweise zur Auswertung von Stammbäumen**

# Stammesgeschichte

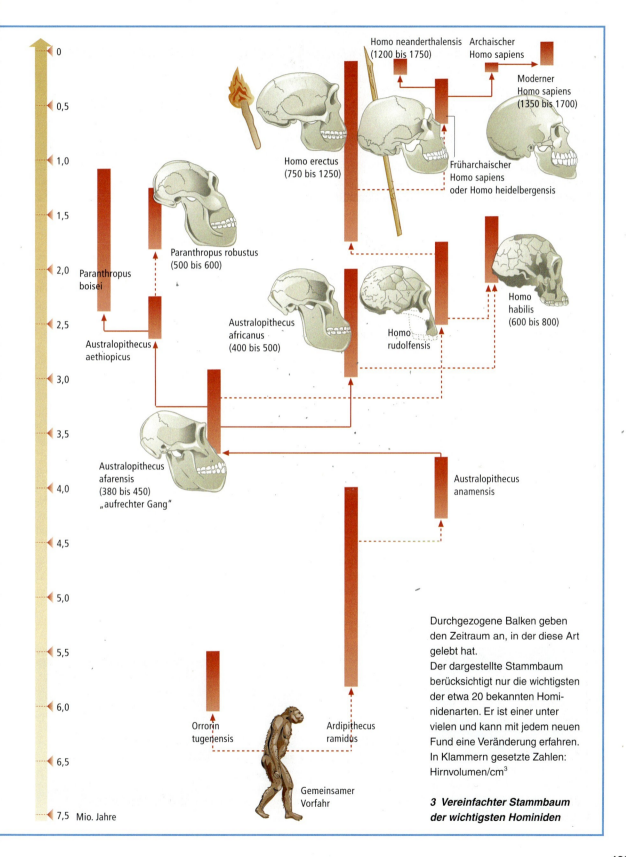

3 Vereinfachter Stammbaum der wichtigsten Hominiden

## Stammesgeschichte

*1 Faustkeil*

*2 Kupfermesser*

*3 Laserskalpell*

### 2.11 Die kulturelle Entwicklung des Menschen

Vom Faustkeil zum Laserskalpell, von der Höhlenzeichnung zum Internet: Diese Fortschritte machen deutlich, dass sich die Menschen nicht nur körperlich veränderten. Sie entwickelten sich auch geistig weiter. Bedingt durch die besondere Ausprägung des Großhirns erwarben unsere Vorfahren besondere Fertigkeiten, die sich im Laufe der Zeit immer weiter verfeinerten.

Durch die Aufrichtung ihres Körpers hatten die Menschen die Arme frei. Dadurch war es ihnen möglich, Geräte zu handhaben. Als erste **Werkzeuge** wurden Knochen und Steine so benutzt, wie sie gefunden wurden. Im Verlauf der Zeit lernten unsere Vorfahren dann, Steine und Stöcke so zu bearbeiten, dass neue Geräte entstanden. Die ältesten uns bekannten Geräte sind 2,5 Mio. Jahre alt. Sie stammen von frühen Vertretern des Homo habilis. Mit Steinwerkzeugen konnten Menschen Tiere erlegen, Felle schneiden, Nahrung zerkleinern und weitere Werkzeuge herstellen. Ein Beispiel dafür ist der *Faustkeil*.

Alle früheren Menschenarten arbeiteten mit Steinwerkzeugen. Erst vor wenigen tausend Jahren lernten unsere Vorfahren, Metall zu bearbeiten. So entstanden leistungsfähige Werkzeuge, die sich gegen Steingeräte durchsetzten. Heute ermöglicht uns die Lasertechnologie sogar, das Licht als Schneidewerkzeug zu verwenden.

Gleichzeitig mit dem Werkzeuggebrauch entwickelte sich die **menschliche Sprache.** Durch sie wurde es möglich, dass Jäger untereinander genaue Absprachen trafen. Mit einer vereinbarten Strategie konnten sie so auch Großwild wie Mammuts und Auerochsen erlegen. Sprache und Schrift ermöglichen uns, gewonnene Erfahrungen weiterzugeben. So baut jede Generation auf den Erfahrungen der vorherigen auf, was den Fortschritt beschleunigt. Durch die Erfindung des Buchdrucks konnten schließlich sehr viele Menschen auf einmal dieselben Informationen beziehen. Dieser Prozess wird heute durch Computer und weltweite Nachrichtennetze extrem beschleunigt. Über Kontinente hinweg werden in wenigen Sekunden Nachrichten ausgetauscht. Nahezu das gesamte Wissen der Menschheit steht an jedem Ort der Welt zur Verfügung.

*4 Schriftzeichen (Ton)*

*5 Bücherstapel*

*6 Weltweite Information*

**Stammesgeschichte**

*7 Höhlenmalerei*

*8 Venusfigürchen*

*9 Moderne Kunst*

Neben diesen Entwicklungen haben wir zahlreiche Hinweise auf das **künstlerische Schaffen** unserer Vorfahren. In Höhlen und an Felswänden gibt es viele steinzeitliche Malereien, von denen einige über 30 000 Jahre alt sind. Immer wieder haben die steinzeitlichen Menschen versucht, ihre Jagdtiere in Zeichnungen darzustellen. Bis heute zeigt sich das künstlerische Schaffen des Menschen in den Bereichen von Musik, Malerei und Bildhauerei.

Auch **religiöse Vorstellungen** entwickelten sich im Laufe der kulturellen Evolution. Die frühen Höhlenmalereien dienten wohl dazu, Macht über Jagdbeute zu erlangen; die weiblichen Figuren werden als Fruchtbarkeitsgöttinnen gedeutet. Religiöse Rituale sind uns schon aus der Altsteinzeit bekannt. So pflegten die Neandertaler einen Höhlenbärenkult. Die Schädel der erlegten Tiere wurden gestapelt und nach bestimmten Regeln beigesetzt. Grabbeigaben wie zum Beispiel Nahrungsmittel, Waffen und Werkzeuge neben den Skeletten verstorbener Neandertaler weisen darauf hin, dass diese Menschen bereits eine Vorstellung vom Leben nach dem Tode hatten.

Aus Nordeuropa und Südengland sind uns beeindruckende Steinzeitbauten bekannt, die sicherlich religiösen Zwecken dienten. Es kann teilweise heute noch nicht erklärt werden, wie die damaligen Menschen in der Lage waren, die riesigen Felsbrocken zu Bauwerken zusammenzufügen.
Bis heute versuchen die Menschen, den religiösen Vorstellungen durch beeindruckende Bauten wie Kathedralen, Tempel und Moscheen Ausdruck zu verleihen.

> Die kulturelle Evolution des Menschen ist gekennzeichnet durch die Entwicklung von Werkzeugen, Sprache, Kunst und religiösen Vorstellungen.

**1** Warum finden wir steinzeitliche Malereien insbesondere in Höhlen und unter überhängenden Felswänden?
**2** Durch welche körperlichen Veränderungen wurde die geistige Entwicklung ermöglicht?
**3** Nenne Beispiele, an denen deutlich wird, was Schrift und Sprache für den Menschen bedeuten.
**4** Wieso deuten Grabbeigaben auf eine Vorstellung von einem Leben nach dem Tode hin?

*10 Bestattung eines Neandertalers*

*11 Stonehenge*

*12 Kölner Dom*

# Stammesgeschichte

## 3 Die heutigen Menschen

Die Ureinwohner Nord- und Südamerikas, die Indianer, sind leicht voneinander zu unterscheiden, obwohl sie denselben Kontinent bewohnen. Jedoch sind sie z. B. einem Mongolen oder Chinesen ähnlicher als einem Mitteleuropäer oder Schwarzafrikaner. Der Grund liegt darin, dass Amerika vor etwa 30 000 Jahren von Ostasien aus über Alaska durch Jetztmenschen besiedelt wurde. Einige dieser Menschengruppen blieben in Nordamerika, andere wanderten in Südamerika ein. In den unterschiedlichen Lebensräumen entwickelten sich in den getrennten Gruppen unterschiedliche Merkmale, die weiter vererbt wurden.

Solche Unterschiede zwischen verschiedenen Menschengruppen hat man früher dazu verwendet, um mehrere „Rassen" voneinander abzugrenzen. Als Unterscheidungsmerkmale dienten beispielsweise die Hautfarbe, das Haar, die Körpergestalt sowie die Form von Nase, Lippen und Augenlidern. Bei näherer Betrachtung ergaben sich dabei allerdings Schwierigkeiten.

Manche Forscher unterschieden nur drei „Großrassen", nämlich Schwarze (Negride), Gelbe (Mongolide) und Weiße (Europide). Andere Wissenschaftler glaubten demgegenüber mehr als sechzig „Rassen" unterscheiden zu können.

Diese unterschiedlichen Auffassungen sind aus heutiger Sicht leicht zu erklären. Bei genauerer Betrachtung stellt sich nämlich heraus, dass alle Merkmale fließend sind und kein einziges ausschließlich nur bei einer bestimmten Menschengruppe auftritt. So gibt es beispielsweise Menschen mit sehr dunkler Hautfarbe nicht nur bei Afrikanern, sondern auch bei manchen Bewohnern Südindiens. Blondes Haar kommt nicht nur bei Europäern, sondern manchmal auch bei den Ureinwohnern Australiens und der Bevölkerung einiger Inseln im Pazifik vor.

Alle Menschen gehören der gleichen Art an. Sie können sich also miteinander fortpflanzen und fruchtbare Nachkommen haben. Aufgrund der Vererbungsgesetze kommt es bei diesen Nachkommen natürlich auch zu einer Kombination unterschiedlicher Merkmale. Allein diese genetische Durchmischung schließt starre „Rassengrenzen" aus.

Heute weiß man, dass die genetischen Unterschiede zwischen Afrikanern unterschiedlicher Herkunft größer sind als die zwischen den Menschen aller übrigen Kontinente. Daraus hat man vor einiger Zeit die Schlussfolgerung gezogen, den Rassenbegriff für den Menschen nicht mehr zu verwenden.

Sinnvoll kann es sein, von verschiedenen Völkern zu sprechen, die sich in Sprache und Kultur unterscheiden. Weltweite Kommunikation sowie Wanderungen von Menschen aus unterschiedlichen geografischen Regionen sorgen allerdings in der heutigen Zeit dafür, dass sich auch die Unterschiede zwischen den Völkern immer stärker verwischen.

**1 Heutige Menschen**

> Alle heutigen Menschen gehören einer Art an. Bei den Merkmalen von Menschen aus unterschiedlichen Gebieten gibt es fließende Übergänge. Eine eindeutige Abgrenzung von verschiedenen „Rassen" ist daher nicht möglich. Für den Menschen sollte der Rassen-Begriff nicht mehr verwendet werden.

**1** In Abbildung 1 sind Vertreter der „Menschheit" dargestellt. Erläutere diese Aussage.

**2** Informiere dich auf der Pinnwand Seite 137 über die verschiedenen Bevölkerungsgruppen auf der Erde. Berichte.

# MENSCHEN

## Pinnwand

### Indianer

Die Vorfahren der heutigen Indianer Nord- und Südamerikas wanderten vor etwa 30 000 Jahren aus Asien ein. Die Indianer sind deshalb mit den Asiaten verwandt. Bei ihrer Ausbreitung über Amerika besiedelten Indianer verschiedene Lebensräume, z. B. die Prärien Nordamerikas sowie die südamerikanischen Urwälder und Hochgebirge. In Mittel- und Südamerika lebten Völker schon vor Jahrhunderten in hochentwickelten Staaten. Durch die Einwanderung von Menschen aus anderen Erdteilen bilden die Indianer heute in vielen amerikanischen Staaten nur noch eine Minderheit.

### Asiaten

Die Asiaten bewohnen große Gebiete Zentral-, Ost- und Südostasiens sowie einige Inseln im Pazifik. Es gibt viele verschiedene Völker mit sehr unterschiedlichen Merkmalen. Das obere Augenlid ist aber bei fast allen Asiaten in einem sichelförmigen Bogen angelegt (Mongolenfalte). Die Anfänge einiger asiatischer Kulturen reichen mehrere Jahrtausende zurück (z. B. in Japan und China). Heute haben asiatische Völker mit Abstand den größten Anteil an der Weltbevölkerung.

### Schwarzafrikaner

Die Schwarzafrikaner bilden sehr viele Völker mit ganz unterschiedlichen Merkmalen. Ursprünglich bewohnten sie vorwiegend die Gebiete Afrikas südlich der Sahara. Dabei besiedelten sie eine große Vielfalt verschiedener Lebensräume. Als Sklaven wurden Schwarzafrikaner vor allem nach Amerika verschleppt. In vielen Ländern Amerikas, z. B. in den USA und in Brasilien, haben Schwarze heute einen hohen Anteil an der Bevölkerung. Vor allem in Südamerika haben sich Völker afrikanischer Herkunft mit anderen Völkern vermischt.

### Europäer

Unter allen Völkern der Erde finden sich die meisten Menschen mit heller Haut, hellem Haar und blauen Augen unter den Europäern. Europäische Völker leben heute außer in Europa vor allem in Amerika und Australien. Die meisten Völker Nordafrikas, Arabiens und des Nahen und Mittleren Ostens bis nach Indien sind mit den Europäern nahe verwandt.

Im Rahmen menschlicher Großgruppen gibt es mehrere hundert Völker (Ethnien). Diese werden wiederum in einige Tausend selbstständige Stämme mit eigener Kultur und Sprache untergliedert.
Über 400 dieser Stämme sind derzeit von der Ausrottung bedroht. Lebensraumverlust, Kriege und moderne Formen des Kolonialismus haben sie auf wenige Mitglieder zusammenschrumpfen lassen. Sie leben in Reservaten oder in sozialer Diskriminierung. Beispiele für solche bedrohten Stämme sind die Cachi in Ecuador oder die Pygmäen in Zentralafrika.

**1** Finde zwei weitere Beispiele für die Bedrohung von kleinen Völkergruppen.

### Australier

Die Ureinwohner Australiens hatten lange vor der Ankunft der Europäer große Teile des fünften Kontinents besiedelt. Sie lebten dort vorwiegend als Jäger und Sammler.
Aus verschiedenen Lebensräumen wurden sie von europäischen Siedlern verdrängt. Heute bilden die Ureinwohner Australiens nur noch eine Minderheit an der Gesamtbevölkerung.

Stammesgeschichte

**Projekt**

# Gegen Rassismus

**1 A** Schwarze oder … **B** gelbe oder … **C** weiße Frau?

Die Bilder zeigen ein afroamerikanisches Fotomodell. Mit etwas Schminke und gefärbten Haaren wurde aus dem Fotomodell nacheinander eine Frau mit unterschiedlichen Hautfarben.
Ist die Einteilung der Menschheit in Rassen gerechtfertigt oder sollte man lieber von Völkern oder von ethnischen Gruppen sprechen? Dieser Frage soll in diesem Projekt nachgegangen werden.

### Gruppe 1: Rassen in der Biologie

Was verstehen Biologen unter den Begriffen „Art" und „Rasse"? Mittels Beispielen aus dem Pflanzen- und Tierreich könnt ihr diese Begriffe veranschaulichen und abgrenzen. Informationen findet ihr zum Beispiel in Biologiebüchern.

### Gruppe 2: Einteilung in Menschenrassen?

Recherchiert in der Bibliothek oder im Internet, worauf die traditionelle Einteilung in die Menschenrassen „Weiße" (Europide), „Gelbe" (Mongolide) und „Schwarze" (Negride) beruht. Berichtet über das geschichtliche Umfeld, in dem der Rassenbegriff geprägt wurde.

### Gruppe 3: Rassenhass in der Geschichte

Tragt aus Geschichtsbüchern Informationen über Sklaverei, Ausrottung von Indianern, Kolonialherrschaft in Asien und Afrika, Holocaust im 3. Reich und ethnische „Säuberungen" zusammen.

### Gruppe 4: Ethnische und religiöse Konflikte

Informiert euch über die religiös-kulturellen Konflikte im Nahen Osten sowie zwischen verschiedenen ethnischen Gruppen in den USA, Australien und in europäischen Ländern und berichtet.

### Gruppe 5: Multikulturelle Gesellschaft

Sucht im Internet nach Beispielen kultureller Vielfalt und Bereicherung in Vielvölkerstaaten. Welche Möglichkeiten und Schwierigkeiten ergeben sich für ein multinationales Europa? Was bewirken Zuwanderung und moderner Tourismus?

### Gruppe 6: Erkenntnisse der modernen Genetik

Genetisch lassen sich keine Menschenrassen abgrenzen. Wusstet ihr, dass die Unterschiede der DNA zwischen Ost- und Westafrikanern größer sind, als zwischen Afrikanern und Europäern? Informiert euch über weitere Ergebnisse der Genforschung, zum Beispiel im Internet.

### Gruppe 7: Schminkgruppe

Schminkt euch so wie das Fotomodell oben. Führt eure Ergebnisse vor.

Link:
www.unesco.de/

1 Ernte früher

2 Moderne Ernte

## 4 Zukunft der Menschheit

Alle Lebewesen sind den Evolutionsfaktoren **Mutation**, **Selektion** und **Isolation** ausgesetzt und werden dadurch der Umwelt angepasst. Nur der Mensch kann seine Entwicklung teilweise selbst beeinflussen.

Dies zeigt sich zum Beispiel an der Entwicklung der Nahrungsmittelproduktion. Durch den Einsatz von ertragssteigerndem künstlichen Dünger, von Pestiziden und besseren Erntemethoden wurde der Ernteertrag, zum Beispiel des Weizens, um ein Mehrfaches gesteigert. Durch das erweiterte Nahrungsangebot und auch durch die verbesserte medizinische Versorgung stieg die Weltbevölkerung stark an. Zur Jahrtausendwende lebten ca. 6 Milliarden Menschen auf der Erde und in jeder Sekunde werden es drei mehr.

In den Industrienationen macht sich der Mensch von seiner Umwelt unabhängig. Moderne Verkehrsmittel bringen ihn heute in kurzer Zeit und über viele Kilometer von Ort zu Ort. Isolierte und zentral beheizte Häuser machen ihn vom Wetter unabhängig. Die Industrie versorgt ihn ohne große Mühe mit notwendigen Gebrauchsgütern und Luxusartikeln.

Doch diese Entwicklung hat auch ihre Schattenseiten. Die notwendige Energie für Verkehr, Heizung und Industrie wird überwiegend aus fossilen Brennstoffen wie Kohle und Erdöl gewonnen. Dabei werden große Mengen an Schadstoffen frei, die die Gesundheit der Menschen sowie Tiere und Pflanzen gefährden. Eine Lösung dieser Probleme erhofft man sich von weiteren technischen Entwicklungen. Auch die **Gentechnik** wird zunehmend Einfluss auf Mensch, Tier und Pflanzen und damit auf unsere Umwelt nehmen. Mit ihrer Hilfe soll das Erbgut von Tieren und Nutzpflanzen so verbessert werden, dass z. B. noch mehr Menschen ernährt werden können. Aber auch hier gibt es Risiken. Dazu kommt eine große Ungleichheit in der Verteilung der Güter auf der Welt. In den Entwicklungsländern herrschen oft noch Hunger und Armut und sie haben am meisten unter dem starken Bevölkerungswachstum und der Umweltverschmutzung zu leiden. Ob die Menschheit ihre Probleme wie Ungleichheit, Bevölkerungsexplosion und Umweltbelastung lösen kann, wird die Zukunft zeigen.

> Der Mensch beeinflusst seine Evolution selbst.
> Ob er die mit seinen Fertigkeiten verbundenen
> Risiken beherrschen kann, hängt von ihm selbst ab.

**1** Erkläre, warum die Evolutionsfaktoren Mutation, Selektion und Isolation für die Menschen nur noch geringe Bedeutung haben.

**2** Interpretiere die Grafiken zu Energiebedarf, Bevölkerungswachstum und $CO_2$-Ausstoß. Nutze das Erschließungsfeld „Wechselwirkung".

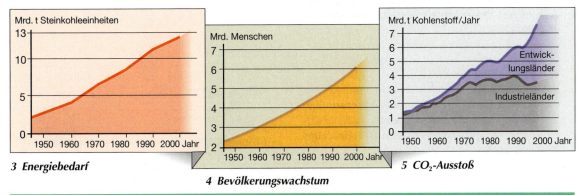

3 Energiebedarf

4 Bevölkerungswachstum

5 $CO_2$-Ausstoß

# Stammesgeschichte

**Vernetze dein Wissen**  **Stammesgeschichte**

**A 1** Bringe die Erdzeitalter in die richtige Reihenfolge und ordne sie der Erdfrühzeit, dem Erdaltertum, dem Erdmittelalter und der Erdneuzeit zu: Kreide, Devon, Jura, Kambrium, Karbon, Ordovizium, Perm, Präkambrium, Quartär, Silur, Tertiär, Trias.

**A 4** Entscheide, welche der folgend genannten körperlichen Merkmale oder Verhaltensmerkmale beim Menschen und beim Bonobo übereinstimmen.
Bau der Hand, Anzahl der Knochen, Bau der Wirbelsäule, Anzahl der Zähne, Bau der Füße, Erbgut, Bau des Schädels, Individualdistanz, Wandkontakthalten, Lernen durch Einsicht, hoch entwickelte Lautsprache, Kommunikation durch Körpersprache, Drohen und Imponieren.

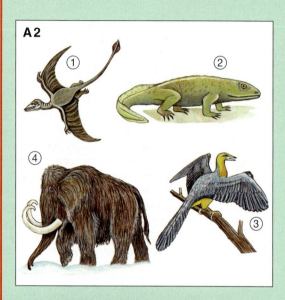

a) Benenne die abgebildeten ausgestorbenen Tiere.
b) Ordne sie dem jeweiligen Zeitabschnitt der Erdgeschichte zu, in dem sie gelebt haben.
c) Ordne die ausgestorbenen Tiere einer entsprechenden Tierklasse zu. Begründe deine Entscheidung.
d) Wende folgende Erschließungsfelder an:
„Angepasstheit" auf ①
„Wechselwirkung" auf ②
„Fortpflanzung" auf ③
„Struktur und Funktion" auf ④.

Stelle zu dem abgebildeten Vorfahren des Menschen einen Steckbrief auf.

**A 6** Benenne die folgend dargestellten Steinwerkzeuge und ordne sie zeitlich ein.

**A 3** Es gibt verschiedene Theorien zur Evolution:
1. Die von den Vorfahren erworbenen Eigenschaften werden von Generation zu Generation weitergegeben.
2. Durch natürliche Auslese verändern sich die Arten im Laufe der Generationen.
3. Alle Lebewesen, wie sie heute leben, sind durch einen Schöpfungsakt von Gott geschaffen worden.
a) Wie heißen die zitierten Theorien?
b) Welche der genannten Theorien ist heute allgemein anerkannt?

## Stammesgeschichte

**A7** Begründe, warum die Olduvai-Schlucht in Ostafrika häufig als die Wiege der Menschheit bezeichnet wird.

**A8** Zu den berühmtesten Vorfahren des Menschen gehört Lucy. Erläutere, welche wesentlichen Merkmale des heutigen Menschen bei Lucy und ihren Artgenossen bereits entwickelt waren.

**A9** Erläutere, welche Einflüsse der Lebensraum Savanne auf die Entwicklung zum Menschen hatte. Nutze die Inhalte des Erschließungsfeldes „Wechselwirkung".

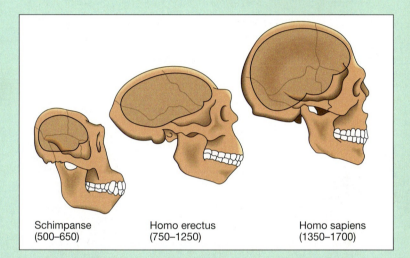

Schimpanse (500–650)   Homo erectus (750–1250)   Homo sapiens (1350–1700)

**A10** Auf der nebenstehenden Abbildung sind die Schädel und die Gehirngrößen von Schimpanse, Homo erectus und Homo sapiens dargestellt.
a) Vergleiche den Aufbau der Schädel und die Gehirngrößen miteinander.
b) Nenne Merkmale, durch die sich der Schädel eines Homo sapiens von dem eines Menschenaffen unterscheidet.
c) Erläutere, welche Entwicklungstendenzen zum heutigen Menschen beim Homo erectus bereits zu beobachten sind.

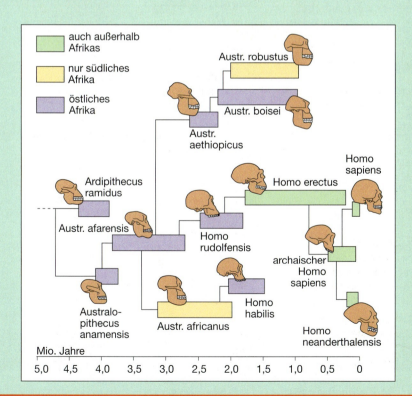

**A11** Die nebenstehende Abbildung zeigt eine Einordnung wichtiger Fossilfunde in einen Stammbaum.
a) Beschreibe anhand der Abbildung, welche Fossilien in die direkte Entwicklungslinie zum Menschen gestellt werden.
b) Nenne Beispiele von Entwicklungen, die in einer Sackgasse enden.
c) In der Vergangenheit lebten zeitweise mehrere Arten der Gattungen Homo und Australopithecus gleichzeitig. Begründe diese Aussage anhand der Abbildung.
d) Der Stammbaum der Entwicklung zum Menschen ist noch mit vielen Fragezeichen versehen. Erkläre diese Unsicherheiten. Berücksichtige dabei den Erhaltungszustand der meisten Fossilien und den Entwicklungszeitraum.

# Register

Fette Seitenzahlen weisen auf ausführliche Behandlung im Text oder auf Abbildungen hin;
f. = die folgende Seite; ff. = die folgenden Seiten.

## A

ABO-System **36 f.**
Abdruck, Trilobit **87 f.**
Abstammung des Menschen **108 ff.**
Adenin 23
Affenlücke **108 f.**
Aggression **116 f.**
Aggressionsverhalten 115
AIDS **67 f.**
akustische Signale **84 f.**
Albinismus **8 f., 32 f.**
Albino **28 f.**
Allele **42 f.**
Aminosäure **24 f.**, 105
Ammonit 89
Anaphase **17 f.**
Andrewsarchus **102 f.**
Anemone **7 f.**
angeboren **79 f.**
Anti-Matsch-Tomaten **54 f.**
Antibiotika **67 f.**
Anticodon 25
Antikörper 37
Appellfunktion 84
Arbeit
– mit Abbildungen **31 f.**
– mit Stammbäumen **41 f.**
Archaeopteryx **90 f.**
Archaischer Homo sapiens 133
Ardipithecus ramidus 133
Armfüßer 89
Asiaten **137 f.**
aufrechter Gang **127 f.**
Auslesezüchtung **48 f.**
Auslöser **75 f., 78 f.**
Australier **137 f.**
Australopithecus
– aethiopicus 133
– afarensis **122 f., 124 f.**, 133
– africanus 133
– anamensis 133
Autosomen 18

## B

BACH **39 f.**
Balzverhalten **75 f., 85 f.**
Bärlappe **68 f.**
Bartenwal **95 f.**
Basen **23 f.**
Basen der RNA 105
Baumwolle **54 f.**
Bedecktsamer **69 f.**
bedingter Reflex **80 f.**
Befruchtung 38
Begabung **39 f.**
Belege für die Evolution **86 ff.**
Bernstein 89
Beschwichtigung 116
Besitzverhalten **114 f.**
Bestattung **135 f.**
Beuteltier **71 f.**
Bevölkerungswachstum **139 f.**
Bezugsperson 111
Binde-Enzym **52 f.**
Biotechnik **50 f.**
Biotechnische Eingriffe **56 f.**
Blaumeise **76 f.**
Blumenkohl 53
Bluterkrankheit **59 f.**
Blutgruppe **36 f.**
Bonobo **108 f.**
Boten-RNA **24 f.**
Broccoli 53
Brückentier **90 f.**
Brut- und Aufzuchtverhalten **76 f.**
Brutverhalten **77 f.**
Buntbarsch **67 f.**

## C

Centromer **17 f.**
Chlamydomonas **68 f.**
Chromatin **17 f.**
Chromosomen **16 ff.**
Chromosomenkarten 34
Chromosomenmodell **22 f.**
Chromosomenmutation **28 ff., 44 f.**
Chromosomenpräparation **18 f.**
Chromosomensatz **18 f.**
Chromosomenzahl **19 f.**
Codesonne **26 f.**
Colchicin 51
Cooksonia **68 f.**
COURTNEY-LATIMER 91
CRICK 23
Crossopterygier 71
Cyanobakterien 100, 107
Cytosin 23

## D

DARWIN, Charles **62 f.**
Daumenbiegen **40 f.**
Deletion 44
Delfin **73 f., 95 f., 98 f.**
Desoxyribose **23 f.**
Devon **101 f.**
Dinkel 49
diploid **20 f.**
Diskussionsleiter 47
DNA **23 ff., 27 f.**
DNA-Sequenz-Analyse **61 f.**
dominant **11 ff.**
Donnerkeil 89
Down-Syndrom **44 f.**
Duftstoffe **84 f.**

## E

EIBL-EIBESFELDT 79
Eichhörnchen **79 f.**
EIGEN, Manfred 105
Ein-Chromatid-Chromosom **17 f.**
Ein-Gen-ein-Polypeptid-Hypothese **25 f.**
Eingangskanäle **118 f., 120 f.**
Einschluss, Bernstein **87 f.**
Verhalten einsichtiges **82 f.**
Einzelbalz 96
Einzeller **68 f.**
Eiszeit **102 f.**
Embryotransfer **50 f.**
Emmer 49
Emotionen **121 f.**
endemisch 63
Endosymbionten-Theorie **107 f.**
Energiebedarf **139 f.**
Entelodon **102 f.**
Entstehung
– der Arten durch natürliche Zuchtwahl **62 f.**
– neuer Arten **66 f.**
Entwicklung
– der Lebewesen **100 ff.**
– des Pferdes **92 f.**
Equus **93 f.**
Erbgang
– autosomaler **41 f.**
– dihybrider **12 ff.**
– dominanter **41 f.**
– gonosomaler **41 f.**
– intermediärer 15
– rezessiver **41 f.**
Erdaltertum **104 f.**
Erdfrühzeit **104 f.**
Erdmännchen **83 f.**
Erdmittelalter **104 f.**
Erdneuzeit **104 f.**
Erdurzeit **104 f.**
Erfahrung **80 f.**
erlernen **79 f.**
Erschließungsfeld
– Angepasstheit **28 f., 97 f.**
– Fortpflanzung **97 f.**
– Information 26
– Struktur und Funktion **22 f., 97 f.**
– Vielfalt **9 f., 97 f.**
– Wechselwirkung **97 f., 103 f.**
– Zeit **86 ff., 97 f.**
Ethnien 137
Europäer **137 f.**
Evolution
– biologische **105 f.**
– chemische **105 f.**
– der Tiere **70 f.**
– im Pflanzenreich **68 f.**
Evolutionstheorien **62 ff.**
Exkursion **88 f.**

## F

Familienforschung **32 ff.**
Familienstammbaum **42 f.**
Farbvariationen **64 f.**
Faustkeil **134 f.**
Feuersalamander **73 f.**
Filialgeneration 10
Fische **72 f.**
Fischsaurier **95 f.**
Fitness **65 f., 83 f.**
Fleischflosser 70
Fortpflanzungsbarriere **66 f.**
Fortpflanzungserfolg **83 f.**
Fortpflanzungsverhalten der Stichlinge **78 f.**
Fossilien **86 ff., 123 f.**
Fossilienjagd **89 f.**
Fruchtwasseruntersuchung **46 f.**
Früharchaischer Homo sapiens 133
Funktion eines Verhaltens **83 f.**

## G

Galapagos-Inseln **63 f.**
Gattung Homo **127 f.**
GAU 30
Gehäuseschnecke **85 f.**
Gehirnvolumen **127 f.**
Gene **12 ff., 24 ff.**
Gen-Food **57 f.**
genetische
– Beratung 47
– Bevölkerungsanalyse **32 f.**
genetischer
– Code **24 f.**
– Fingerabdruck 34
Genkartierung **34 f.**
Genmutation **28 ff., 42 f.**
Genommutation **28 ff., 44 f.**
Genotyp **10 ff.**
Gentechnik **52 ff.**
Gentechnik und Medikamente **56 f.**
Gentherapie 35, **55 f.**
Gentransfer **52 ff.**
Geschlechtszelle **20 f.**
Gesellschaftsbalz 96
Gespräche leiten 47
Gestik **117 f.**
Gewöhnung **81 f.**
Gonium **68 f.**
Gonosomen 18
Gorilla **109 f.**
Greiffüße 108
Grottenolm **99 f.**
Grünkohl 53
Gruppenbildung **115 f.**
Guanin 23
Guppy **85 f.**

## H

Haarfarbe **40 f.**
Haarform **40 f.**
HAECKEL, Ernst **62 f.**
Hai **95 f., 98 f.**
Halbwertszeit 131
Hallucigenia 70
Hämoglobin 25
Handlungsbereitschaft **74 f.**
Handlungskette **78 f.**
haploid **20 f.**
Hartweizen 49
Haussperling **74 f.**
Hautfarbe **40 f., 64 f.**
Heidelberger Mensch 125
Heterosis-Züchtung **49 f.**
heutige Menschen **136 f.**
Höherentwicklung **68 ff.**
Höhlenmalerei **135 f.**
Holozän **102 f.**
Homo
– antecessor **125 f.**

# Register

– erectus **122 f., 125 f.,** 133
– habilis **122 f., 126 f.,** 133
– neanderthalensis 133
– rudolfensis 122, 133
– sapiens **122 f., 129 f.**
homologe
– Chromosomen 18
– Verhaltensweise **96 f.**
Humanes Genom Projekt **34 f.**
Hummelragwurz **97 f.**
Hunderasse **64 f.**
Hypohippus **93 f.**
Hyracotherium **92 f.**

## I

Ichthyosaurier **98 f.**
Ichthyostega **70 f.**
identische Verdopplung **23 f.**
Impfbanane **57 f.**
Imponierverhalten **115 f.**
Indianer **137 f.**
Individualdistanz **114 f.**
Indricotherium **102 f.**
Inkohlung **87 f.**
instinktives Verhalten **79 f.**
Insulin **52 f.**

## J

Jungvögel **76 f.**
Jura **102 f.**

## K

Kaiserpinguin **73 f., 77 f.**
Kambrisches Meer **70 f.**
Kambrium **100 f.**
Karbon **101 f.**
Karyogramm **18 f., 45 f.**
Katzenschrei-Syndrom **44 f.**
Keratin **26 f.**
Kernteilung **16 ff.**
Kieferlose 70
Kindschema **112 f.**
Kloakentier **71 f.**
Klonen **50 f.**
Knochenfisch 70
Kohlenstoff 14-Methode **131 f.**
Kohlrabi 53
Kohlsorten **53 f.**

Kollagen **26 f.**
Kolonie **68 f.**
Kombinationsquadrat **12 f.**
Kombinationszüchtung **48 f.**
Kommunikation **84 f.**
Konduktorin 44
Konstanz der Arten **62 f.**
Kontaktverhalten **110 f.**
Konvergenz **94 f.**
Koralle 89
Körpersprache **117 f.**
Kreide **102 f.**
Kreuzung, Erbsen **10 ff.**
Kriechtiere **72 f.**
Kuckuck **77 f.**
kulturelle Entwicklung des Menschen **134 ff.**
künstlerisches Schaffen **135 f.**
künstliche Befruchtung **50 f.**
Kupferzeit 131
Kurzfingrigkeit **41 f.**
Kurzzeitspeicher **119 f.**

## L

Lächeln **110 f.**
Landkärtchen **7 f.**
LANDSTEINER **37 f.**
Landwirbeltier **71 f.**
Langzeitspeicher **119 f.**
lebendes Fossil **69 f.**
LAMARCK, Jean-Baptiste de **62 f.**
LEAKEY, Mary 122
Lemur **102 f.**
Leptictidium **71 f.**
Leptin 35
– Rezeptorgen **35 f.**
Lernen **118 ff.**
– am Erfolg **81 f., 118 f.**
– durch Einsicht **118 f.**
– durch Nachahmung **118 f.**
– mehrkanaliges **119 f.**
Lernerfolg **119 f.**
Leuchtkäfer **84 f.**
Leukämie 31
Lichtsignale **84 f.**
LINNÉ, Carl von **62 f.**
Löwenzahn **9 f.**
Lucy **124 f.**
Lurche **72 f.**

## M

m-RNA **24 ff.**
Mais **54 f., 67 f.**
Mammut **103 f.**

Mann- und Frauschema **112 f.**
Mars 106
Maultier **19 f.**
Maulwurf **95 f.**
Maulwurfsgrille **95 f.**
Mausohr **73 f.**
Meiose **20 f.,** 38, **44 f.**
MENDEL, Johann Gregor **10 ff., 14 f.**
– 1. Mendelsche Regel **10 ff.**
– 2. Mendelsche Regel **12 ff.**
– 3. Mendelsche Regel **13 ff.**
Mensch **103 f.**
Menschenaffe **109 f.**
Menschlicher Embryo **17 f.**
menschliches Erbgut **34 f.**
Merychippus **92 f.**
Mesohippus **92 f.**
Metaphase **17 f.**
Methoden der Tier- und Pflanzenzucht **48 f.**
MILLER, Stanley 105
Miller-Apparatur **105 f.**
Mimik **117 f.**
Mitose **16 f., 20 f.**
Mitosephase 58
Mitosestadien **22 f.**
mittelfristiger Gedächtnisspeicher **119 f.**
Moderner Homo sapiens 133
Modifikation **8 ff.**
– fließende **9 f.**
– umschlagende **9 f.**
monohybrid **12 f.**
Moorfrosch **7 f.**
Moschusochse **103 f.**
Mukoviszidose **43 f.**
Muschel 89
Mutagen **28 ff.**
Mutation **8 f., 28 ff., 61, 64 f.**
Mutationsform **29 f.**

## N

Nachahmung **80 f.**
Nacktsamer **68 f.**
Nashornvogel **102 f.**
Neandertaler **128 f.**
Nebelkrähe **66 f.**
Nesthocker **76 f.**
Netzweide **103 f.**
Neugier- und Spielverhalten **118 f.**
Neukombination **13 f.**
NGF-Gen **35 f.**
Novel-Food-Verordnung 55

Nucleinsäure **23 ff.**
Nucleotid **23 ff.**
Nussknackerversuch **79 f.**

## O

Ötzi **130 f.**
Ohrläppchen **40 f.**
Okapi **98 f.**
Olduvai-Schlucht **122 f.**
Orang-Utan **82 f., 109 f.**
Ordovizium 100
Organe
– analoge **94 f.**
– homologe **94 f.**
– rudimentäre **95 f.**
Orrorin tugensis 133

## P

Paläoanthropologe 123
Pantoffeltierchen **107 f.**
– grünes **107 f.**
Paranthropus robustus 133
Parentalgeneration 10
PAWLOW, Iwan 80
Peking-Mensch 125
Perm **101 f.**
Phänotyp **10 ff.**
Phenylalanin 42
Phenylketonurie **42 f.**
Phosphorsäure **23 f.**
Pikaia 70
Plasmid **52 f.**
Plazentagewebeuntersuchung **46 f.**
Plazentatier **71 f.**
Pleistozän **102 f.**
Pliohippus **93 f.**
Polyploidie **29 f., 49 f.**
Population 7
Prägung **80 f.**
Prophase **16 f.**
Protein **24 f.**
Punktmutation **29 f.**

## Q

Quagga **61 f.**
Quartär **102 f.**
Quastenflosser **91 f.**

## R

Rabe **66 f.**
radioaktive Wolke 30
Rangordnung **115 f.**
Raps **54 f.**
Rasse 8, **10 ff.,** 66
Rassismus **138 f.**
Rastermutation **29 f.**
Reaktionsnorm **9 f.**
Reaktorunfall **30 f.**
Reduktionsteilung **21 f.**

Reflex **80 f.**
1. Reifeteilung **20 f.**
2. Reifeteilung **21 f.**
reinerbig **10 ff.**
Reiz **75 f.**
Rekombination **64 f.**
religiöse Vorstellung **135 f.**
Rennmäuse **85 f.**
Rentier **103 f.**
Replikation **23 f.**
Reptilien **71 f.**
Resistenzbildung **67 f.**
Resistenzgen **57 f.**
Revier **78 f.**
Reviere auf dem Schulhof **117 f.**
rezessiv **11 ff.**
Rhesus-Unverträglichkeit **37 f.**
Rhesusfaktor **36 f.**
Rhynia **68 f.**
Ribosom **25 f.**
Riesenschildkröte **63 f.**
Rinderrassen **53 f.**
ritualisiertes Verhalten **84 f.**
RNA **24 ff.**
Roller und Nichtroller **39 f.**
Rosenkohl 53
Rotbuche **9 f., 28 f.**
Rotgrünsehschwäche **44 f.**

## S

Saatweizen 49
Säbelzahntiger **102 f.**
Säugetier **71 f.**
Säugetiere **73 f.**
Saugreflex **111 f.**
Schachtelhalme **68 f.**
Schafgarbe **31 f.**
Schimpanse **109 f.**
Schlüsselreiz **75 f.**
Schnabeltier **91 f.**
Schnecke 89
Schneide-Enzym **52 f.**
Schreiweinen **110 f.**
Schwarzafrikaner **137 f.**
Screenshot **106 f.**
Sediment 86
Seeigel 89
Seeigelstachel 89
Seelilie 89
Seeotter 99
Seepferdchen **73 f.**
Seestern 89
sekundäre Geschlechtsmerkmale 112
Selektion **29 f., 64 f.**
– im Labor **57 f.**
– gerichtete **65 f.**
– natürliche **65 f.**
– stabilisierende **65 f.**
– transformierende **65 f.**

# Register

Sexualdimorphismus 85
sexuelle Reize **112 f.**
Silberwurz **103 f.**
Silur **101 f.**
Sinornis **71 f.**
Soziobiologie 83
Spalthand **42 f.**
Spaltungsregel **12 ff.**
Spezialisierung **93 f.**
Spielverhalten **81 f.**
Spindelapparat 17
Spindelfaser 17
Sprache **134 f.**
Sprachentwicklung **127 f.**
Spuren **87 f.**
Stachelhai 70
Stammbaum **109 f., 132 f., 141 f.**
– der Entenvögel **96 f.**
– der Hunde **60 f.**
– der wichtigsten Hominiden **133 f.**
stammesgeschichtliche Verwandtschaft **96 f.**
Standfüße 108
Stängelquerschnitt
– einkeimblättrige Samenpflanze **69 f.**
– Farn **69 f.**
– Laubmoos **69 f.**
Steinadler **76 f.**
Steinbrech **103 f.**
Steinkern, Ammonit **87 f.**
Steinzeit **130 f.**
Stichling **78 f.**
Stockente **7 f.**
Strahlenflosser 70

Stromatolith **100 f.**
Struktureiweiß 25
Sumpfzypresse **102 f.**
Suppenschildkröte **73 f.**
Symbiose **107 f.**

## T

Telophase **17 f.**
Tendenzen der Evolution **68 ff.**
Territorialverhalten **114 f.**
Tertiär **102 f.**
Theorie vom afrikanischen Ursprung des modernen Menschen **129 f.**
Thermometerhuhn **77 f.**
Thymin 23
Tiere des Erdaltertums 70 f.
Tierzucht **50 f.**
Tracy **57 f.**
transgene
– Bakterien **56 f.**
– Organismen **54 ff.**
– Pflanzen **56 f.**
– Schafe **55 f.**
– Tiere **56 f.**
Transkription **24 ff.**
Translation **25 ff.**
Transport-RNA **25 f.**
Trias **102 f.**
Trilobit 89
Triplettcode **24 f.**
Trisomie 21 **44 f.**
Tschernobyl **30 f.**
Tulpenbaum **102 f.**

Tumor 30
Turkana-Boy 125
Turnierbalz **96 f.**

## U

Übergangsform **90 f.**
Ultraschall-Untersuchung **46 f.**
Unabhängigkeitsregel **13 ff.**
Uniformitätsregel **10 ff.**
Unterart 66
Uracil 25
Uratmosphäre 105
Urchordatier **70 f.**
Urknalltheorie **104 f.**
Urpferd **92 f., 102 f.**
Ursachen der Evolution **62 ff.**
Ursprung des Menschen **122 ff.**
Urvogel **90 f.**
Ur-Zelle **107 f.**

## V

Variabilität **6 ff.**
Variation
– innerartliche **64 f.**
Variationsbreite **8 f.**
Varietät **7 f.**
Veränderung des Hirnvolumens **127 f.**
Vererbung **6 ff.**
– des Geschlechts **38 f.**
– beim Menschen **32 f.**
– erworbener Eigenschaften **62 f.**

Vergleich von Menschenaffen und Menschen **108 f.**
Verhaltensbeobachtung **85 f.**
Verhaltensweisen des Menschen **110 ff.**
Verhaltensweisen von Tieren **74 ff.**
Verwandtschaft **60 ff.**
Vielfalt **9 f., 60 f.**
Vielzeller **68 f.**
Vögel **71 f., 72 f.**
Volvox **68 f.**
Vordergliedmaßen **99 f.**
Vorsorgeuntersuchung **46 f.**

## W

Wachstum
– graduelles **127 f.**
– sprunghaftes **127 f.**
Wandelndes Blatt **64 f.**
Wandkontaktverhalten **114 f.**
WATSON 23
Weißkohl 53
Weißkopfadler **76 f.**
Weizenzüchtung **49 f.**
Werbung **113 f.**
Werkzeug **82 f., 134 f.**
Werkzeugentwicklung **127 f.**
wirbellose Tiere **70 f.**
Wirbeltier **70 f.**
Wirbeltiere im Vergleich **72 f.**
Wiwaxia 70

Wollgras **103 f.**
Wollnashorn **103 f.**

## X

X-Chromosom **38 f.**

## Y

Y-Chromosom **38 f.**

## Z

Zebra **7 f., 58 f.**
Zeichensprache **84 f.**
Zeittafel der Erdgeschichte **104 f.**
Zelle
– pflanzliche **107 f.**
– tierische **107 f.**
Zellkern **16 f.**
Zellteilung **16 ff.**
Zellzyklus **17 f.**
Zimtbaum **102 f.**
Zuchtmethoden **50 ff.**
Züchtungsmethoden **48 f.**
Zuckmückenlarve **27 f.**
Zwei-Chromatiden-Chromosom **17 f.**
Zweibeiniges Laufen **127 f.**
Zwergbirke **103 f.**
Zwillinge **59 f.**
– eineiige **33 f.**
– zweieiige **33 f.**
Zwillingsforschung **32 f.**

# Bildquellenverzeichnis

Umschlag: NAS/Biophoto Associates/Okapia, Frankfurt; Vorsatz Verschiedene Hunderassen: Juniors Bildarchiv, Ruhpolding; Vorsatz Chromosomen: NAS/Biophoto Associates/Okapia, Frankfurt; Vorsatz Wandelndes Blatt: Rohdich/Silvestris, Kastl; Vorsatz Eizelle mit Spermien: Dr. Yorgos Nikas/SPL/Focus, Hamburg; Vorsatz Zellkern: Schroedel Archiv; Vorsatz Albino: Reininger/Focus, Hamburg; Vorsatz DNA: Bayer AG; Vorsatz Embryo 1 Woche: Nikas/Focus, Hamburg; Vorsatz Embryo 4 Wochen: Guigoz/Petit Format, Paris; 6.1: Kerscher/Silvestris, Kastl; 6.2: Rabisch, Duingen; 7.1 Schwedenmädchen: Greiner + Meyer, Braunschweig; 7.1 Chinesen-Kind: Greiner + Meyer, Braunschweig; 7.1 Windröschen: Dr. Philipp, Berlin; 7.1 Moorfrosch gewöhnliche Färbung: Synatzschke/Okapia, Frankfurt; 7.1 Moorfrosch Balzfärbung: Duty/Okapia, Frankfurt; 7.1 Stockente: Greiner + Meyer, Braunschweig; 7.1 Zebra Namibia: Dr. Pott/Okapia, Frankfurt; 7.1 Zebra Tierpark: Stevan Stefanovicx/Okapia, Frankfurt; 8.1: Reininger/Focus, Hamburg; 8.2C–D: Meyer Blumenvertrieb, Oldenburg; 9.4A: Albinger/Silvestris, Kastl; 9.4B: Reinhard/Okapia, Frankfurt; 10.1A: Stein Bgr, Vastorf; 10.1B: Starke, Leipzig; 14.1: Schwenk; 14.2: Deutsches Museum, München; 15.A3: Prof. Dr. Weber, Reutlingen; 16.1: Dr. Schleyer/Karly, München; 16.2A–D: Robbe/Silvestris, Kastl; 17.4A: Nikas/Focus, Hamburg; 17.4B: Guigoz/Petit Format, Paris; 18.1D: eye of science, Reutlingen; 18.1E: Robbe/Silvestris, Kastl; 19.1: Stadler/Silvestris, Kastl; 20.1G: Michler/Xeniel-Dia, Neuhausen; 20.2G: eye of science, Reutlingen; 22.V1: Schroedel Archiv; 26.3A: eye of science, Reutlingen; 26.3B: eye of science, Reutlingen; 27.V1: Mathias, Reutlingen; 28.1A: Tönnies, Laatzen; 28.1B: Wellinghorst, Badbergen; 28.2A: Hecker/Silvestris, Kastl; 28.2B: Reinhard/Okapia, Frankfurt; 30.1: dpa, Frankfurt; 30.2: aus: Moore, Persand: Embryology, © 1998, W. B. Saunders, Philadelphia; 32.1 li.: Jonkmanns/Bilderberg, Hamburg; 32.1 re.: zefa/Corbis, Düsseldorf; 33.3: Mauritius, Mittenwald; 33.4: Lieder, Ludwigsburg; 35.3: The Jackson Laboratory; 38.1 li.: Michler/Xeniel-Dia, Neuhausen; 38.1 re.: Birke/Mauritius, Mittenwald; 39.1: Behrens, Lehrte; 39.2: Dobers, Walsrode; 40.1–5: Minkus, Isernhagen; 42.1: Lessing/AKG, Berlin; 42.2: Schroedel Archiv; 42.3A: Lieder, Ludwigsburg; 42.3B: Minkus, Isernhagen; 44.7: Lieder, Ludwigsburg; 45.8A: L. Dwight/P. Arnold. Inc./Okapia, Frankfurt; 45.8B: Lieder, Ludwigsburg; 46.1A: Rossi/zefa/Corbis, Düsseldorf; 48.2: Dobers, Walsrode; 51.4: dpa, Frankfurt; 53.A1: Ernst, Basel; 53.A1 A–F: CMA, Bonn; 53.A2 A: IMA, Bonn; 53.A2 C: Schroedel Archiv; 54.1A: Schroedel Archiv; 54.1B: Agro Concept; 54.2: Spektrum d. Wissenschaften 8/92; 54.3: NAS/Myers/Okapia, Frankfurt; 55.4: Behring-Werke, Marburg; 56.2: NAS/Will Deni McIntyre/Okapia, Frankfurt; 57.1: Huneke, Hannover; 57.2: Büttner/Naturbild, Hamburg; 58.A1: Bruce/Okapia, Frankfurt; 58.A3: Lichtbildarchiv Dr. Keil, Neckargemünd; 60 Bernhardiner: Reinhard/Tierbildarchiv Angermayer, Holzkirchen; 60 Langhaardackel: Nowotny/Silvestris, Kastl; 60 Dobermann: Ausloos/Mauritius, Mittenwald; 60 Kojote: FLPA/Silvestris, Kastl; 60 Tiger: Ziesler/Tierbildarchiv Angermayer, Holzkirchen; 60 Afghanischer Windhund: Bender/Okapia, Frankfurt; 60 Wolf: Dr. Dragesco/Okapia, Frankfurt; 60 Rotfuchs: Danegger/Silvestris, Kastl; 60 Goldschakal: Brehm/Silvestris, Kastl; 60 Schäferhund: Bob/Mauritius, Mittenwald; 60 Eisbär: Lacz/Silvestris, Kastl; 60 Dachs: Cramm/Silvestris, Kastl; 61.1: Hessisches Landesmuseum, Darmstadt; 62.1+2: Deutsches Museum, München; 63.1 li.: Staffan Widstrand/Naturbild/Okapia, Frankfurt; 63.1 re.: Tierbildarchiv Angermayer, Holzkirchen; 64.1: Konopka, Schwerte; 64.2B: Breck P. Kent/animals; 64.3 Pekinese: Okapia, Frankfurt; 64.3 Pittbull: Silvestris, Kastl; 64.3 Schäferhund: Silvestris, Kastl; 64.3 Terrier: Silvestris, Kastl; 64.3 Wolf: Okapia, Frankfurt; 64.4: Rohdich/Silvestris, Kastl; 66.1: The Image Works; 67.1: Kombartzky, Karlsruhe; 67.2A: Vitakraft-Werke, Bremen; 67.2B: Creativ Collection, Freiburg; 67.4: KWS Mais GmbH, Einbeck; 73.1: Fleetham/Silvestris, Kastl; 73.2: Tierbildarchiv Angermayer, Holzkirchen; 73.3: Okapia, Frankfurt; 73.4+5: Tierbildarchiv Angermayer, Holzkirchen; 73.6: Okapia, Frankfurt; 74.1: Wildlife, Hamburg; 76.1: Dalton/Silvestris, Kastl; 76.2: NAS/Pat & Tom Leeson/Okapia, Frankfurt; 76.3: Flanagan & Morris/OSF/Okapia, Frankfurt; 76.4: Cox/Wildlife, Hamburg; 77.1: Schoen/BIOS/Okapia, Frankfurt; 77.2: Trötschel, Heeslingen; 77.3: Brown/OSF/Okapia, Frankfurt; 78.1: Reinhard/Okapia, Frankfurt; 79.1: Sohns/Silvestris, Kastl; 80.1A: Eisfeld/Juniors Bildarchiv, Ruhpolding; 80.2A: FLPA/Silvestris, Kastl; 81.3: v. Lawick, aus: In the shadow of Men, Collins, London; 81.4: Meyers/Silvestris, Kastl; 81.5: Silvestris, Kastl; 82.1: Lichtbildarchiv Dr. Keil, Neckargemünd; 82.2A–E: Prof. Dr. Lethmate, Ibbenbühren; 84.1A: NAS/Darwin Dale/Okapia, Frankfurt; 84.1B: Tierbildarchiv Angermayer, Holzkirchen; 84.1C: Tierbildarchiv Angermayer, Holzkirchen; 84.1D: Dani/Jeske/Silvestris, Kastl; 85.V1: Tierbildarchiv Angermayer, Holzkirchen; 85.V2: Mathias, Reutlingen; 85.V2: Tetra Werke Dr. rer. nat. Ulrich Baensch GmbH, Melle; 85.V5: Fabian, Hannover; 86.2: Manzoni/Pantarei/Centro Studi Ricerche, Ligabue, Venezia; 87.o.l.: Dr. Sauer/Silvestris, Kastl; 87.o.M.: Cancalosi/Okapia, Frankfurt; 87.o.r.: Staatl. Museum für Naturkunde Stuttgart; 87.M.: Breck/Okapia, Frankfurt; 87.u.l.: Novosti, London; 87.u.r.: Dinosaurierpark Münchehagen; 88.1: Fabian, Hannover; 88.2: Urwelt-Museum Hauff, Holzmaden; 88.3: Mathias, Reutlingen; 90.1 B: Gohier/Okapia, Frankfurt; 91.1A: Klein & Hubert/Okapia, Frankfurt; 91.2A: Prof. Dr. Hans Fricke/Karen Hissmann, MPI, Seewiesen/Post Starnberg; 92.1: Forschungsinstitut und Naturmuseum Senckenberg; 95.2A: Lenz/Silvestris, Kastl; 95.2B: Wendler/Okapia, Frankfurt; 97.1: M. Wendler/R. Nagel/Wildlife, Hamburg; 98.A1 ob.: Dr. Paul, Hamburg; 96.A1 unt.: Reinhard/Okapia, Frankfurt; 99.A6: Silvestris, Kastl; 100.1: Glammeier, Hannover; 106.1: Screenshot unter Verwendung von Microsoft Word 2000.; 106.2: Screenshot aus www.stern.de; 106.3: Screenshot unter Verwendung von Microsoft Word 2000.; 107.1A+B: Hauck, Pfalzgrafenweiler; 109.o.l.: John Cancalosi/Okapia, Frankfurt; 109.o.r.: NAS/T. McHugh/Okapia, Frankfurt; 109.u.: VCL/Okapia, Frankfurt; 110.1A: Tönnies, Laatzen; 110.1B: Fischer/Okapia, Frankfurt; 110.1C: Hoffmann/Blinden- u. Sehbehindertenverband Niedersachsen e. V.; 111.2A–C: Tönnies, Laatzen; 112.1: Pigneter/Mauritius, Mittenwald; 112.2A: Tönnies, Laatzen; 113.1: Egmont Ehapa Verlag GmbH; 113.2: Age/Mauritius, Mittenwald; 113.3: Behrens, Lehrte; 114.1+2: Fabian, Hannover; 115.3+4: Fabian, Hannover; 116.1: LDW/IFA-Bilderteam, Ottobrunn; 116.2: K2-Sport, Penzberg; 116.3: Roth/mediacolors, Zürich; 117.1: Int. Stock/IFA-Bilderteam, Ottobrunn; 117.2: Benelux Press/Mauritius, Mittenwald; 117.3: AGE/Mauritius, Mittenwald; 117.4: Benelux Press/Mauritius, Mittenwald; 118.1A: Behrens, Lehrte; 118.1B: Horwath; 119.4: Behrens, Lehrte; 121.A: Konopka, Schwerte; 122.1B–E: Rekonstruktionen von Wolfgang Schnaubelt und Nina Kieser/Wildlife Art/Hessisches Landesmuseum Darmstadt/Geo/Thomas Ernsting/Bilderberg, Hamburg; 122.1F: Konopka, Schwerte; 124 Hintergrund: Reader/Science Photo Library/Focus, Hamburg; 128.1A: Lessing/AKG, Berlin; 129.2B: AKG, Berlin; 130.1: Gamma/Studio X, Limours; 130.2B: Landmann/Romenysur-Marne; 131.4A: Tönnies, Laatzen; 131.4B: Ernsting/Bilderberg, Hamburg; 134.1: Ehrich/Löbbecke-Museum, Düsseldorf; 134.2: AKG, Berlin; 134.3: Steger, München; 134.4: Helmes, Aachen; 134.5+6: Behrens, Lehrte; 135.7: Eulner, Haan; 135.8: AKG, Berlin; 135.9: Hinterglasbild Allerheiligen I, 1911 v. Wassily Kandinsky, © VG Bild-Kunst, Bonn 2006; 135.10: Schaubelt/Bilderberg, Hamburg; 135.11: Eulner, Haan; 136 Äthiopierin: Cholet/action press, Hamburg; 136 Eskimo: Backhaus/dpa, Frankfurt; 136 Europäerin: Delimage/Imagine; 136 Buschmann: Ahub/Okapia, Frankfurt; 136 Polynesierin: Burkhard/Bilderberg, Hamburg; 136 Inder: Kanus/Okapia, Frankfurt; 137 Indianer: Angular/action press, Hamburg; 137 Asiaten: Horree/action press, Hamburg; 137 Schwarzafrikaner: Seiler/action press, Hamburg; 137 Europäer: action press, Hamburg; 137 Australier (Aborigines): Horacek/Bilderberg, Hamburg; 138.1: Todd Eberle; 139.1: Tönnies, Laatzen; 139.2: Saaten-Union

Es war nicht in allen Fällen möglich, die Inhaber der Bildrechte ausfindig zu machen und um Abdruckgenehmigung zu bitten. Berechtigte Ansprüche werden selbstverständlich im Rahmen der üblichen Konditionen abgegolten.

**Präkambrium** (vor 3,5 Mrd. bis 570 Mio. Jahren)
**Klima:** starke Klimaschwankungen, erste Eiszeiten, weltweite Vereisung vor etwa 600 Mio. Jahren
**Geografische Verhältnisse:** Erdkrustenbildung, starker Vulkanismus, große Meeresbecken
**Tiere:** am Ende erste Vielzeller wie Hohltiere
**Pflanzen:** einfache fadenförmige und flächige Algen

**Kambrium** (vor 570 bis 505 Mio. Jahren)
**Klima:** überwiegend warm
**Geografische Verhältnisse:** viele Flachmeere, starke Kalkablagerungen, heftiger Vulkanismus, intensive Plattentektonik
**Tiere:** Formenvielfalt der Wirbellosen, Trilobiten und erste Kopffüßer, am Ende erste Urchordatiere
**Pflanzen:** einfache Meeresalgen

**Ordovizium** (vor 505 bis 444 Mio. Jahren)
**Klima:** warm
**Geografische Verhältnisse:** weltweit Gebirgsbildung, starke Sedimentation und Meeresvulkanismus
**Tiere:** Formenreichtum bei Wirbellosen: Muscheln, Schnecken, Kopffüßer, Trilobiten, erste Wirbeltiere (Kieferlose)
**Pflanzen:** Formenreichtum bei Algen

**Silur** (vor 444 bis 410 Mio. Jahren)
**Klima:** erst feucht und warm, später trockener, Vereisungen in Afrika (Sahara, Kapgebiet)
**Geografische Verhältnisse:** Ablagerungen von Gips und Steinsalz
**Tiere:** im Flachwasser viele Wirbellose, im tieferen Wasser Fische wie Stachelhaie, Knorpel- und Knochenfische, erste Landtiere wie Skorpione, Spinnen
**Pflanzen:** viele Algenformen, Psilophyten (Nacktfarne) besiedeln das Land

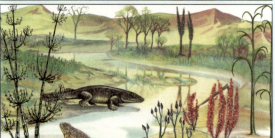

**Devon** (vor 410 bis 360 Mio. Jahren)
**Klima:** weitgehend trocken und warm
**Geografische Verhältnisse:** Riffbildung, Steinsalzlagerstätten, drei große Blöcke der Landmassen
**Tiere:** Ammoniten treten erstmals auf, Knochenfische entwickeln sich stark, am Ende Quastenflosser, mit Ichthyostega erste Amphibien an Land
**Pflanzen:** Besiedlung des Festlandes, neue Gruppen wie Bärlappe, Schachtelhalme und Farne

**Karbon** (vor 360 bis 285 Mio. Jahren)
**Klima:** warm, feucht, im Süden kühl, Vereisungen
**Geografische Verhältnisse:** Steinkohlewälder
**Tiere:** Amphibien entfalten sich, erste Reptilien und geflügelte Insekten
**Pflanzen:** viele Sporenpflanzen wie Siegel- und Schuppenbäume, Schachtelhalme und Farne, erste Farnsamer und Vorläufer der Nadelbäume